跨文化交际背景下
中国传统文化英语翻译与传播研究

刘　玮——著

中国书籍出版社
China Book Press

图书在版编目（CIP）数据

跨文化交际背景下中国传统文化英语翻译与传播研究 / 刘玮著 . -- 北京：中国书籍出版社，2022.5

ISBN 978-7-5068-9034-2

Ⅰ . ①跨… Ⅱ . ①刘… Ⅲ . ①中华文化—英语—翻译—研究 Ⅳ . ① K203

中国版本图书馆 CIP 数据核字（2022）第 089563 号

跨文化交际背景下中国传统文化英语翻译与传播研究

刘 玮 著

责任编辑	宋 然
装帧设计	李文文
责任印制	孙马飞 马 芝
出版发行	中国书籍出版社
地 址	北京市丰台区三路居路 97 号（邮编：100073）
电 话	（010）52257143（总编室）（010）52257140（发行部）
电子邮箱	eo@chinabp. com. cn
经 销	全国新华书店
印 刷	天津和萱印刷有限公司
开 本	710 毫米 ×1000 毫米 1/ 16
字 数	250 千字
印 张	14
版 次	2023 年 1 月第 1 版
印 次	2023 年 1 月第 1 次印刷
书 号	ISBN 978-7-5068-9034-2
定 价	78.00 元

前言

翻译作为信息交流的重要手段，不仅是语言的转换过程，更是文化的传播过程，在跨文化交际中起着重要的作用。随着我国综合国力的提升，国际交往日益频繁，中国传统文化的对外输出已成为我国近年来高度重视的任务。基于此，本书将紧紧围绕跨文化交际背景下中国传统文化英语翻译与传播展开论述。

本书第一章为绪论，主要介绍了四个方面的内容，分别是文化与中国传统文化概述、中西方翻译理论概述、翻译对译者的要求、文化与翻译的关系；本书第二章为英语翻译概述，分别从四个方面对英语翻译进行了阐述，依次是英语翻译的过程、英语翻译的性质与分类、英汉翻译的基本技巧、翻译基本问题的阐述；本书第三章为跨文化交际概论，主要从四个方面对跨文化交际进行了概括论述，分别是跨文化交际相关概念界定、跨文化交际意识与能力、跨文化交际之语言交际、跨文化交际之非语言交际；本书第四章为跨文化交际中的英语翻译，主要介绍了四个方面的内容，分别是文化认知与跨文化交际的关系，跨文化交际与英语翻译，跨文化思维模式差异与翻译，跨文化交际中的英汉词汇、句式与语篇翻译；本书第五章为跨文化交际背景下中国传统文化的传播，分别从四个方面进行了阐述，依次是跨文化交际背景下中国传统文化传播的理论基础、跨文化交际背景下中国传统文化传播的目标与意义、跨文化交际背景下中国传统文化传播的实施主体、跨文化交际背景下中国传统文化传播的路径；本书第六章为跨文化交际背景下中国传统文化的英语翻译，主要介绍了四个方面的内容，依次是汉语文化在英语翻译过程中文化空缺现象及对策、跨文化交际背景下习语和典故文化英语翻译、跨文化交际背景下饮食和服饰文化英语翻译、跨文化交际背景下节日和称谓文化英语翻译；本书第七章为跨文化交际背景下中国传统文化融入大学英语翻译教学，主要介绍了五个方面的内容，依次是大学英语翻译教学简述、基于跨文化交际视角的大学英语翻译教学的原则、大学英语翻译教学中跨文化交际能力的培养、大学英语翻译教学中中国传统文化渗透的途径、跨文化交际背景下的大学英语翻译教学的新发展。

在撰写本书的过程中，作者得到了许多专家学者的帮助和指导，参考了大量的学术文献，在此表示真诚的感谢。本书内容系统全面，论述条理清晰、深入浅出，但由于作者水平有限，书中难免会有疏漏之处，希望广大读者与同行及时指正。

作者

2021 年 12 月

目 录

第一章　绪论

本书第一章为绪论，主要介绍了中华传统文化和翻译，包括文化与中国传统文化概述、中西方翻译理论概述、翻译对译者的要求、文化与翻译的关系四个方面的内容。

第一节　文化与中国传统文化概述

文化凝聚着一个民族的历史和文明，指的是人在改造对象世界（既包括外在的自然世界，也包括内在的精神世界）的过程中所创造的物质文明和精神文明的总和。中国传统文化经历了五千年的积累与沉淀，形成了一种独一无二的文化观念形态。

一、文化探析

（一）文化的定义

文化对于普通人而言，遍布于生活中却无法感知；文化对于研究者而言，却是可以被感知的、较难把握的概念。

在西方，学者爱德华·泰勒（Edward Burnet Tlylor）给出了文化的定义：文化或者文明，是从广泛的民族学意义来说的，可以归结为一个复合整体，其中包含艺术、知识、法律、习俗等，还包括一个社会成员所习得的一切习惯或能力。

美国学者艾尔弗雷德·克洛伊伯（Alfred Kroeber）在 1963 年总结整理了前人的研究后，重新定义了文化：

（1）文化是由内隐与外显行为模式组成的。

（2）文化的核心是传统的概念与这些概念所附带的价值。

（3）文化表现了人类群体的显著成就。

（4）文化体系不仅是人类行为的产物，还决定了人类进一步的行为。

克洛伊伯对文化的定义是对泰勒定义的拓展和延伸，不仅确定了文化符号的传播手段，而且强调文化与人类行为相互影响，并且提出了文化作为价值观具有重要的意义。

2001年，联合国教科文组织发布的《世界文化多样性宣言》中给文化赋予新的定义：文化是某个社会、社会群体特有的，集物质、精神、情感等于一体的综合，其不仅涉及文学、艺术，还涉及生活准则、生活方式、传统、价值观等。本书将基于此定义进行跨文化视域下的研究。

国内外学者对于文化的研究在20世纪90年代日益增多，他们对文化的界定主要分为个体层面上的文化和社会层面上的文化两种，前者指文化对个人习得产生影响的规则，后者指的是社会中常见的且长期存在的行为模式和准则。

国内外学者对文化的研究指出：文化是一种综合体，在反映社会存在的基础上，作为一种行为、价值观、社会方式等的解释与整合的同时，也是人与自身、社会、环境、自然等关系的呈现。

（二）文化的功能

1. 化人功能

文化的化人功能是由精神属性决定的。精神属性是文化具有的独特属性，人不同于动物的主要的一方面就是精神属性。文化的化人功能主要变现在：

（1）文化可以使人获得物质之外的满足，也就是精神满足。原因是文化是先进的，有利于人们身心健康和心理发展的。

（2）文化是推动人类文明发展的重要动力，文化具有舆论导向力和理论指导力，舆论导向力和理论指导力可以使人们的精神需求和社会需求得到满足，并成为人们的精神力量。

2. 育人功能

文化具有育人功能，育人功能是由文化的知识属性决定的。只有学习知识，才能了解文化，在某些程度上知识可以与文化划等号。

在文化的育人功能中，“育人”指的是培育人、改变人、提高人的知识水平，而不只是简单地教授知识。文化的育人功能体现在以下三个方面：

（1）文化促进社会的发展，在文化的加持下，人们逐渐摆脱蒙昧，走向文明的现代。

（2）文化可以塑造人格，人们通过学习文化知识，培养和提高自己的修养和人格。

（3）文化可以促进人的发展。人们的各项能力可以通过学习文化知识来提升，尤其是创新能力，创新能力可以使人们实现体力劳动者向脑力劳动者的转化。

3. 整合功能

文化具有整合功能，文化的整合功能可以用来维系社会秩序的稳定运行。文化的整合功能对于社会来说十分重要，文化相当于润滑油，其整合功能可以使社会这个机器的内部零件相互之间联系更加紧密和协调。

此外，文化还可以使一个民族或国家之内的制度、行为等更加规范，这也是文化整合功能的作用。在文化的作用下，民族、国家之间的成员会逐渐产生一种归属感和自豪感，使国家内的各个民族的文化相互交融，从而使各个民族和谐相处，更加团结，促进社会和谐稳定发展。

4. 规范功能

文化具有规范功能，指的是在文化的影响下形成的规章制度更有利于规范人们的行为，从而促使社会秩序稳定发展。现如今的规章制度随着生产力的发展在不断增加，社会和生产的发展需要依靠这些制度进行。假如人们的行为不再遵循规章制度，社会便会出现动乱，这就凸显了文化的规范作用在当今社会经济迅速发展下的重要性。可以看出，文化的规范功能在社会发展中发挥的巨大作用。

5. 反向功能

文化的反向功能也是文化的重要功能之一。往往社会中存在着某些个体会违反社会的规章制度。举个例子，在社会上的某些活动中，大多数人会采用合理且合法的方式来实现自己的目的，但是也存在少部分人采用不合理、不合法的行为来实现自己的目的。这少部分人就是社会的反向功能的体现，文化的这些反向功能需要通过整合功能和规范功能来纠正，用来维持社会的有序发展。

（三）文化的特征

1. 传承性

传承性是文化的特征之一。文化并不是人们出现就存在的，文化随着人类历史的进程而发展，文化的发展是历史上各个时代的人们不断继承和发扬的习得行为。文化的传承性对于个体与社会的发展有着重要的作用，作为个体，人只有依附于文化才能够获得更好的发展。

文化经历了数千年的发展，逐渐成为人们的一种生活方式，文化的传承需要人们结合所处的时代对文化进行扬弃，即取其精华去其糟粕。

2. 民族性

民族性是文化的重要特征。不同民族的文化是不同的，不同民族的文化反映的是各个民族的独特的生活方式、习惯和规律，与各自民族所处的环境和历史规律有关。所以，民族是文化的基本形式，民族文化是一个民族的成员所接受的，是民族的思想基础和行为的体现。

3. 整合性

文化的重要功能之一就是整合功能，而整合性也是文化的主要特征之一。整合意味着文化内部各部分是相互紧密联系的。外国学者把文化分为互动、联合、生存、两性、领土、时间、学习、消遣、防卫和利用十个系统，这十个系统可以看作文化的组成部分，这些部分是相互影响和联系的，人们可以根据某一个组成部分来描述整个文化的图景。

4. 稳定性与变化性

文化具有稳定性和变化性，这两者是辩证统一的。文化的稳定性指的是不论哪一种文化，其在受到其他文化的冲击时，总会保持自身的稳定，从而使自身可以持续地发展下去。不同的文化具有其固定的生活习惯、行为、价值观等，足以保持自身文化内部的稳定。与此同时，社会经济、政治等因素都在影响着文化，促使着文化的创新发展。因此，文化又是在不断发展的。

二、中国传统文化研究

我国传统文化随着历史的发展，其内涵不断增加。在社会历史的发展中，传统文化中凡具有活力的东西至今仍在发挥着作用，对当今社会有着巨大的影响。我国历史悠久，中国传统文化就是经历了数千年的积累而形成的观念形态。

夏朝的建立代表着我国走出了原始社会，夏商时期人们对自然的崇拜表现为人民以“天”“天帝”为信仰。西周在总结殷商灭亡经验的基础上，提出了新的天命观。西周时期逐渐建立了人生价值体系和儒道社会伦理，逐渐构建了中华文化心理。在汉代历代君主励精图治之下，汉时期的社会经济平稳发展，最有代表性的就是“文景之治”和“昭宣中兴”。文化也随着经济发展，“汉”文化心理逐渐形成。“汉”文化心理的核心是中原农耕文化，以自然和谐为追求、以君臣父子为纲常、以忠孝仁义礼智信为价值观。“汉”文化心理对人生的社会意义做出说明，忽视了对个人精神的引领，是一个群文化心理结构。

春秋战国时期文化思想的混战和思想解放，造成了中国历史上文化繁荣的首次出现。这时期出现了如儒家、道家、墨家、法家、名家、阴阳家、纵横家、杂家、农家、小说家等诸多学派，诸子百家不断涌现并争艳，中华文化自此迈向多元化。

在汉代，我国逐渐形成完整的文化心理。儒学成为当时的官方思想，儒家思想自此开始了两千余年的统治历程。其他如道家、法家等学派的思想也为中华传统文化注入了新的内涵。董仲舒提出“罢黜百家，独尊儒术”后，儒学就占据了不可动摇的核心地位，两宋时期，程朱理学进一步巩固了儒家的地位。汉代之后设立了太学，选拔人才的方式是经学，排除武艺在官员任用中的影响。

上文提到“汉”文化心理失去了对人的精神的引领，东汉后期的动荡就是后果，这时个人的欲望与文化建构发生冲突，造成了东汉末年的天下大乱。东汉末年是一个动乱的时代，农民起义、诸侯割据，东汉政府名存实亡，伴随着的是儒家的没落。儒家思想随着政府的垮台和社会的动乱变得伪善起来。

两汉之后，受儒家“礼乐观”的影响，社会上呈现出“重功利、轻嬉戏”的文化思想倾向，不过后来在魏晋时期所出现的玄学对这一儒家思想进行了严重的抨击。玄学宣扬“人生在世、及时行乐”的文化思想，这一学派“独尚自然，反对名教”，在实际生活中往往寄情于山水，骑马射箭、弹琴奏乐，追求享乐，这对后来的唐代社会产生了很大影响。

在唐代，士大夫阶层十分崇尚诗赋技艺；军队中比较受欢迎的体育活动是拔河、扛铁、角抵等；在官员阶层，人们喜欢拔河运动等；公元 702 年，武则天开设“武科举”，自此开设将领的选拔被纳入科举体系中。

理学在两宋时期尤为盛行，成为占统治地位的思想文化。周敦颐是理学的创始人，他融合了《老子》的“无极”、《周易》的“太极”、《中庸》的“诚”以及阴阳五行等学说，解说了宇宙万物生成变化的规律，阐释了封建的人伦道德，表述了“格物致知”的认识规律，提出了“修身、齐家、治国、平天下”的仕途范式。

明清时期，封建统治阶级在思想文化方面实行高压政策，统治者大兴文字狱，推行文化专制主义。以致于到了康熙之后，整个思想界出现了思想麻木的局面。程朱理学在明清两代的思想文化中占据统治地位。此外，明清小说也把现实主义文学推向了高峰。

从社会心理学角度出发，社会文化心理有塑造人格的作用，社会心理学认为社会文化心理可以促使社会成员的人格共同发展，使其趋近相同。所以可以得出，在同一个社会环境下的人们会具有相似的人格特征。在 19 世纪初的背景下，当时人们的共同特征表现在以下几点：

（1）文化自负，当时人们以本民族为中心，认为中华文化优于其他文化。

（2）由于儒家在我国思想界长期的统治地位，其“中庸”思想根植于人们心中，导致当时人们安分守己、因循守旧、缺乏创新，不利于中华传统文化的发展。

随着西方的扩张，中国人的心理文化在复杂的社会中开始不断变化。鸦片战争的出现使得中国人意识到了改变的重要性。这种冲击使得人们从封建文化思想中挣脱出来，有志之士开始进行变革。八国联军的侵华打破了国人的心理防线，从而激发了人们的情绪。但是洋务运动、戊戌变法、辛亥革命的失败使人们意识到只有改变国人心理，才能够建构新的社会，因此“五四新文化运动”应运而生。

在失败的刺激下，中国人开始积极寻找失败的原因并找寻新的突破口。人们意识到封建腐朽的文化成了落后挨打的主要原因，在批判旧文化的过程中，人们开始积极寻求变革，进行着新文化建构。这种新文化建构的重要表现就是对西方文化著作的译介。通过翻译的引导，民众开始形成一定的集体意识，从而促进中国文化的发展。

随着中国传统文化进入低谷，当时人们的社会文化心理也在发生着变化。当时的先进知识分子意识到落后的封建文化是造成当时局面的主要原因，于是开始批判旧文化，同时进行新文化和新文化心理的建构。最直观的表现就是对西方书籍的翻译。在20世纪初，我国社会群众的精神食粮一部分就来自在日本留学学生的“译书热”。

“五四新文化运动”改变着国人的文化心理和社会的风气，对传统文化造成了冲击，主要表现在：

第一，引进民主、科学、自由、平等的思想理念。当时国人为了救亡图存向西方学习先进的观念，促进我国新的社会文化心理形成。

第二，引进科学精神和科学手段。科学精神和科学手段在当时帮助国人认识新的知识和方法，使人们意识到科学的重要性。

第三，传统文化意识形态与新文化心理结合。新文化与传统文化相结合且被大众认可，是新文化构建的必要阶段。当新文化与传统文化融合成一体时，新的社会文化心理才算真正形成。

第四，共产主义的传播。在俄国十月革命成功之后，我国先进知识分子开始了解并运用马克思主义到实践中。马克思主义是中国近代社会的选择，新的社会文化心理的建构离不开马克思主义。

总而言之，中华文化博大精深，与语言有着十分密切的关系，深入地了解中国传统文化，可以帮助人们在跨文化领域更好地进行交流。

第二节 中西方翻译理论概述

一、中国翻译理论研究

（一）中国古代翻译理论

春秋战国时期，我国的翻译活动就已经在诸侯之间开始进行，但是这种翻译并不是不同语言之间的语际翻译。在佛教传入中国后，为了了解佛教的基本教义和主要佛经，才出现了真正的不同语言间的翻译。历史上许多翻译人员都随着佛经翻译而出现，它们促使佛教在中国得以广泛传播，为传统文化和中国语言做出巨大的贡献。与此同时，在翻译时，杰出翻译家们总结翻译心得，得出翻译理论。

我国古代的翻译家有支谦、释道安、鸠摩罗什、彦琮、玄奘、赞宁等人。

1. 支谦的翻译理论

东汉末年，我国翻译佛经的主要是支谦，支谦的翻译理论主要体现在《法句经序》中，如：

（1）“唯昔蓝调、安侯世高、都尉、佛调，译梵为秦，审得其体”，这里是支谦总结了先贤的翻译心得。

（2）“因循本旨，不加文饰”，指的是支谦的翻译原则，即遵循佛经的本质，不加以修饰。

（3）“译所不解，则阙不传”指的是支谦对翻译佛经的变通策略。

（4）“然此，虽辞朴而旨深，文约而义博，事钩众经，章有本故，句有义说”说的是支谦在层次方面上评论分析译文结构。

（5）“或得梵语，或以义出音”，这是当时背景下困扰翻译家们一个难点，指的是音译和意译之间的问题。

（6）“名物不同，传实不易”是困扰当时翻译家的又一个难点，说的则是物体概念的翻译问题。

由此可以看出，支谦在前人的基础上，看到了翻译的内容与形式相统一、本质与表面相统一，基于此，支谦通过将“本旨”“文三”作为相对概念来建构翻译的理论，由此来增加人们对翻译的了解。

2. 释道安的翻译理论

魏晋南北朝时期，中国传统文化初步呈现出儒、佛、道三家并立的文化格局。东晋、前秦时期的释道安是杰出的翻译家，在总结其他翻译家的经验并结合自己的实践的基础上，释道安提出了“五失本，三不易”的论述，见于《摩诃钵罗若波罗蜜经钞序》中。

（1）“五失本”

“五失本”指的是在佛经翻译过程中，有五种做法会使译文失去原文的本来面貌。对其分析如下：

①“五失本”中第一个“失本”是“胡语尽倒而使从秦”。所谓“胡语尽倒”，是指胡文与汉语存在语序相反的结构性差异。为了便于中土人士理解，译经者不得不将胡文语序调整为汉语语序。

②第二个“失本”是“胡经尚质，秦人好文，传可众心，非文不合”，讨论的是佛经翻译语言风格的“文”“质”问题。

③第三个“失本”是“梵语委悉，至于叹咏，叮咛反复，或三或四，不嫌其烦，而今裁斥”，指出重复性经文在翻译时会被删除，导致翻译后出现误差。

④第四个“失本”是“梵有义记，正似乱辞，寻说向语，文无以异，或千五百，刈而不存”指的是在佛经末尾的义说在翻译中做出删减，使译文不同于原文。

⑤第五个“失本”是“事已成全，将更傍及，反腾前辞，已乃后说，而悉除此”，讨论的是在佛经每论的全文后通常要纵横牵扯，在翻译原文时会将其删除，导致译文与原文有区别。

释道安总结出的“五失本”指出当时佛经翻译的几个主要问题，但是没有提出解决的方案。

（2）“三不易”

“三不易”指的是在佛经翻译过程中译者翻译时面临着三种困难。

①第一个“不易”是“然笠若经，三达之心，复面所演，圣必因时，时俗有易，而删雅古，以适今时，一不易也”，指的是随着时代的变化，要翻译出之前的佛经，可能会造成译文不符合当今时代背景的现象。

②第二个“不易”是“愚智天隔，圣人叵阶，乃欲以千岁之上微言，传使合百王之下末俗”，指的是后人并不一定能完全理解著作佛经先贤的思想，理解起来不容易。

③第三个“不易”是“阿难出经，去佛未久，尊者大迦叶令五百六通，迭察迭书，今离千年，而以近意量裁，彼阿罗汉乃兢兢若此，此生死人而平平若此，岂将不知法者勇乎”，指的是佛经是先贤的著作，它们长期浸淫在佛经之中，具有全文性，而当今的翻译者却远远达不到先贤的水平，翻译起来可能会造成译文

与原文有出入，这就是翻译起来不容易。

释道安的“三不易”指出当时翻译者、原著和译文读者之间由于水平不同而产生的矛盾问题，释道安对于佛经的翻译有着巨大的贡献，他提出了佛经翻译的诸多问题，为后来的翻译者们做好了基础。

3. 鸠摩罗什的翻译理论

在东晋、前秦时期，天竺的鸠摩罗什来到中原翻译佛经。鸠摩罗什翻译经文300余卷，最为出名的是《天然西域之语趣》。他以意译的方式来翻译经文，一改以往音译的方式，而且他还倡导翻译时译者要署名。鸠摩罗什虽然没有正式地提出翻译的相关理论，但是其一些论述和观点为我国翻译奠定了基础。

鸠摩罗什认为由于梵文和汉语的问题不同，使得在音译时，总会有些不妥，所以他在翻译时对文体进行了改良，在保留原作风姿的基础上使其更加通俗和优美。在文质上，鸠摩罗什认为在翻译时不一定要局限原来的形式，只要文章的原意不变，便可对其进行加工，使译文阅读起来流畅婉约、声韵俱佳。另外，在佛经译文的名字方面，鸠摩罗什认为可以采用音译的方法来对佛经中没有对应的梵语、人名翻译。这样做的好处有两点：一是避免出现音译过多造成读者不能理解的坏处和不同音译造成的牵强附会；二是适量的音译可以保留一些梵文的特点，不仅能丰富汉语的词库，也可以增加译文的美感。

4. 彦琮的翻译理论

隋唐时期随着佛教本土化，佛经的翻译也逐渐兴盛了起来。隋代的彦琮是当时著名的译者，他的主要理论是翻译佛经需要具备的必要条件，共有八项，即“八备”说：

（1）“诚心爱法，志愿益人，不惮久时”，指的是翻译家志愿献身于佛经翻译的事业，不惧怕艰难险阻。

（2）“将践觉场，先牢戒足，不染讥恶”，指的是翻译家需要具备端正的人格，如忠诚、守信、不被别人讨厌。

（3）“筌晓三藏，义贯两乘，不苦暗滞”，指的是翻译家需要博览佛经，知晓佛经的要义，不拖泥带水。

（4）“旁涉坟史，工缀典词，不过鲁拙”，指的是翻译家需要善于写作、知晓中国的历史。

（5）“襟抱平恕，器量虚融，不好专执”，指的是翻译家需要宽以待人，向别人虚心求教，不能钻牛角尖。

（6）“耽于道术，淡于名利，不欲高衔”，指的是翻译家要不以名利为目的，专心于翻译事业。

（7）“要识梵言，方闲正学，不坠彼学”，指的是翻译家要精通梵语和梵语与汉语之间的翻译法则，翻译时不能曲解、丢失原意。

（8）“薄阅苍雅，粗谙篆隶，不昧此文，指的是翻译家要了解中国训话，翻译佛经时需要准确。

在“八备”中，（1）（2）（5）（6）说的是翻译家需要具备的个人品格，其余介绍的是翻译家需要具备的知识和能力。

在《辩证论》中，彦琮提出翻译家需要坚持“宁贵朴而近理，不用巧而背源”的原则。

5. 玄奘的翻译理论

唐朝时期佛经翻译的代表人物有玄奘，虽然他翻译了诸多佛经，但是玄奘关于翻译的理论流传下来的不多。“既须求真，又须喻俗”是玄奘的翻译思想，他的译文是文质结合的典范，在译文忠于佛经原文的基础上，同时文体风格也不错。

玄奘在翻译过程中运用到的技巧有六种，如下：

（1）补充法（增词法）。

（2）省略法（减词法）。

（3）分合法（分译法和合译法）。

（4）变位法（调整词序满足需要）。

（5）代词还原法（把原来的代名词译成代名词所代的名词）。

（6）译名假借法（用另一种译名来改译常用的专门术语）。

玄奘在翻译过程中运用到“五不翻”原则，其中“不翻”实际上就是采用音译，“五不翻”原则如下：

（1）秘密故不翻。指的是有神秘色彩的词语采用音译。

（2）多含故不翻。指的是拥有多种语义的词语需要音译，若采用意译，可能导致译文与原文不符。

（3）此无故不翻。指的是中国没有的词语需要音译，如当时中国没有“胜金树”，这个词语就需要音译。

（4）顺古故不翻。指的是对之前佛经译文中约定俗成的普遍使用的音译的词语不能采用意译的方法。

（5）生善故不翻。指的是一些词义音译可以令人尊敬，意译的话可能会将其看作平常的词语。

（二）中国近代翻译理论

1. 徐寿、傅兰雅的翻译理论

洋务运动时期的著名的翻译家有徐寿、傅兰雅等人。徐寿和傅兰雅翻译西方著作 13 部，著名的书籍有《化学考质》《化学鉴原》等，它们还首创了化学元素的中文名称。傅兰雅经过翻译工作的总结提出了翻译标准，即翻译要“不失原文要旨”“易于领会”。

洋务运动时期的翻译家们对科学技术的专业术语进行了统一，他们还提出了“译名七原则”，并编纂了科学技术术语词典，是宝贵的财富，对中国翻译的巨大贡献。

徐寿和傅兰雅提出的“译名七原则”如下：

（1）译名要简练。

（2）尽可能直译，而不意译。

（3）不能意译的话需要用适当的汉字音译，这就需要建立音译体系，其中的基本词素要固定，而且要用官话音译。

（4）译名要予以准确的定义。

（5）译名要有灵活性。

（6）在各种场合译名都要符合原意，不致矛盾。

（7）新术语尽可能同汉语的固有形式构建相一致。

“译名七原则”对我国引入科学技术有着巨大的帮助，指出了译名的规则，使数学、物理、化学、地理、医学等科学书籍得以在中国翻译并传播，促进了翻译理论的形成。同时，“译名七原则”还证明了中国人同样可以创造词汇。

2. 梁启超的翻译理论

作为我国近代著名的思想家和文学家，梁启超为了推进变法运动，将翻译作为强国的手段。梁启超认为翻译者必须与原著作者的水平相似，这样才可以将原著的意思正确翻译出来，译出具有良好质量的佳作。

在《变法通议》中，梁启超指出了翻译书籍的两个弊端，即“一曰徇华文而失西义，二曰徇西文而梗华读”，梁启超认为如果按照汉语的表达顺序和习惯，那么原文的文化内涵将会部分丢失，倘若按照英文的表达顺序和习惯，那么会使人们难以领会所译书籍。梁启超在《变法通议》还提到，鸠摩罗什和玄奘他们都十分了解梵语和汉语，了解原文的意思，可以很顺利地进行翻译工作，因为他们在翻译时只需要直接翻译成汉语，并不需要加以润色。梁启超认为熟识翻译双方的语言是翻译的最佳方法。梁启超还认为翻译时翻译者必须要将原文的含义翻译出来，不能删减或增加不相关的内容。

3. 林纾的翻译理论

虽然林纾不懂外语，但是他还是与多位学者翻译了不同国家的许多作品。作为中国文学翻译事业的先驱者，林纾对于中国翻译事业提供的宝贵财富如下：

（1）翻译不易

林舒指出，在做翻译工作时，翻译家需要秉承严谨的态度，在了解原著作品的背景和等职时候，再结合双方语言对原著进行翻译。在翻译时，翻译者需要符合原著语言的习惯，只有这样，才会产生质量上乘的佳作。

（2）译名要统一

林纾认为，在翻译英文著作时，需要多于单词很多的汉字，这是因为一个汉字只有一个含义，将汉字组合成词语，才能将词语组成句子。另外，常常没有确定的名同，导致在翻译英文著作时，出现译文与原文不符的现象。林纾对此向政府提出了建议，“由政府设局，制新名词，择其淳雅可与外国名词相通者，加以界说，以惠学者”。虽然这个建议没有被政府采纳，但不能抹去林纾对于中国翻译事业的贡献。

（3）译文要忠实于原著

在翻译《黑奴吁天录》时，林纾在例言中指出，“是书为美人著。美人信教至笃，语多以教为宗。顾译者非教中人，特不能不为传述，识者谅之。”这段话的意思是，这本书是一位美国的基督教徒的著作，由于林纾自己不信基督教，可能在翻译工作时会产生一些歧义，希望读者能够谅解。林纾指出，翻译家在做翻译工作时不可避免地对原文产生一些不同的想法，尽管如此，还是需要忠于原著。

4. 鲁迅的翻译理论

作为我国重要的思想家、文学家，鲁迅也是我国翻译事业的重要开拓者，他一生翻译的书籍有四千余本。鲁迅认为翻译要“有益”“有用”。鲁迅的翻译目的是为革命服务、供大家参考。为什么而译？“为了我自己和几个以无产文学批评家自居的人，和一部分不图‘爽快’，不怕艰难，多少要明白一些这理论的读者”，这就是鲁迅的回答。

鲁迅主张“以信为主，以顺为辅”，他认为是在翻译工作中最重要的是“信”，翻译者在翻译时需要在“信”的基础上来实现译文的“顺”。这两项是鲁迅认为翻译时必须要做到的。在当时社会上有学者提出了“与其信而不顺，不如顺而不信”，鲁迅则在发表的《再来一条“顺”的翻译》中进行辩论，同时鲁迅指出“宁信而不顺”，“这自然是‘顺’的，虽然略一留心，即容或会有多少可疑之点……

这才明白《时报》是因为译者不拘泥于硬译'，而又要'顺'，所以有些不'信'了。倘若译得'信而不顺'一点，大略是应该这样的……"鲁迅的这句话常常被人们误解，认为鲁迅觉得"信"比"顺"重要，即"求信而不求顺"，但是鲁迅并未将"信"和"顺"对立起来，他认为并不是为了"信"可以将"顺"置之不理，而是两者之中要以"顺"为辅，以"信"为主。

由于鲁迅发现许多译文具有诸多如随意删减、增加、颠倒等不良风气，所以他认为在翻译时，要以直译为主，以意译为辅。鲁迅认为的翻译上的直译既要保留原文的内容分，也要保持原文的行文风格，并不是钻牛角和抠字眼。

在当时的社会上出现许多译文质量奇差的现象，影响到了我国民众的阅读。对于这一现象，在《非有复译不可》中，鲁迅提出"诬赖、开心、唠叨都没有用处，唯一的好方法是又来一回复译，还不行，就再来一回"。指出了复译的重要性。

鲁迅认为翻译批评是处理近代国内翻译界乱译、硬译情况的手段之一。同时，他还指出当时译文质量差的原因不只是因为翻译者，当时学界的风气和批评家也是影响翻译质量的原因。鲁迅认为可以通过增加正确的翻译批评，来整顿当时学界的风气，这样可以用来逐渐改善翻译作品的质量。可以看出，在近代翻译批评的发展中，鲁迅贡献出巨大的力量。鲁迅对于翻译批评的做法有利于近代翻译水平的增长和翻译批评的正确发展，他指出，需要为国内的读者提供优质的翻译作品，择优原则会使国内读者的阅读水平增长，这是鲁迅对于翻译批评的大度的表现。将唯物主义思想运用在翻译批评中是鲁迅为国内翻译界留下的宝贵财富，为我国近现代翻译打下了良好的基础。

5. 严复的翻译理论

作为著名翻译标准和原则，"信、达、雅"（天演论）出自严复之手。严复是我国近代又一伟大的翻译家，他结合我国古代先贤的宝贵经验和自身的理解，创下了完整的翻译标准：

（1）"信"：指的是将原文的内容与意思准确表达出来。

（2）"达"：指的是翻译后的文章必须要流畅。

（3）"雅"：指的是译文需要符合大众审美，必须典雅。

（4）"信、达、雅"：作为严复首创的翻译标准，在翻译界有着深远的影响。

（三）中国现代翻译理论研究

1. 胡适的翻译理论

胡适不仅仅是我国"五四运动"时期的文学家和哲学家，也是著名的翻译家，他主张用全白话诗翻译。胡适指出，诗歌需要符合普通贫民大众的审美，是给大众来欣赏的，而文言文则是给封建时期的达官贵人使用的。基于此，胡适认为翻译国外著作需要做到通俗易懂，对于白话文的发展有着重要的推动作用。胡适翻译的西方著作有拜伦的《哀希腊》和易卜生的《娜拉》等，除此之外，他还翻译了诸多名家的小说，如莫泊桑、都德、契诃夫等人。

胡适认为，翻译作品需要做到“三负责”，一是对原文作者要负责，使译文内容不改变丢失；二是对读者负责，指的是译文要能使读者看懂；三是对自己负责，指的是在翻译工作中不能马虎，需要认真负责，不能自欺欺人。

在《建设的文学革命论》中，胡适指出：翻译西方著作需要选择优质作品进行翻译，不要翻译“一流”之外的作品。胡适指出的翻译思想在当时对国内翻译水平的提升起到巨大的作用。

2. 郭沫若的翻译理论

郭沫若不仅是我国著名的文学家、戏剧家，溶蚀，他还是一位翻译家。郭沫若的翻译观点如下：

（1）“风韵译理论”出自《歌德诗中所表现的思想》的“附白”，郭沫若认为，翻译作品时，需要将两种不同的文化融合，不能仅仅将文章机械地翻译出来，而是要“以诗译诗”，同时郭沫若主张再造原文著作的审美风格。

（2）生活体验论

郭沫若指出，翻译者需要具备责任心和主体性。翻译者在选择国外著作翻译时，需要从正确的出发点出发，同时翻译者需要严谨地对待翻译工作，应具有较强的责任感。情感上的投入在郭沫若看来也是十分必要且重要的，郭沫若在翻译国外著作时，常常将自己代入到原作者的身份当中。郭沫若认为，翻译者们在翻译国外著作时，需要了解作者与原著，基于此来认识原作者要表达的内容与思想，然后在翻译过程中才能更好地还原原著要表达的内容。“生活体验论”是郭沫若为我国翻译界留下的重要财富。

（3）好的翻译等于创作

在早些时候，郭沫若认为翻译作品的工作是附属于创作作品的，原作的地位是高于翻译作品的。而后随着翻译思想的演变，郭沫若将翻译工作同文学创作视为同一地位，指出质量好的翻译作品甚至好于原作。郭沫若指出，由于翻译者需要将自己代入到创作者的身份去体验生活，这种体验是难于直接体验生活的，而且翻译者需要熟识双方的语言，所以翻译的难度在一些时候是比创作作品困难的。不仅如此，翻译工作还需要译者具有创造性。可以说，郭沫若进行的不仅仅是翻译，在一定程度上，称得上是进行艺术的再加工，他认为这样才能促进国外著作的翻译工作良好地进行下去。

3. 茅盾的翻译理论

严复的“信、达、雅”翻译准则和标准对我国近现代的翻译批评起到重要的作品，但是茅盾认为，当时翻译与翻译批评两者的联系不够紧密，翻译批评不能够真正指导翻译工作的进行。在当时，“直译”和“意译”的争论持续进行，而茅盾基于中国传统文化思想提出了即“形貌”和“神韵”相结合的辩证统一的翻译批评理论。茅盾认为在翻译英文著作时，由于英汉的语法不通，所以仅仅直译是行不通的，但是如果采用了直译的方法，会使译文表达的内容和思想与原文不同，也就是“神韵”不同，而采用意译的方法，会导致译文与原著语言形式出现差异，也就是“形貌”不符。茅盾认为“形貌”与“神韵”两者是辩证统一的。

茅盾改善了翻译批评和翻译之间的联系，他提出“形貌”“神韵”“单字”“句调”等概念，促进了翻译批评的发展。同时，当时“直译”和“意译”这一难题也在“形貌”与“神韵”辩证统一的翻译批评理论下迎刃而解。茅盾为我国现代文学翻译批评的发展做出了重大贡献，促进了翻译与翻译批评的发展。

4. 叶君健的翻译理论

叶君健掌握多种语言，如英文、瑞典文、丹麦文，而且擅长用外语写作。作为我国著名的文学家和翻译家，叶君健翻译了诸多安徒生的童话。他的主要翻译作品有托尔斯泰的《幸福的家庭》、梅里美的《卡尔曼》、贝洛奇等的《南斯拉夫当代童话选》、爱斯古里斯的《亚格曼农王》等。

与郭沫若的观点相似，叶君健同样认为在翻译中需要译者进行再加工和再创造。以往我国的翻译理论认为，翻译者在翻译中需要“隐身”，而叶君健指出翻译不仅仅是机械地、简单地进行工作，而需要像文学创作一样对原著进行加工，同写作一样，也是文学创作。翻译者的文化素质、修养和立场等因素会影响到翻译作品的功能和倾向。

《翻译也要出“精品”》是叶君健在 1997 年发表的关于翻译的文章，叶君健认为“译者的个性”和“个性的译作”是十分重要的。在文中，叶君健提出了“精品”理论，“精品”理论指的是如果翻译者的素养足够高，那么该翻译者翻译的国外著作也会变成该国家自己的著作。叶君健的“精品”理论是他为中国翻译界留下的宝贵财富。

5. 傅雷的翻译理论

作为我国著名的翻译家，傅雷在《高老头》译序中提出了新的翻译标准，来传神达意和神形和谐。

（1）传神达意

傅雷指出，在翻译工作中，只是弄清和领悟作者要表达的内容和思想远远不够，将其用汉语准确流畅地翻译出来才是翻译的要领。傅雷认为，“传神达意”作为翻译的新标准如下：

首先，利用汉语写作。在读者看来，一部好的翻译作品与用汉语写作的作品是一样的，只有这样，才能使翻译作品更加流畅和完整，才能表达原文的主旨。

其次，反复修改。傅雷的座右铭是“文章千古事，得失寸心知”，傅雷认为翻译作品不能一蹴而就，而是应该循序渐进，不断地对翻译作品进行修改和完善，直至作品趋近完美。

最后，重视翻译作品的附属部分。译文序、索引、注解、后记等都是译文的附属部分，这些内容能够使读者可以更好地进行阅读和领会原著的主旨。

（2）神形和谐

傅雷将绘画中的“形神论”运用到梵语中，他指出，翻译工作就像绘画工作，神似是十分重要的，形似则是次要的。傅雷认为，在翻译过程中要实现传神达意的标准，需要追求神似，但是神似并不是完全舍弃原文的语法句式，而是译文在能表达原文主旨的基础上将形式趋近原文。两者是相辅相成的，缺一不可。

译文的神似与形似相结合需要翻译者对原文进行加工。傅雷指出，假如原作者用汉语翻译译文，那么翻译来的作品必须使用符合中国语言规律的汉语来创作，必须流畅。傅雷认为，可以通过使用行话、方言、旧小说套语的方式来体现时间、空间的差异和原文的内容。傅雷还指出，需要翻译者自己调整行话、方言、旧小说套语等来使翻译的作品流畅和完整。将行话、方言、旧小说套语等融入翻译作品中是傅雷对中国翻译学的一大贡献，可以生动形象地还原原文。

二、外国翻译理论

（一）古代至中世纪翻译理论

1. 西塞罗的翻译理论

古罗马的西塞罗是当时著名的翻译家，他翻译过许多古希腊关于哲学和政治等方面的著作，最出名的如荷马的《奥德赛》和柏拉图的《蒂迈欧篇》。西塞罗的翻译理论对后来西方的翻译的发展产生了深远的影响，是因为他是从翻译的实践出发，从实践来发展理论的。

西塞罗在《论最优秀的演说家》中指出“演说家”式翻译和“解释员”式翻译的区别，这也是直译和意译的区别。西塞罗在《论善与恶之定义》中指出，不能进行机械式的翻译，应该采用生动形象且灵活的手段来进行翻译。在翻译时需要使原文转化成符合读者阅读习惯和欣赏水平的译文。《论最优秀的演说家》和《论善与恶之定义》虽然不是西塞罗专门论述翻译的著作，但是他对于翻译独到的理解对西方翻译来说是一笔宝贵的财富，是西方翻译理论的开端。

由此可以看出，西塞罗认为翻译不仅仅只是将古希腊文翻译成古罗马文，而是一种文字创作。西塞罗作为西方翻译的鼻祖，使翻译真正地接近实践。另外，西塞罗还提出了形式与内容的关系、译作与原作的关系、翻译的两种基本方法与译者的权限和职责等问题。

2. 哲罗姆的翻译理论

身为罗马教父哲罗姆，是早期基督教的权威神学家。同时，哲罗姆在翻译方面也有建树，他提出翻译工作的主要原则：

（1）翻译需要灵活多变，不能只采用直译的方法。

（2）“宗教翻译”与“文学翻译”应该区分开来。

（3）只有正确地理解才能做出正确的翻译。

3. 贺拉斯的翻译理论

古罗马时期还有一位翻译大家贺拉斯，同时他也是当时著名的政治家和诗人。贺拉斯深受西塞罗的影响，认为翻译不是简单地直译，意译才是翻译家真正的选择，但是选择意译也不是翻译者可以随意篡改原文内容的方式，必须要符合原著的主旨。他在《诗艺》中提出“忠实原作的译者不会逐词死译”，这也是贺拉斯和支持意译翻译者们用来反对直译的名言。

贺拉斯认为古希腊的文化是先进的，他提倡和谐、平易、创新和寓教于乐的文学风格，提出“以希腊为典范的旗帜”，人们基于此贺拉斯的观点，制定了古典主义的文艺原则，受到后世西方文艺复兴学者们的追捧。

4. 布鲁尼的翻译理论

西方中世纪末期的布鲁尼不仅仅是政治家，还是当时最出名的翻译理论家。布鲁尼的翻译理论如下：

（1）翻译者需要在翻译时需要还原原作的风格。

（2）不论何种语言，都可以将翻译有效地进行。

（3）翻译工作是将原文中的内容转移到译文中，需要翻译者具有丰富的学识和对双方语言、文化的理解。

在西方翻译史上，布鲁尼最早对翻译问题进行研究。

5. 昆体良的翻译理论

古罗马时期的昆体良不仅仅是一位演说家和教育家，也是一位翻译家。和西塞罗与贺拉斯相同，昆体良也支持意译。在昆体良唯一保存并流传下来的《修辞学原理》中，不仅提到了他关于教育问题的理解，也在其中论述了他的翻译理论。昆体良在《修辞学原理》中提出了翻译作品可以与原文进行“竞争”，而“竞争”的前提就是要进行创造性地翻译。昆体良将翻译分为了“翻译”和“释义”，前者是一般材料的翻译，后者则是创造性的翻译，即原作的再加工和再创造。通过对原著的编译和再创造，生成新的文学创作。译文与原作“竞争”的观点最早出自昆体良的翻译理论。

6. 奥古斯汀的翻译理论

奥古斯丁的符号理论对语言学和翻译学有着重要的作用，对后世影响深远，他的翻译理论如下：

（1）翻译者必须掌握双方语言，并且对于所译原著的题材了然于胸，另外，翻译者还需要具有校对勘正的能力。

（2）翻译者在翻译时需要使译文朴素、典雅、庄严。

（3）在翻译时，“所指”“能指”和译者“判断”之间的关系是翻译者必须厘清和考虑的。

（4）在翻译时，“词”是翻译的基本单位。

（二）文艺复兴时期翻译理论

1. 马丁·路德的翻译理论

文艺复兴时期德国的马丁·路德对翻译有着重要的贡献，《伊索寓言》是马丁·路德翻译的国外著作。他的翻译理论如下：

（1）翻译者需要使用通俗易懂的语言进行翻译工作，这样译文才能广泛传播。

（2）翻译者在翻译时需要使译文与原文之间的“神似”和“形似”关系辩证统一。

（3）翻译者在翻译时需要采用意译的方法将原文的语言现象还原，使读者可以更好地理解原文的内容。

（4）翻译者在翻译时需要集思广益。

（5）翻译的原则有七点：

①翻译时可以根据需要改变词序。

②翻译时可以根据需要增加连词。

③翻译时可以根据情况增加语气助词。

④翻译时，如果原文的词语译文没有对等形式，可以省去。

⑤翻译时可以将一个词翻译成多个词语或词组。

⑥翻译时，译文与原文之间比喻用法和非比喻用法可与相互转换。

⑦翻译时需要注意准确性，文字的变异形式需要注意。

2. 多雷的翻译理论

多雷是文艺复兴时期法国的翻译家，他为翻译学奉献出了一切。作为当时著名的学者，多雷学识渊博，拥戴人文主义。多雷认为翻译不是简单地将词语进行翻译，而是要将原文的意思表达出来。多雷指出，意译可以根据语言的需要对语法句式即兴调整。多雷的《论出色翻译的方法》是西方最早系统论述翻译问题的文章。《论出色翻译的方法》是多雷关于翻译思想的集中体现，他指出翻译工作需要做到：

（1）翻译者必须了解原文的内容、思想、主旨和作者的意图。

（2）翻译者在翻译时必须要保证原文的优美意境不变，这就需要翻译者熟练掌握双方语言。

（3）翻译者在翻译时不能按照词语逐步翻译。

（4）翻译者在翻译时尽量使用通俗易通的词语，减少使用刻板的词语。

（5）翻译者在翻译时需要根据语言习惯来调整语序，使译文可以被人们流畅地阅读。

多雷是文艺复兴时期第一个因为翻译而献身的学者，他因认为意译才是真正的翻译而被施以火刑。多雷在文学上的造诣极高，它的翻译理论是翻译史上的宝贵财富，被西方后世的翻译者所推崇。

（三）西方近代翻译理论

1. 巴特的翻译理论

18 世纪的巴特是一位著名的翻译家，同时，他也是当时西方的文学理论家，巴特的翻译作品主要有亚里士多德的《诗学》等。巴特是在翻译实践的基础上提出他的翻译理论和思想的，他的翻译理论主要体现在所著的《纯文学教程》和《论文学原则》中。巴特在《论文学原则》中指出，影响语言的普遍因素是语序，而不是语法，当两者出现冲突时，要将语序放在首要地位。基于此，巴特提出了翻译的十二项规则，这里列举几条：翻译时需要首先考虑原文的思想出现的先后顺序；翻译时原文中的连接词不能删除，应该保留；翻译时应该尽量使译文完成后的篇幅与原文相同；翻译时原文中的修辞手法不能改变，需要保留……巴特翻译的亚里士多德的《诗学》就遵循了以上规则，他所翻译的《诗学》在形式上与原著相同，其中语序、篇幅、句子长短与原文相近。

2. 歌德的翻译理论

歌德不仅在文学创作方面有着十分重要的成就，在翻译方面，他也有着十分重要的影响。歌德将翻译分为逐字对照翻译、按照译语文化规范的改编性翻译和传递知识的翻译三种类型。歌德认为其中传递知识的翻译是翻译的最优解，因为这种翻译既能将原文的内容与思想表达出来，也能体现文学的典雅与优美。歌德指出，在世界事务中翻译具有十分重要的地位，翻译是最有价值的事务之一，即使使用不同的语言也可以将文章中的内容、思想主旨相似地表达出来，这是各种文学作品的可译性表现。歌德认为，翻译者在翻译国外的散文和诗时，都应将其用散文的形式翻译出来。

歌德对于翻译的分类和他的散文译诗对于当时乃至现在的翻译理论都有着十分重要的影响。歌德翻译了狄德罗的《拉摩的侄儿》、切里尼的《自传》等著作，这是他为翻译界留下的宝贵财富。

3. 洪堡的翻译理论

作为德国的哲学家和教育家的洪堡也为翻译理论做出了巨大的贡献。洪堡关于翻译理论的研究主要体现在《论人类语言结构的差异及其对于人类精神发展的影响》《按语言发展的不同时期论语言的比较研究》和他翻译的埃斯库罗斯的《阿伽门农》的序言之中。

洪堡指出，语言在人类文化中具有十分重要的地位和作用，语言决定着思想文化，与思维、精神、文化密切相关。洪堡认为翻译可以丰富民族语言和民族文学，他指出即使由于语言不同给翻译工作带来困扰，但是翻译工作也是可以进行的，翻译的可译性与不可译性是一种辩证关系。洪堡认为翻译的首要原则是忠实，只有忠实原著才能反映出原著的内容和思想，而忠实原则要求的也不是忠实一切，一些无关紧要的内容则无须关注，只需要忠实原著真正的特点与思想即可。

洪堡提出的两元论的语言观是他为翻译学做出的最重要的贡献。虽然在当时的学界并没有学者重视洪堡的两元论，但是它的这个理论为二分法语言观提供了基础，在二元论的影响之下，后世的帕尔西格、斐迪南·德·索绪尔、加丁姆等提出了二分法语言观。二分法语言观奠定了现代翻译理论的基础，此方法从“语言系统”和“言语系统”研究翻译。由此可见，洪堡的二元论是当今翻译学发展的重要基础，有了洪堡的翻译理论，才有了二分法语言观和当今翻译理论的发展。

4. 施莱尔马赫的翻译理论

德国的施莱尔马赫不仅仅是哲学家，也是一位翻译家。他在 1813 年发布的《论翻译的不同方法》提出了翻译的方法和原则。施莱尔马赫的翻译理论如下：

（1）施莱尔马赫把翻译分为笔译和口译，并对两者进行阐述。施莱尔马赫认为，口译的价值极低，不值得对之进行学术研究，因为它是用在商业上的翻译。而笔译则是为了使国外著作在本国传播而进行的翻译，具有重要的学术价值。

（2）施莱尔马赫认为真正的翻译，也就是笔译可以分为“释译”和“模仿”。“释译”主要针对的是具有专业性的学术作品，这些作品中的概念是不可改变的，用“释译”可以使译文在最大程度上与原文相同，但需要克服语言不同的困难。而“模仿”针对的则是文学作品，如小说和散文等，用“模仿”可以对原文进行再创造，不需要克服两种语言之间的困难。但是不能与原文相似。

（3）语言和思维的辩证关系是翻译家必须正确理解的。

（4）施莱尔马赫认为翻译的途径有两种：一是使读者靠拢作者；二是使作者靠拢读者。韦努蒂受到了施莱尔马赫的这一理论的巨大的启发，提出了翻译的归化和异化理论。

施莱尔马赫的理论在现在也具有十分重要的作用。

（四）西方现当代翻译理论

西方现当代的翻译理论进一步发展，出现了许多杰出翻译家，他们对翻译学做出了巨大的贡献。在这里主要介绍西方现当代的语言学派和功能学派。

1. 语言学派

西方学者奥古斯丁是西方翻译理论的语言学之父。基于亚里士多德的“符号”理论，奥古斯丁在语言符号方面提出“能指”“所指”和译者“判断”三者之间的关系。

现代语言学诞生的标志是索绪尔提出普通语言学，他在 20 世纪初将语言符号的性质提炼出来，对语言的历时和共时与语言和言语进行区分，对翻译理论的发展提供了强大动力，也影响了其他如人类学、社会学、哲学等学科。索绪尔的翻译理论为现代翻译学的语言学方法提供了坚实的基础，翻译理论的语言学派基础架构由此完成。语言学派是翻译研究发展的新方向，索绪尔开拓出西方翻译理论发展的新路径，引导了现代诸多翻译理论家向语言学的方向研究翻译，并建立独特的翻译模式，即语言学派的翻译家们的核心理论是“等值”，他们认为解决翻译问题的根本途径是不同语言之间的等值转换方法。另外，语言学派的翻译学家着重研究和分析了翻译过程中的语言现象和语言规律。翻译学语言学派的出现是西方翻译理论在现代的飞速发展的表现，翻译学也在20世纪中叶纳入语言学的相关范畴。

（1）奈达的翻译理论

尤金·奈达是西方现代著名的翻译家和语言学家，他是翻译学语言学派的领头人。作为现代翻译理论的开创者，奈达发布过许多翻译理论的文章和著作，这些文章和著作形成了完整的翻译理论系统，其中《翻译理论与实践》《语言结构与翻译》《翻译科学探索》《语言与文化：翻译中的语境》等都为后世翻译理论的发展提供了坚实的基础。

翻译语言学派也叫翻译科学派。奈达是“翻译课学说”的首倡者，他首先提出“翻译的科学”的概念。奈达的翻译理论的中心思想是“功能对等”，在翻译理论的发展中具有重要影响。“动态对等”的翻译原则也是奈达对翻译理论最大的贡献，这是他从语言学和语言交际学的角度出发得出来的。在社会符号学方面，奈达把语言符号的意义分为三个方面，即“当下”“分析”和“综合”，他发现了语言符号对比的意义和相互依存性。在翻译过程方面，奈达提出了“分析”“转换”“重组”和“检验”的四步模式。此外，奈达还创立了翻译研究的交际学派，他基于语言学将信息论应用在翻译研究上，认为交际与翻译在某种概念上是对等的。

奈达对翻译理论语言学派的建立有着重要的贡献，但是在一些方面，奈达的理论仍然有一定的局限性，如“功能对等”原则重内容而轻形式，在进行文学著作方面的翻译时，会损害原作的风格和文学性，但这并不能否定奈达对于翻译理论的贡献。

（2）卡特福德的翻译理论

卡特福德作为20世纪的原创性翻译理论家，在1965年出版了《翻译的语言学理论》，这一著作从现代语言学出发，对翻译的诸多问题做出了探讨，如翻译的定义、翻译的类型、翻译的等值及条件、翻译的意义、转译、翻译转换等。《翻译的语言学理论》对翻译学的发展有着重要的作用，在当时的翻译界有巨大的影响力。卡特福德的翻译理论如下：

①卡特福德把翻译界定为“用一种等值的语言（译语）的文本材料去替换另一种语言（源语）的文本材料”，他认为“对等”是翻译学研究的关键和核心。

②卡特福德认为翻译的基础和本质首先是确立语言之间的等值关系，并且对

等值进行了深入研究。

③卡特福德创造了翻译学中“转换”这一术语，并把“转换”分别为“范畴转换”和“层次转换”两种。

④卡特福德提出了培训翻译人员的方法，他认为需要从方面培养翻译人员，即对不同语言特征进行辨别；对原文和译文进行系统比较；观察两种语言的限制因素等。

卡特福德的翻译理论的一大贡献是对翻译的等值的研究和分析，系统地阐释了语言转换的规律，同时也摆脱了旧式的翻译研究方法。

（3）雅各布逊的翻译理论

罗曼·雅各布逊是美国著名的语言学家和翻译理论家，在 1959 的《论翻译的语言学问题》中，雅各布逊首次在翻译学中引进了语言学和符号学。另外，他还基于语言学对语言和翻译的关系等翻译问题在文中进行了详细的研究。《论翻译的语言学问题》这一论文为翻译语言学的理论方法提供了重要的思想指导。雅各布逊在《论翻译的语言学问题》中对翻译的分类将翻译的本质描述出来，他首次将翻译分为语内翻译、语际翻译和符际翻译三类。除此之外，雅各布逊还对认为翻译时语言的认识和比较、语言翻译的表达等是首先要考虑的。

雅各布逊是西方多学科的跨领域研究者，他在西方语言学的交流中发挥了巨大的影响力。雅各布逊的语言功能理论提供了新的语境模式，讨论了翻译中的根本问题，是 20 世纪翻译学语言学派发展的先驱。

（4）纽马克的翻译理论

英国翻译理论家纽马克深受语言学派奈达和卡特福德的影响。纽马克创造性地将现代语言学和跨文化交际理论的相关理论和成果类推到翻译理论中，形成了独特的翻译理论体系。纽马克关于翻译的著作有《翻译散论》《关于翻译》和《翻译教程》等。纽马克的翻译理论如下：

纽马克对于翻译理论最重要的贡献是“交际翻译”和“语义翻译”翻译策略，而后又提出了“关联翻译法”来完善翻译理论。“交际翻译”和“语义翻译”是纽马克翻译理论的精华和核心，“关联翻译法”是对原有理论的补充和说明。“交际翻译”和“语义翻译”翻译策略是纽马克在《翻译问题探索》中提出的，文中详细区分了“交际翻译”和“语义翻译”：“交际翻译”追求的是译文与原文文本相似，而“语义翻译”是在目标语言的语句结构的标准下尽量还原原文的语境和要表达的内容。此外，不同的文本类型也是影响翻译策略选择的因素，只有做到以上几点，才能更好地达到效果等值。“关联翻译法”是指原文中的语言越重要，翻译时就越要还原原文。这是纽马克的翻译理论完善的标志。

值得一提的是，纽马克基于雅各布逊的功能模式对文本功能进行了更加系统和完备的划分，他对文本的功能划分如下：信息功能、审美功能、表情功能、呼唤功能、寒暄功能、元语言功能等。另外，纽马克尝试研究和比较翻译时的两种语言来构建文本类型的样板。

2. 功能学派

20 世纪的 70 年代到 20 世纪 80 年代，德国的翻译界受到结构主义的影响，翻译越来越僵化，逐渐成为语言学的附属品，翻译理论的发展受到了影响，一些学者因此开始寻找新的发展方向，自此德国产生了功能翻译理论和功能学派。

功能学派翻译理论指出，只靠语言学理论并不能完全解决翻译中的所有问题，所以就需要应用到其他学科的知识来对语言学派难以解决的问题进行处理，如行为理论、交际理论和美学等。此外，还要转换研究的视角，从目标文本来研究。功能翻译理论的发展使功能学派成为德国最活跃的翻译学派。功能翻译理论的产生终结了结构主义语言学二十年的统治地位。

功能学派的发展壮大使翻译中原文的权威地位受到了威胁，受功能学翻译理论的影响，当时德国的翻译家们摆脱了语言学翻译理论和方法的束缚，逐渐掌握和运用功能翻译理论和方法来进行翻译问题的研究，对翻译理论有着重要的作用。

（1）莱斯的翻译理论

莱斯是德国功能学派翻译理论的创始人，作为功能学派的先驱，莱斯投身于翻译事业中进行教学工作和研究工作。

在研究翻译理论的前期，莱斯认为应该将翻译策略、语篇类型、语言功能和文章体裁结合起来研究。她主要研究的是翻译的对等，即翻译时不应该追求字、词、句的对等，而是要追求语篇层面的对等。在莱斯研究的后期，经过长期的翻译理论的研究和实践，她开始研究翻译的功能，因为她发现在翻译中对等是不可能达到的。自此，莱斯和弗米尔开始提倡功能学派翻译理论。莱斯在 1971 年出版的《翻译批评的可能性与限制》是功能学派翻译理论创立的标志。莱斯在《翻译批评的可能性与限制》中指出了功能学派翻译理论的基础，她首创性地在翻译批判中引入功能范畴，把翻译策略、语篇类型、语言功能进行关联，形成了新的翻译批判方式，这种翻译批判是基于原文和译文的功能关系进行的。

以卡尔·比勒的语言功能的三分法为依据，莱斯也将语篇分为了三个类型，分别为重内容文本、重形式文本和重感染文本。莱斯将这三种类型分别称为信息文本、表情文本和感染文本。这三种分类也被其他翻译理论家称为信息型、表达性和操作型。莱斯指出，译文的翻译方法是由文本类型决定的，评判译文的重要因素是看译文是否能传达原文的主导功能。语言功能和语言层面相对应，如信息层面对应逻辑功能，表情层面对应审美功能，操作层面对应对话功能。同时，莱斯还认为，接受者的改变会导致语言功能不同，目标语境所要求的功能和目的决定目标文本的形态。

莱斯的翻译方法和功能类型试图再创造适当的功能效果，以达到交际为目的，已经超越词、句的范畴。此外，莱斯对语篇的分类把翻译类型、文本概念、翻译目的结合在一起，从而凸显任意一种翻译类型都是有针对性地为特有的目的而服务的。莱思德翻译理论是功能翻译理论形成的重要保障。

由于自身的局限性，当时有相当数量的学者质疑莱思德理论，举几个例子，翻译的策略仅仅凭借语篇类型来决定是否切实可行；是否只有三种语言的功能；不同文本类型之间的界限是不是清晰明了等。可以看出，只有在译文与原文的功能相等时，莱斯的功能翻译理论中的分类才有意义。所以可以得出，莱斯的功能对等论只有在特定情况下才能作为标准，不能作为常规标准。

（2）弗米尔的翻译理论

弗米尔是莱斯的学生之一，作为语言学家，他长期从事翻译事业中的教学和研究工作。弗米尔和莱斯当时一同成为翻译研究功能论的倡导者。受到莱斯的影响，弗米尔研究翻译理论并提出了目的论，突破了莱斯的局限性。

弗米尔在美学、实用语言学、话语语言学等学科的影响下，和老师莱斯共同著作了《普通翻译理论原理》，其中提出了“目的论”，“目的论”对翻译理论的研究影响深远，所以人们又把功能学派称为目的学派。长期浸淫在翻译事业中的弗米尔具有十分丰富的翻译经验，他指出翻译不仅仅是语言之间的转换，而且也是非语言的一种行为。弗米尔认为，使用翻译符号是为了达到某一目标，触及不同的跨文化模式。弗米尔的“目的论”坚持“连贯原则”“目的原则”和“忠实原则”。具体体现以下面：

首先，连贯原则是指翻译的译文语句、语篇之内不仅要通顺连贯，而且要有正确的逻辑，用来方便读者阅读并理解，并使其在跨文化交际领域中有相应的意义。

其次，目的原则指的是在翻译理论中引入行为理论，认为翻译的方法和策略是由翻译行为的目的决定的。

最后，忠实原则指的是译文语篇之间要通顺，译文不能与原文的内容相悖。译文需要忠实原文是指双方存在一定相关的联系，而不是译文与原文必须字字相对，丝毫不差。译文的目的和读者对原文的理解决定了译文的忠实形式和程度。

“连贯原则”“目的原则”和“忠实原则”中，连贯原则和忠实原则都要遵循目的原则，而连贯原则从属于忠实原则，即目的原则处于三个原则中的最高等级。当目的原则要求语篇间或语篇内不连贯时，连贯原则和忠实原则都会失去效力。目的论是功能翻译理论的基础，是因为目的论的出现标志着翻译理论的研究角度开始逐渐转向功能化和社会、文化方向，而不再只是以语言学和形式翻译理论为主。因此，目的论是功能翻译理论的核心理论。

（3）曼塔里的翻译理论

曼塔里是翻译理论家，也是莱斯的学生之一。曼塔里对功能翻译理论的研究更加深入，她基于里宾的功能语用学和冯·莱特的行为理论提出了翻译行为论。曼塔里于 1984 年发表的《翻译行为——理论与方法》详细地阐述了她的翻译理论。曼塔里在书中指出“目的语的文本功能并不是从分析原文文本中自动获得的，而是通过跨文化交际的目的，从语用角度达到目的语文本的功能。”这句话指的是，译文不同于原文的功能，翻译者们可以根据需要和语境来改变“功能”，这体现了翻译者的主体性。改变“功能”是经常发生的，不是例外。

曼塔里的理论模式中参与者和环境条件的存在也很重要。参与者有信息发出者、委托人、原文文本生成者、译者、译文使用者和信息接受者，环境条件有时间、地点和媒介。曼塔里认为，需要翻译的个人或组织是信息发起者，译者的联系人是委托者，原文的作者是原文文本生成者，但是译者不一定是与翻译有关目的语原文的生成者，使用译文的个人或组织是译文的使用者，目的语的受众是信息接受者。可以看出，在曼塔里的理论中，译者的地位十分重要，是任务的执行者和跨文化交际的专家，扮演着十分重要的作用。

（4）诺德的翻译理论

克里斯蒂安·诺德和弗米尔、曼塔里一样，也是莱斯的学生。诺德在翻译理论方面受到莱斯功能类型的影响，另外他还积极推行曼塔里的翻译行为论和弗米尔的目的论。诺德也是功能翻译理论的推广者，他站在辩证地角度也提出了功能学派的不足。另外，诺德也是第一位将功能学派的翻译理论用英语翻译出来的，推动了功能翻译理论的传播。在翻译理论的研究中，诺德研究的是功能主义目的论的哲学基础、翻译类型和译者培训等内容。诺德的翻译理论主要体现在《目的性行为——析功能翻译理论》和《翻译中的文本分析》中，翻译培训的过程、双语能力与译者培训、译者的责任与地位、忠诚原则、决定忠诚原则的因素、译文接受者的研究等方面是诺德主要在意的研究内容。

“功能加忠诚”原则是诺德翻译理论的主要思想，其中“功能”指的是“使译文对译语文化接受者起作用的目的”，“忠诚”指的是“译者应当把翻译交际行为所有参与方的意图和期望都加以考虑”，关注的是翻译的参与者，属于道德层次。诺德的“功能加忠诚”在原则理论上可行，但是在实践中却举步维艰。此外，由于使用语篇分析的策略，诺德囿于对等的局限中。

第三节　翻译对译者的要求

翻译作为跨文化交际的一种，翻译者在其中扮演重要的作用，影响着文化的传播和表达，对文化之间的交流产生巨大的作用。所以，只有专业素质需要达到一定水平，翻译者才能更好地进行翻译工作。

一、职业道德

（一）实事求是

从根本上说，翻译的本质是跨文化交际活动。不同国家之间的文化一般不同，相同的文字在不同国家展示的信息也不尽相同，这就需要翻译者充当原文和译文读者之间的桥梁。所以，译者在翻译时必须要秉承求实和公正的原则，要站在公正的立场上进行翻译工作。

从生态翻译学角度出发，保护原文与译文之间的生态是翻译的终极目标。翻译者要做的工作是忽略时间与空间的影响，在了解双方文化的基础上与原作的作者进行思想交流，并将其要表达的思想转换为读者可以理解和接受的内容，向读者尽可能完整地传递原文的信息，这就需要翻译者维持原作与译文读者之间的平衡，在源语和目的语之间的文化、语言和交际等方面达到一个系统上的生态循环，这样可以使原著、译者和译文读者和谐相处，使原作和译文长存于世。

（二）精雕细琢

在翻译过程中，主观上的错误和客观上的缺陷会导致译文质量较差。假如只是客观上的译者的翻译水平低下的原因，可以通过提升译者的翻译能力来提升翻译水平的质量。假如译者“心”和“力”都没用上力，这就是主观态度和客观能力上都出现问题了。所以需要翻译者具备精雕细琢的工匠精神来进行翻译工作。举个例子：

领导干部要讲政治。

Cadres should talk about polities.

在这个例子中，“讲”所蕴含的内容是“学习”和“探讨”等内容，但是 talk about 仅仅有“说”和“讨论”的意思，这就导致在翻译过程中出现译文与原文不符的现象，从而使外国人在阅读时会认为我国的领导喜欢在口头上说政治，没有实际作为。这样会使我国在国际上的形象受损，不利于国家之间的友好交流和合作。所以，翻译者可以进一步探究“讲”的翻译，举几个例子：

（1）Cadres must emphasize politics.

（2）Cadres must give prominence to politics.

（3）Cadres should attach the utmost importance to politics.

观察以上三种翻译的方法可以发现，这几种翻译的方法虽比第一种有容易使人接受，但是距汉语要表达的意思还少一些东西，就是“政治”这一词的翻译，这里的“政治”是领导要具有敏锐的政治头脑，而不是在口头上说政治或者上层建筑方面的政治，所以可以将原文翻译如下：

（1）Cadres should be politically aware.

（2）Cadres should be politically minded.

（3）Cadres should be political conscious.

这三种翻译的方法虽然在形式上与前几种相比，与原文对比看似不对应，但是这几种翻译更贴近原文真正要表达的内容。可以看出在翻译原文时需要译者从多方面角度考虑，在翻译工作的各个环节中多下功夫，不断地更新自己的译文，从而产生更好的翻译作品。这里再举一个例子：

请勿疲劳驾驶。

译文 1：Don't drive tiredly.

译文 2：Drive alert，arrive alive.

译文 3：Drowsy driving is dangerous.

在这三种翻译的方法中，第一种虽然读起来连贯通顺，但是并没有完全表达原文的内容和意义。而其余两种符合遵守交通法规背景下的翻译，按照交通术语这两种翻译更能表达原文的内容和意义。

现如今，社会经济飞速发展，信息化速度加快，伴随着的是知识的更新换代加快，随着词语的推陈出新，翻译中可选用的词语也在不断变化。可以看出，翻译并不是一劳永逸的活动，不同时代的翻译要求是不同的，这就需要译者积累多方面的词语和知识，运用可动用的资源进行多方查证，这样，才能创作出更加合理、完善的译文，从而促进文化之间的交流。

二、语用能力

我们把将语言知识得体地运用到交际中的能力称为语用能力。作为跨文化交际行为，翻译活动需要译者结合语境和语篇进行再创造。英语与汉语之间以及双方文化之间都有很大的差异，主要体现在修辞、词汇、句子和语篇等方面。在英汉文化对比中，双方主要差异的承载体就是词汇。相同的词汇在不同的英文语境中，词汇的意义不同。因此，翻译者在翻译时需要在不同的语境中考虑词汇的用法，基于此，翻译者在进行翻译时，需要结合译文读者的需要和预期进行翻译。举个例子：

（1）原文：孔雀（象征着吉祥、美好）

译文：Peacock（带有炫耀、骄傲的意义）

（2）原文：芳芳爽身粉

译文：Fangfang Powder

（3）原文：五羊摩托车

译文：Five Rams Motorcycle

观察上述三个例子，（1）中汉语的“孔雀”有吉祥、美好之意，而英文的“孔雀”有“炫耀、骄傲”之意，这是翻译上的不对等。（2）中汉语的“芳芳爽身粉”中“芳”在翻译为英文时为“fang”，由于“fang”与“fung”的读音相似，那么国外的读者就可能将“fang”与“fung”联系起来，但是“fung”在英文中一般指的是“冯”“封”等姓氏，这样会造成译文与原文之间在风格和信息上出现差异。（3）之所以称为“五羊摩托车”，因为该摩托车产自广州，而广州又有“五羊市”的别称。国外读者并不了解这样的背景，所以翻译的英文会造成读者出现困惑。通过观察这三个例子可以发现，在某些情况下，有些词语即使字面意义相同，但是两者是不能互译的。

译者在翻译时要选择合适的翻译方法和手段。翻译的目的是使译文在目标文化的环境中传播，使译文读者有较好的认知。不同翻译材料的目的不同，译者需要根据原文体裁的不同来进行翻译工作，而且要参考特定的语境来对原文进行增删或改编。

三、翻译能力

（一）适应能力

翻译活动需要译者具有较强的适应能力。

1. 对语言因素的适应

文化之间的不同必定会导致翻译之间有诸多困难，语言的不同是翻译工作的难题。由语言推敲意义、由意义选择语言的过程就是跨文化交际。基于此，翻译者需要对语言因素进行适应。译者需要适应语言的多重意义。分别为形式意义、文化社会意义、言外意义、联想意义等。

（1）形式意义

有学者认为，形式意义包括语音、词汇、句法及修辞等，是语言形式所承载的意义，而另有学者认为，在进行翻译工作时需要考虑语言的形式，这说明语言形式具有独特的意义，否则会导致原文的语言风格损害或消失。语言具有的结构和特有的规则是语言的独特性所在，在某些情况下，进行翻译工作时，为了达到表现原文作者意图的目的需要进行结构的调整，而这种情况是经常出现的，这意味着对等翻译中，形式对等是不容易做到的。英汉之间文化的不同和语言形式、结构的不同导致在翻译时必须对原文的语序、结构进行调整。举个例子：

中国政府将发展同非洲国家“平等相待、真诚友好、团结合作、共同发展”的兄弟关系。

The Chinese Government will develop its fraternal relations with African countries of treating each other as equals，sincerity and friendship，unity and cooperation，and common development.

在这句英文中，原文的四字短语“平等相待、真诚友好、团结合作、共同发展”译者翻译时按照其格式进行，导致原文的内容与思想没有传达完全，使译文不同于原文的意义，而且译文的流畅度和层次感也不够。

（2）文化社会意义

文化的范畴很广，语言是重要的组成部分，在翻译时不能只局限于语言的范畴，要综合考虑文化社会的影响。在全球化的现在，各类文化要和谐相处，共同发展。翻译者在翻译过程中，需要适应源语的文化语境，只有做到这样，才能更好地将原文翻译为译文。除此之外，译者在翻译时需要考虑译文读者的接受水平来进行翻译。

（3）言外意义

在翻译时，译者不仅需要对原文进行字面上的翻译，还需要对原著作者的言外之意进行翻译，将其为读者表现出来，只有这样，译文才能真正地表达原文作者的思想，使译文读者获得真正的阅读体验。只有做到言外之意的翻译，才能实现译文和原文表达内容相同。因此，翻译者需要适应译文和原文双方的言外之意，才能更好地实现跨文化交际。

（4）联想意义

语言符号给人们的暗示意义就是联想主义。不同的事物在不同的语境、不同的文化中，其联想意义可能大不相同。举个例子，在英文中的“狗”代表的是“忠诚”，而在汉语中的“狗”有时候会带有“下贱”的意思。

2. 对非语言因素的适应

除了对语言因素进行适应外，对非语言因素的适应也是翻译者做好翻译工作的要求之一，非语言因素的适应主要是认知语境、翻译目的、目标语文化占统治地位的意识形态等方面。

（1）认知语境

认知语境是非语言因素适应的重要影响因素之一。认知语境在20世纪80年代开始逐渐流行。背景知识、语言使用的情景知识、语言上下文知识是认知语境所包含的内容。从认知的角度出发，翻译是一个异常复杂的活动与行为。从交际角度出发，翻译是在一定认知环境中原文作者、译者和译文读者之间的交际行为，翻译这种跨文化交际行为能否成功的关键是翻译者是不是了解译文读者与原著作者在认知环境上的相似程度。翻译者只有在认知语境中了解了原文作者的思想和意图，才能将原文准确地翻译出来。

（2）翻译目的

结构主义语言学发展到20世纪80年代时阻碍了翻译的发展，功能学翻译理论逐渐流行开来，并终结了结构语言学的统治地位。结构语言学发展到后期时实践与理论已经严重脱节，功能学派则改变了这一点。功能学翻译理论推翻了原文的全文地位，将研究翻译的立场变为目标文本，并把行为理论、交际理论、美学和信息论等学科纳入翻译的领域之中，影响了欧洲翻译界。功能学派的代表人物莱斯和她的学生弗米尔、曼塔里、诺德运用功能和交际方法来对翻译理论进行研究。

莱斯认为翻译的对等是不可能实现的，她把翻译目的、翻译方法和文本类型相联系并结合，分为信息文本、表情文本和感染文本，但是这种划分有相当的局限性。弗米尔在莱斯的指导下研究翻译理论，但是他认识到老师理论的局限性，所以他创设了目的论，提出了连贯原则、忠实原则和目的原则，并以目的原则为最高要求。诺德则提出“忠诚加功能”原则研究翻译理论。

莱斯与她的学生们的翻译理论指出，翻译是一种有目的的交际行为，需要考虑读者和客户的要求。功能学派又称为目的论派，目的论要求的是翻译者在工作时，实现译文相应的交际功能，并不关注译文与原文之间的对等。只有遵循一定的翻译目的，翻译者才能更好地选择相应的翻译策略，从而进行翻译工作。功能学派认为，翻译在不同的阶段有着不同的目的，而且翻译的目的和功能指导翻译的实践。基于翻译目的，翻译的实践和理论才能有所关联。

（3）目标语文化占统治地位的意识形态

近年来兴起的新趋势是从意识形态出发研究翻译，这是研究翻译理论的新的发展。意识形态指导着人们的行为并决定着人们看待问题的角度。在翻译界，意识形态蕴含着世界的运转规律，指的是个人、组织或文化支持的独特的价值观。翻译与意识形态之间相互制约和产生，意识形态产生于翻译行为中，而且制约着翻译的产生，因为翻译不是单独、无任因素影响下形成的，而是翻译家在特有的文化语境中进行的行为。

近年来翻译者的主体性逐渐成为学界讨论的热点，译者的主体性指的是翻译者脱离自己身上的权利话语的束缚，依照自身的内心进行再创造和再加工，这也是译者超越意识形态的表现。只有适应了目标语的文化占据主要地位的意识形态，译者才能够翻译出读者们接受并认可的译文。在翻译中，假如原文中出现与目的语文化的意识形态相悖的观念，翻译者需要按照目的语意识形态来进行加工，使译文易被读者接受。一般来说，如果目的语文化相对于源语文化处于强势的一方，那么译者需要按照目的语文化的意识形态进行翻译，因为强势文化的读者不愿接受外来文化，这样做有利于克服意识形态障碍。

（二）选择能力

1. 翻译文体的选择

译文与原文之间的对等还应该包括文学体裁上的对等；译文的文体是翻译者需要根据原文的语言形式和特点，再结合目的语文体的形式进行的两种语言的结合，是一种翻译者独创的语言形式。因此可以看出，译文的文体是翻译者必须要考虑到的。举个例子，如果某一文学著作是用声音来传播的，那么译者翻译的译文必须适合听，做到语言简洁，内容突出。翻译者在选择翻译的文体时，需要考虑不同的传播渠道。

2. 翻译方法的选择

译者在跨文化交际中具有重要的作用，作为源语文化和目的语文化的“桥梁”，翻译者需要将国内优秀文化传到全世界的同时，引进国外先进文化。文化之间的交流频率增加有利于丰富世界文化，保持文化的多样性，促进世界各国之间和谐交流和发展，这就需要译者要秉持包容谦逊的态度进行翻译工作。

一般来说，翻译的方法可以分为直译法和意译法，直译就是按照字词以原文的形式向作者靠拢，意译就是将原文的内容按照目的语的语境向译文读者靠拢。在将我国的著作翻译为其他语言的译文时，推荐采用直译法、意译法、音译法、替译法、直译加注法等方法，这样可以保留中国传统文化的特色以宣传我国的传统文化。

（三）综合意识

1. 角色意识

译者需要具备角色意识，意味着译者在翻译中需要扮演多个角色，如中介者、颠覆者、揭露者和掩盖者、重置者与替换者。

译者是源语文化和目的语文化的中介者，是因为译者熟知双方文化的语言，作为“桥梁”沟通原文和译文读者。译者在翻译活动中要将原文的内容传达给译文读者，在允许的范围内将作者的意图和原文的内容进行再创造，使读者了解原文。

颠覆者是译者的第二个角色，翻译是利用目的语语言表达原文的活动，由于两者文化和语言结构等的不同，必然会导致在翻译的过程中有些略微不同，这是不可避免的。

揭露者和掩盖者是译者的第三个角色。作为揭露者，译者在进行翻译时可能会有意料之外的效果，这是原文的潜能。作为掩盖者，译者在翻译时会出现原文要表达的内容和思想扭曲的情况，这就需要译者掩盖和处理。

重置者与替换者是译者的第四个的角色。作为重置者，译者需要用目的语语言将原文的内容再现，作为替换者，译者需要将源语的原著转化为目的语的译文，译语读者只能通过阅读译文来了解原文和作者的思想。

2. 全球意识

在全球化的今天，精神文明在当下尤为被关注。翻译者作为文化传播的中介者，应该具备全球意识。全球化不仅进是经济的全球化，更是文化的全球化，如果仅仅关注经济全球化，那么就会导致文化不能及时发展。西方文化的流弊需要我们通过学习他国文化来调整，这就是为什么西方诸多文化学者开始研究和学习中国文化。在全球化的背景下，不同民族、不同国家之间文化的交流是一种必然。历史上无数的经验告诉我们，民族和国家想要发展，必然不能故步自封，只有通过文化之间的交流，才能实现文化的繁荣和发展，而跨文化交际中，翻译是一种重要的行为活动。

3. 主体意识

传统的翻译观念中，认为译者只是一个“翻译机器”只需要实现原文在两种语言的转化，为原作和读者服务，译者的存在并不重要。经过古今中外诸多翻译理论家的研究，人们发现译者并不只是单纯的“翻译机器”，而是翻译中的主体，理由如下：

（1）在翻译过程中，译者需要发挥主观能动性。

（2）译者不仅仅是原文和译文之间的桥梁，也是原著作者和译语读者之间的桥梁，译者需要发挥自身中介者的作用连接双方文化，所以译者是翻译中的主体。

（3）译者的主体性也是后现代主义和解构主义学派所支持和宣扬的。

译者的主体性得到了国内外诸多学者的支持。国内有学者认为，原文的作者和译文的读者都没有参与到翻译的活动中，不能成为翻译的主体，而在翻译过程中，只有译者进行了翻译活动，才是翻译的主体。法国的安托瓦纳•贝尔曼（Antonio Berman）是著名的翻译家和翻译理论家，他指出，由于译者是翻译行为中最积极的因素，他们具有翻译目的、翻译动机和翻译策略，所以译者具有主体性。译者进行创造性的翻译和对原文的再加工需要译者主体性的自我认知，这样才能翻译出优秀的译文。与此同时，译者还需要控制自身的主体意识，需要在一定的限制下进行原文的再创作，不能随心所欲地对原文进行编造。建立有序的翻译生态需要译者发挥主体性的同时与作者和译文读者建立合理的对话式互动关系。

4. 读者意识

在我国历史上的东晋时期，读者意识就已经被我国的翻译理论家所重视。慧远是东晋时期的高僧，他以“以文应质则疑者众，以质应文则悦者寡”来解释如何选择佛经翻译的文本，慧远认为，假如在翻译佛经时，将质朴的原文翻译为华丽的辞藻，那么质疑译文的读者就会变多，假如将华丽的原文翻译成质朴的译文，那么会有许多读者不喜欢翻译来的佛经。对于慧远的理论正确性与否暂时不提，但他考虑到了译文读者的感受。

清朝时期的马建忠认为“善译”是翻译的标准，他提出了“使阅者所得之益与观原文无异”[①]，即译文质量的好坏可以通过译文读者的反应来判断。

后来我国学者更加细致地划分了读者意识，即读者是谁、读者有何需求以及如何满足读者需求。

国外的学者认为读者意识是十分重要的，译者不同于原文作者在自己的兴趣推动下进行创作，他们清楚地了解到译文是给读者阅读的。

从接受美学的角度出发，文本是一个多维度的开放式结构，意味着不同的人可以对文本有不同的解释，正所谓，一千个人眼中有一千个哈姆雷特，而且，即使同一个人在不同的环境、不同的时间下也有不同的解释。所以可以得出，在翻译过程中，译者可以通过自己的知识水平和技能方法将固定不变的原文翻译为读者可接受的内容，因为译文读者不是一成不变的，是在变化的。读者可以根据自身的知识来阅读译作，对未定性的内容具象化，实现译作的意义。

译者在进行翻译工作时，需要将读者意识放在首位，因为译作就是为译文读者所服务的。选择翻译的手段和策略时，需要考虑到读者的心理需求，译文需要根据读者心理需求的不同而变换。

所以，译者只有满足了译文读者的心理需求，才能实现翻译的目的。译作传播的重要影响因素是译文读者的心理需求和译者的读者意识。译文读者的心理需求越强烈，译文读者的阅读动机就越强，译文的传播就越好；译文读者的心理需求越弱，译文读者的阅读动机就越弱，不利于译文的传播。此外，如果译者翻译的译文能够引起读者的共鸣，使其阅读的动机指向性变强，那么可以说明译作的质量较好；如果译者翻译的作品无法引起读者的共鸣，那么就说明翻译工作进行得不是很好。译者翻译的作品是为了使译文读者更好地阅读，而且读者具有心理需求和丰富的感情，所以译者需要在翻译中以满足读者的需求为目的，这就需要译者具有读者意识。

5. 多元文化意识

“多元性”和“文化”组成“多元性文化”，“多元性”的解读与“文化”息息相关。

（1）“多元性”概念溯源

生物的多样性是文化多元性的源头。生物的多样性分为三个层面，一是遗传（基因）的多样性；二是物种的多样性；三是生态系统的多样性。文化的多元性

① 马建忠. 适可斋记言记行. 第 4 卷 [M]. 台北：文海出版社，1968.

与生物多样性类似，说明了人们已经意识到需要尊重多方面的文化和历史。在不同地区、不同时间、不同背景下会孕育出不同的文化，文化间的交流有利于文化的传承发展，可以看出文化多元性的重要性。

（2）“多元性”的对立面

与生物多样性相对应的是生物的特化，特化是由一般到特指的进化过程，是生态环境中的重要现象。生物的特化对生物来说有利有弊：一方面，可以使生物适应某一种环境，从而更好地存活；另一方面，如果生物特化之后生存的环境发生改变，那么该类生物可能会灭绝，因为由于特化，其适应其他环境的能力下降。类比到文化之中，可以发现，文化中的单一性就是特化现象，文化的单一性与文化的多样性相对应。文化的单一性在当今表现为以美国文化为主的西方文化在向世界其他文化扩散，使全球不同的文化开始趋向一致，使世界文化的多元性受到破坏，影响其他国家文化的发展和创新，甚至社会的秩序。目前尚不确定文化单一性是否会在全球泛滥，但是可以确定的是，文化的相似性会大大增加。因此，文化的单一性是当今社会急需解决的问题，否则会导致文化多元性的消失。与生物的特化相似，文化的特化程度如果变得很高，会导致文化像生物一样灭绝。所以，维持文化的多元性是十分必要的。

（3）文化多元性的价值

生物的多样性包括基因、物种和生态系统的多样性，文化的多元性则包括个体、社群、地域、阶级、民族、国家。文化之间应该和谐相处，是平等的，世界上许多文化共存就是文化多元性的体现。维持文化的多元性需要各个文化之间维持自身的价值与吸引力，认同不同文化的存在，这样才能维护社会、国家乃至世界的稳定。其中认同其他文化的存在和价值是维护社会安定和达成国际理解的必然要求。每一种文化都是世界文化的宝贵财富，都对人类的发展具有重要作用，各种文化都具有规定性，也依赖于整体的福祉。

人类文化的传承和发展的条件之一是文化的多元型，文化多元性也有利于不同文化之间共存。不同的文化具有不同的生活方式，这些生活方式可能是根据环境演化来的，可能是祖祖辈辈传承下来的，也可能是由实践中得出来的，但无论来自哪种生活方式，都具有自身的特色，这就是文化多元性的体现。世界上共存的不同文化为人类的发展提供了强大的动力，是世界的共同财富。所以，不同文化之间需要和谐交流，共同发展。文化多元性的维持和发展在现在和以后都颇有益处，不同文化之间都要坚持文化的多元性，这是为了人类的共同发展和共同利益，这样才能会人类发展提供新的契机。所以，如果一些实力较强的国家愿意放弃自身文化的支配地位，让世界上多种多样的文化共同繁荣，就会使自身乃至全世界都能更好的发展，这样做有着十分重要的意义。

（4）文化多元主义的具体内涵

文化多元主义是在第二次世界大战之后产生的，当时西方社会中少数族群和群众呼吁权利和平等，于是多元文化主义作为一种思潮就出现了。因此，文化多元主义的最终目的是政治平等，本质上是一种政治价值观。

多元文化主义的核心观念是倡导对族群文化的包容、族群间差异的平等以及少数族群的权利。多元文化主义逐渐被知识界和传媒界认同是在美国的民权运动之后，多元文化主义对文化模式的阐释和美国社会架构有着引导作用，对族群权利受到的态度有着深远的影响。

属于一种价值观的同时，多元文化主义还是一种公共政策。在客观的基础上，多元文化主义禁止任何方面的歧视，倡导不同群体之间和谐相处和文化多元性的存在。此外，由于多元主义文化，少数族群有了更多参与公共事务的机会，并且受到文化多元性政策的照顾。多元文化主义倡导各个文化之间都是平等的，政府和国家应该承认族群的身份来增加文化多元性和认同感，任何组织不能疏远其他族群。多元文化倡导少数族群的人们将认同感由族群转移到社会、国家，以此来维持社会的和谐发展。

以美国为例，美国社会自 20 世纪 60 年代后，出现了许多倡导多元文化主义的学者，后来，多元文化主义也进入了课堂，传播得越来越广泛，少数族群的认同感逐渐增加。多元文化主义使社会上的弱势群体的人生发生了改变，使当时美国主流文化的话语霸权和等级秩序受到了冲击，促进了美国各个族群在经济、政治等各个方面的平等发展。

第四节　文化与翻译的关系

一、语言文化因素及其对翻译的影响

（一）语言文化因素

1. 词汇文化因素

在英汉语言中，词汇就好比是其组成细胞，各种各样的词汇组成了具有不同

意义的英汉两种语言。各种各样的词汇体现着丰富性，也间接导致了英汉词汇在某些层面的差异性。

（1）完全对应

完全对应是指在英汉两种语言中，英语词汇和汉语词汇的词义是完全对应的。通常这类词汇为名词、术语、特定译名等等。

（2）部分对应

部分对应是指在英汉两种语言中，英语词汇和汉语词汇的词义是部分对应的。也就是说英语词汇的词义和汉语词汇的词义不同等，可能存在英语词汇的词义较为广泛，而汉语词汇的词义却较狭窄的情况；或者是汉语词汇的词义较为广泛，而英语词汇的词义却较狭窄。例如：sister（姐姐；妹妹）、gun（枪；炮）。

（3）无对应

无对应是指在英汉两种语言中，英语词汇在汉语词汇中找不到对应词，汉语词汇在英语词汇中找不到对应词，彼此在双方之间存在着无法对应上的情况，这种情况也被称为“词汇空缺”。例如：chocolate（巧克力）、气功（Qigong）。

（4）貌合神离对应

貌合神离对应是指在英汉两种语言中，英语词汇和汉语词汇从表面上来看，彼此是相互对应的。但仔细研究就会发现，英语词汇和汉语词汇并不对应，彼此就像是一对“假朋友”。例如：mountain lion 是指“美洲豹”，而不是“山狮”；talk horse 是“吹牛”，而不是“谈马”。另外，酒店是“hotel”，而不是“wine shop”；白酒是“spirits”而不是“white wine”。

（5）词汇的搭配

词汇的搭配遵循着一定的规律与关系，其主要研究词汇与词汇之间的横向组合关系，也就是所说的“同现关系”。通常来说，词汇的搭配是约定俗成的，但是英语词汇和汉语词汇搭配的规律却有着很大的差异，时刻注意不混用。

除此之外，在英语词汇和汉语词汇中，都存有一些具有强大搭配能力的词汇。例如：英语中的 to do 可以构成很多词语，如 to do the bed（铺床）、to do the window（擦窗户）、to do the dishes（洗碗碟）。

通过上述 to do 与床、窗户、碗碟的搭配而得到新的词语，体现了 to do 的搭配范围较为广泛，反过来看汉语词汇的搭配中，用了多种动词，如“铺”“擦”“洗”。再如，汉语词汇中表示“看”的词汇，在英语词汇搭配中却涉及很多词汇。看电影对应为 see a film、看电视对应为 watch TV、看地图对应为 study a map。

2. 句法文化因素

（1）语言形态

基于语言形态学视角，语言可以分为综合型语言和分析型语言两种。这两种之间有着不同的特征，综合型语言的语序不死板，具有强大的灵活性；分析型语言的语序则相对较为固定。

从整体上来说，汉语中的主要成分为分析型成分，所以汉语的语序相对来说不会过于灵活，而是相对固定。相对于英语来说，英语句子中的成分既包括分析型语言也包括综合型语言，所以不能单纯地认为英语为综合型语言或是分析型语言，只能说是以综合型语言为主，逐渐向分析型语言发展。所以按照目前的情况来说，英语是综合型与分析型语言相结合的一种语言。汉语中语序通常为主谓语序，即主语在谓语前面，这一语序是固定的，不会发生变化。这也说明中国人在表达上很少使用倒装句。相反地，英语句子中会出现许多倒装句，特别是英语商务文本，出现倒装句的频率是最高的。综上所述，英汉两种语言在语序上存在明显差异，主要表现为动词位移的差异七八级是否是否讲重末端重量的差异。

首先，以陈述句与疑问句的转换为例。在英语中，陈述句与疑问句的转换只需要移动动词位置即可。但是在汉语中正好相反，动词位置不移动也可以完成陈述句与疑问句的转换。例如：

英语陈述句：She is Lily's mother. 转换疑问句为：Is she Lily's mother？可以明显看到，英语句子中的 be 动词位置发生了移动。

汉语陈述句：她是莉莉的妈妈。转换疑问句为：她是莉莉的妈妈吗？在汉语句子中，动词位置并没有移动。

其次，句子中动词位置的移动是为了把某些语义需要实现。在英语中，存在一种话题性前置现象，例如表达否定意思的状语前置，主语会位于助动词的后面，形成主谓倒装句式。但汉语中没有这种前置现象。例如：

Rarely have I heard such a rude word from Tom. 我很少从汤姆那里听到如此粗鲁的话。

最后，句子中动词位置的移动还可能是为了突出语势或者使句子的描写更加生动形象，以满足修饰句子的需要，所以这种现象在英语中被人们成为“修辞性倒装”，也叫“完全倒装”。这种倒装句式中，谓语动词在主语的前面，用来抒发强烈的情感。例如：

In came the Mayor and the speech began. 市长走了进来，然后开始讲话。

（2）扩展机制

人们思维的改变会引起句子基本结构的改变，人们思维的延伸会促使句子呈现出线性延伸。思维的改变与延伸对句子产生的影响，被人们成为扩展机制或是扩展延伸。从线性延伸这一层面入手，会发现英语和汉语句子有着不同的延伸方式。汉语句子的延伸特点为：句子开端具有开放性，句子末尾具有收缩性。

线性扩展延伸机制分为顺线性和逆线性两种扩展延伸机制。虽然汉语和英语都属于线性扩展延伸机制，但具体细分来说，汉语的扩展延伸机制为逆线性，英语则属于顺线性扩展延伸机制。顺线性扩展延伸机制是指扩展顺序从左到右，也叫作 LR 扩展机制，其中 L 指英文单词 left，R 指英文单词 right。逆线性扩展延伸机制的扩展顺序为从右向左，也就是 RL 扩展机制。所以在英语句子的延伸中，其句子末尾具有开放性。

（3）语态因素

首先，汉语句子使用的语态多为主动语态，通常与中国人处事的方式有关。中国人在做事方面通常都是重人不重事，较为注重动作执行者在事情中发挥的作用。在运用汉语语言的过程中，中国人使用主动语态表达需求，明确阐述动作执行者的意思。此外，中国人并非完全不使用被动语态，一旦使用被动语态，说明需要表达一些不希望发生的事情或者发生了一些不好的事情，比如发生事故或者受到损失等。被动语态使用不多的原因主要是受文化差异的影响，用被动语态来陈述某一件事情或者表达需求时，给人一种生硬的感觉。

通过上述内容可以得知，汉语句子与英语句子明显的不同之处是，汉语句子中存在的被动句式少于英语句子，且通常使用主动句式来代替被动句式。可以说这与中国人的主体思维息息相关。自古以来，中国人都认为“事在人为”，也就是一个动作或者一件事情不可能主动完成的，而是依靠人自身的指导完成相关动作或事情，所以人作为动作执行者对动作或事情的完成起着至关重要的作用。若是动作或事情的完成没有明确的动作执行者，通常就会选用一些泛称词语代替，比如“有人”“大家”等等。若是泛称词语代替作用不明显，未采用泛称词语代替也是可以的，即采用无人称来表达意思，也就是时常说的“无主句”。例如：下雨了！快走！

其次，英语句子使用的语态多为被动语态。主要是因为西方人注重物质世界存在的自然规律，渴望探究自然现象中蕴含的真理，并勇于追求真理，并不惜为此付出一定的代价。另外，西方人习惯用被动语态来强调客观事物的规律，对其表达出一定的重视，这是与中国人的表达方式完全不同的地方。因此，被动语态出现在英语句子中或是其他一些英语文体中，是很正常的一种现象。

基于语法结构这一视角，英语中的被动语态不仅形式多，而且时态也不一样，从而导致被动语态结构存在一定的差异，也导致不同时态的被动语态结构的句子代表不同的意义。

作为英语句子中的“常客”，被动语态经常出现的原因有如下几点。

第一，不确定动作执行者身份或是动作执行者的身份无须说明。

第二，需要显示动作执行所面向的对象。

第三，动作执行者的实际身份确定为不是人类。

第四，需要翻译汉语句子中的被动词。

第五，文体类型为新闻、科技或公文时，因文体具有客观性、公正性以及严谨性等特点，通常使用较为正式的语气，满足其表达需求的情况，所以使用的被动语态较多。

（4）句子重心

从句子重心这一层面看，在汉语句子中，通常会把重要成分的内容放在句子末尾，而在英语句子中，重要成分的内容一般在句子的前面。

在清朝末年时期，有这样一个传说。曾国藩在率领湘军清剿太平军的时候，别说打胜仗了，没有丢掉性命就已经谢天谢地了。曾国藩用“屡战屡败”一词向朝廷报告清剿太平军的战况，该词翻译成英语为“He was repeatedly defeated though he fought over and over again.”当军师看到“屡战屡败”这一词时，立即改为“屡败屡战”，该词翻译成英语为“He fought over and over again though he was repeatedly defeated.”

从这个词的表面来看，使用的词是相同的，不同的是顺序发生了变化，由此蕴含的意义也发生了极大的转变。

首先“屡战屡败”一词的含义是一直在战斗却一直在失败，表明了曾国藩领军能力以及所带军队的能力存有很大问题，而且也反映出曾国藩已然丧失作战信心，甘愿领罚。

其次“屡败屡战”一词的含义是即使一直在失败但仍然在战斗，表明了曾国藩誓死效忠朝廷，守护祖国山河的决心。即使失败多少次，只要战斗打响，绝对英勇迎战。根据上述内容，从汉语来说，“屡战屡败”一词的重心在末尾，即“败”字上，而“屡败屡战”一词的重心也在末尾，但词为“战”字。正是军师的神来一笔，在不伤及曾国藩自尊心的基础上，还顺利救下了他的性命，使其免于灾祸。

上述故事，表明了汉语和英语重心位置的不同，所以在进行翻译活动时，要考虑到重心应该所处何位。

3. 语篇文化因素

（1）隐含性与显明性

隐含性是指汉语语篇逻辑关系的隐含性。在汉语语篇当中很少使用明显的衔接词串联上下文，以此来表示文章的逻辑关系，而是依靠上下文内容去推断并梳理语篇的逻辑关系。显明性与隐含性相反，通常体现在英语语篇中，依靠 but，and 等表示连接的词语将语篇的逻辑关系连接起来，因此英语中有着明显的语篇连接标记。汉语归属于意合语言中，英语归属于形合语言中，这是汉语和英语两者之间本质的不同。根据上述内容，可以知道汉语的连接具有高度的隐含性，侧重意念上的连接；而英语的连接则具有高度的显明性，侧重形式上的连接。

（2）展开性与浓缩性

汉语语篇除了在逻辑关系的连接上有着高度的隐含性之外，还具有展开性。为了将事情或者逻辑关系陈述清楚，汉语语篇中通常会使用短句的形式一点一点进行论述。英语语篇依然与汉语语篇的展开性相反，其除显明性之外，具有高度的浓缩性。表示连接的词语出现在英语语篇中，表明了强烈的连接性，是语言活动的一种形式。英语语篇本身独特的思维方式和语言特点，决定了人们在进行表达时，习惯使用多种方法将较多的信息表达出来，体现了英语表达方式的高度浓缩性。可想而知，如果将英语语篇按照汉语语篇的方式进行表达，必定显得生硬且不合理。

（3）迂回性表述与直线性表述

另外，汉语语篇与英语语篇逻辑关系的差异还体现在表达的直线性和迂回性上。汉语语篇侧重“分—总”的形式进行描述，在表达观点之前，先围绕观点进行铺垫，将与观点相关的信息展开描述，一步一步，直到最后进行观点陈述。英语语篇则正好相反，在语篇的一开始，就开门见山地陈述观点，然后再围绕观点挖掘背后的相关信息，进行陈述论证。

（二）语言文化因素对翻译的影响

汉语和英语之间语言文化因素的巨大差异，直接影响翻译活动，并且具有明显的影响。翻译活动形式较多，有词汇方面的翻译、句法方面的翻译以及语篇方面的翻译，不管是哪方面的翻译，译者在进行翻译活动前，首先要做的就是要了解需要翻译内容蕴含的意义，避免翻译结果产生失误，造成错误的翻译结果。

二、物质文化因素及其对翻译的影响

（一）物质文化因素

人们日常生活中的饮食、日用品、服饰、生产工具以及设施等，只要涉及衣、食、住、行、用有关的方方面面，统称为物质文化。

英汉两个民族除了上述提到的语言文化之间的差异，物质文化也存在着较大差异，下面以饮食文化方面存在的差异体现英汉物质文化的差异。

首先，中西方在饮食对象方面，中国人的饮食通常与人们的生存环境息息相关。中国幅员辽阔，气候多样，丰沃的土壤使得中国人以种植业为主，畜牧业主要集中在高原地区，从某一方面来说，中国人的饮食以素食为主，少量肉类为辅。近年来，随着中国的社会的发展以及经济的进步，中国人的饮食已经不再满足于素食为主、肉食为辅的形式，而是发现更多可食用的食物种类，配合多样的烹饪方式，让中国人的餐桌上异彩纷呈，让中国人不再局限于“吃饱”，而是追求“吃好”“吃得开心”。另外，中国多样的烹饪方式也在促使着人们对美食的创新与追求，将中国美食文化带到全世界各地。

西方国家的种植业较少，主要以畜牧业为主，所以西方人的饮食以肉食和奶制品为主，配以少量的谷物。因为大量摄入肉类，所以高热量、高脂肪的事物是典型的西方国家饮食。西方人讲究食物的原汁原味，认为食物本身蕴含着天然的营养，所以西方人的食材虽然有着丰富的营养，但食材种类较少且食物烹饪方式较为单一，制作出来的食物也很简单。西方人通常对食物的烹饪方式很少进行研究，在他们看来，食物只是解决饥饿感，为了生存下去而已。

其次，中西方在饮食习惯方面，也存在着明显的差异。在中国，无论是何种意义的宴席，餐桌以圆形为主，正方形和长方形较少。各种各样的食物都放置在桌子中间，例如凉菜、热菜、主食、甜点等，围成一个圆圈。人们通常会依据身份、年龄或地位等因素选择位置入座或是进行分配座位，这与中国人尊老爱幼、谦虚的美好品质有关，例如长者通常先入座，且入座位置通常为主位。宴席开始之后，用餐的人会通过互相敬酒或是夹菜表达、交流感情，用餐氛围通常是安静的、平和的。

西方人很少按照固定模式，聚集在一张桌子上用餐，大家用餐互不干涉，即分食制。即使是温馨的聚会，西方人也通常是自助餐的形式，将食物依次摆放开来，人们随意走动，选择自己想要的食物。在来回走动中，一边选择自己想要的食物，一边也可以与人交流对话，表达情感。因此，西方人的宴会布置以优雅、温馨为主，营造舒适的氛围。

（二）物质文化因素对翻译的影响

由于中西方饮食文化巨大的差异，再加上中国人追求浪漫的感觉，通常一道菜品的名字就兼具形与意。因此在向西方人介绍中国菜肴时，既要使宾客对菜肴的外形一清二楚，又要让宾客理解菜肴蕴含的意义。这就要求译者掌握菜肴名称背后的含义，且具备较强的翻译技巧。

以中国菜肴“翡翠菜心”为例，这道菜的主要食材是蔬菜——上海青，因外形与颜色同翡翠相似，以此命名。因为翡翠是不能食用的，只是用来借此增加菜肴名称的美感，所以翻译时“翡翠”一词不翻译。中国人在命名菜肴时经常会借用一些不可食用的物品，所以在进行菜肴翻译时需要格外注意。

另外，中国悠久的饮食文化，各种各样的食材以及丰富的烹饪方法，造就出许多菜肴有着天下无双的名字。译者在翻译这类菜肴时，名称需要进行迁移处理，结合译入语的表达习惯与当地特色，选择音译的方式来翻译菜肴名称，达到形与意兼具的目的。

总而言之，英汉民族巨大的物质文化差异，会使译者在进行翻译活动时遇到较大的阻碍。为了达到翻译结果的准确并且翻译时游刃有余的目的，译者要在日常生活中多多学习不同的文化知识，了解历史意义，只要有了丰富的知识储备量，就不会惧怕翻译活动中遇到的困难了。

三、社会文化因素及其对翻译的影响

（一）社会文化因素

1. 思维观念方面

（1）中国形象思维与西方抽象思维

中国人在认识新事物的时候，习惯联系已知的外部世界的客观事物增加对新事物的理解，这就是中国人的形象思维。中国人的形象思维与中国人使用的语言——汉语密切相关。根据汉字的演变历史，可以得知，现在中国人使用的汉字是由古代的象形字转变为形声字。中国人也称汉字为“方块字”，这是因为汉字本身方正立体，人们容易与外部世界的事物形象联系起来。至今有些汉字依然存有强烈的意象感，例如“水”字，不仅可以使人们有汉字本身想象到自然界的水，连水流动的形状都能想象到，一些文学作品中对“水”字的运用也蕴含着别样的意境。汉字中不乏这种充满意象的汉字，这些汉字背后蕴含的丰富意象让中国人由此产生无限的遐想，也由此形成极具情理性、顿悟性以及直观性的形象思维。

因为汉字本身方正立体，给人一种立体感，中国人在进行辩证思维的时候，先根据汉字想到具体的事物、事实或是数据等，接着从中总结出相关规律，以便解决问题。换句话说，中国人善于运用归纳法解决问题。

形象思维与逻辑思维不同，形象思维侧重过去和现在，具有反馈性；逻辑思维则注重对未来的思考。一个国家历史越悠久，文化底蕴则越深厚，这个国家的人民对过去的历史有着别样的、深厚的感情，其思考方式、行为习惯、生活习惯等等都会受过去历史的影响。中国有着悠久的历史是众所周知的，中国人民创造出来的传统文化是历史上灿烂的瑰宝。回看中国历史发展的长河，中国多次遭遇外敌入侵、掠夺，大好河山被破坏，中国人民生活在水深火热之中，过着衣不遮体，食不果腹的苦难日子，这种日子给中国人民带来了极大的伤害，所以中国人民对那段遭受过苦难的日子是难以忘记的。每一个中国人对祖国母亲都有着深厚的感情，这种感情使得每一个中国人在看到祖国被侵略时挺身而出，抵御外敌，保家卫国，在这一过程中，产生的家国仇恨的心理文化不会随着时间的推移而消亡，而是会像一座警钟，一直警示着后人。

西方人解决问题时擅长使用逻辑思维，逻辑思维是基于逻辑推理和语义联系形成的思维形式。主要是因为西方语言归属于印欧语系，受到印欧语系语言特征的影响。西方语言就像是串起每颗珠子的线一样，连接着上一颗珠子，又串联着下一颗珠子，使得西方人注重事物之间的联系。印欧语系民族对事物表面的逻辑关系有着强烈的感知，来源于西方语言的符号形式和语法形式。

由于抽象的书写符号、语音形式与现实世界脱离，所以印欧语系的民族游走在现实世界之外，进行着更加纯粹的思考。作为独立个体的字母本身没有什么意义，通过将这些无实际意义的字母联系起来，组成具有不同意义的单词，进而再将不同意义的单词进行组合排列，形成短句、长句甚至是篇章。因此西方语言遵循的是“点—线—面”的原则，整体看上去给人一种平面感，进一步加剧了西方人与现实世界的脱离，形成抽象思维。西方人对事物的本质和内在联系进行探索的方法就是借助的西方抽象逻辑思维，再加上概念、判断、推理等思维形式的运用。正是西方语言遵循“点—线—面”的原则，所以演绎法就成了西方人在进行逻辑思维时主要采用的逻辑思维方法。西方文章一般都是开门见山，直接叙述，没有铺垫与多余的话语，寻找主题句的时候通常关注每一段的第一句话即可，可以说第一句就是主题句，之后文章的内容都会围绕这一主题句展开论述或论证。

（2）中国螺旋式思维与西方直线形思维

中国汉字独特的立体感，人们会由此浮想联翩，因此汉字本身属于一种意象化语言。使用汉字的过程中，往往会引发人们对当下或是未来的事物的想象。中国人在长期使用汉字的过程中，除了上述提到的形象思维，也会形成螺旋式的思维结构，也就是所说的螺旋式思维，这种思维形式具有间接性与立体感的特点。

首先，螺旋式思维在论述某一观点时，一般都是重复性深化与阐述，达到论证观点的目的。这种重复性的深化与阐述，是为了将观点、概念或是问题说明清楚。值得一提的是，这种重复性不是毫无意义的重复，是基于前面的论述内容，进一步论述更深层次的内容，因此呈现出螺旋式上升趋势。就好比中国人思考或应用语言时，会存在重复使用词语的现象，这可能与中国螺旋式思维有着很大的关系。

其次，中国人民的思维还具有迂回性或间接性的特点，最明显的表现就是中国人的表达方式通常是依靠某种语言手段来阐述观点。在文章写作方面，中国人也习惯将文章开头部分的文字用间接性的语言来进行描述，文章的每个段落的内容都不会直接地涉及主题，而是隐晦地表达主题。这种迂回性、间接性的思维方式也影响着中国人的社会交往，在与人交往过程中，中国人的态度往往表现出隐忍与内敛。

西方人的语言是利用线形进行连接和排列的文字符号，所以西方人的思维结构是直线形的，具有强烈的直接性。这种特点的思维方式被称为直线形思维。这一思维形式已经融入西方人的日常交际和写作等方面，所以我们在阅读西方的文章时会发现，其主题不用过多分析与思考，就可以直观地看出；在与人交往过程中，表达的语言以及方式都有着直接、外露、开放的特点。从西方著名的哲学家——柏拉图开始，西方人就非常注重雄辩术，喜欢就某一问题发表出自我的观点，并且同他人就彼此的观点展开争论，誓要争个你高我低，非黑即白。西方人对雄辩术的注重与运用，使得历史上著名的演说家大多来自西方国家。可以说，西方人天生就喜欢争论。

2. 价值观方面

（1）中国人的集体主义观念与西方人的个人主义观念

集体主义价值观一直是中国人民所提倡的一种观念。集体主义价值观是一种以国家、社会、集体的利益在前，个人利益在后的价值观念。可以这么理解，一旦个人利益与集体利益发生冲突时，通常会牺牲个人利益保护集体利益，或是与集体利益保持一致。随着中国历史的发展，社会的进步，这种情况有所改变，不再一味地强调牺牲个人利益，企图寻找更合适的方法将个人利益与集体利益实现最大化。这种观念与中国“礼”的教化有关，在中国人的思想中早已根深蒂固，包含着强烈的集体归属感，体现在生活中的方方面面，例如长幼尊卑、下级服从上级等等。

与中国所提倡的集体主义价值观不同，西方人提倡的是个人主义价值观。西方人天生对个性、自由有着极致追求，在乎个人意志，注重自我实现。通常有人会反对个人主义价值观，认为其利益凌驾于任何利益至上。这种说话是错误的，对个人主义价值观没有清楚的认知。西方人所提倡的个人主义价值观念是具有一定的范围的，在这个范围之内，个人利益是最高的，一旦超过范围，这种情况就会发生改变。所以说个人主义价值观并不是一种不好的观念，也是积极、健康、向上的一种观念。必须要承认的是，推崇个人主义价值观的人往往会促进自身的创新与进取，但一旦超越正常范围，则会对整个社会的和谐发展产生阻碍。

（2）中国人崇尚道德观念与西方人注重个人观念

从古至今，中国社会的传统思想中一直包含着人伦与道德观念。其中的人伦不是基于社会学的角度，也不是基于生物学的角度，而是基于道德角度来分析的。中国古代社会最突出的特点就是宗法性，所以中国古代社会是宗法性社会。社会结构以亲属关系形成，用亲属关系的原理与准则对社会进行调整，促进其发展进步的社会类型，就是宗法性社会。在这种特殊的宗法性社会中，一切社会关系都要以家族为基础，形成的宗法关系以及其他的社会关系，并且按照宗法的亲属关系适时调节。所以中国古代社会也是“伦理本位”的社会。

在“伦理本位”的社会中，主导社会发展所遵循的原则不是国家律法而是依靠情义，人们的义务重于权利。西方国家主要依靠法律手段实现统治国家的目的，而在中国，对国家和社会的管理注重“情”字，所以中国常说“法不外乎情”。在中国悠久的历史中，伦理传统一直存在，在备受推崇的儒学思想中，伦理一直处于思想中的中心位置。随着时间推移，伦理一直延续到西周，并且形成伦理思想。为了发扬伦理思想，西周历代君主和大臣为此设置了严密的宗法等级体制，规范人们的宗法道德，并由此正式形成伦理思想。到了春秋战国时期，儒学兴起，人们开始崇尚以“仁义”为核心的儒家伦理思想，所以当时人们的伦理思想通常与儒学有关。

伦理对应的西方单词为“ethics”，该词可追溯到希腊时期，为希腊语 ethos，其意思为“本质”“人格”“风俗”“习惯”。希腊伟大的哲学家亚里士多德于公元前 4 世纪，对人的道德品性展开了研究，并由此发展成一门学问——伦理学。通过研究，亚里士多德认为人的道德品性分为伦理德性和理智德性两种。伦理德性是根据风俗习惯而延续下来并形成的，而理智德性则是依靠后天的教育、指导与培养而形成。所以伦理既有约定俗成的成分，也包含后天习得的成分。亚里士多德认为符合德性的行为都具有正当性，也就是做出该行为的人具有品德。人的德性与行为都受到道德的牵制，人的生活是否完美通常与道德密切相关。所以，西方伦理学以风俗习惯形成的伦理道德为主进行研究，之后，随着研究队伍的逐渐壮大以及研究的深入，西方伦理学成为哲学的一个分支，也就是现在所说的道德哲学。该学问研究的主要内容是对与错、善与恶的行为；好的生活如何定义；如何做个好人以及正确的行为和事情如何定义。

（二）社会文化因素对翻译的影响

1. 思维观念方面

中国人的思维形式为具象思维，侧重用具体的表达来描述具体的事物。西方人的思维方式为抽象思维，在描述具体事物或是表达观点时侧重使用抽象的方式。所以，两者在表达方式上也有所不同，中国人倾向使用具体词语表达观点，西方人则倾向于使用具有总结性、模糊性的抽象名词进行表述。在实际翻译活动中，翻译英语具有抽象性的名词时，不可采用直译的方法敷衍了事，应该进行具体化处理。结合文章思想以及上下文衔接的内容，将其进行翻译后，应达到语言清晰流畅，读者便于理解的要求。

2. 价值观念方面

中国与西方国家在价值观念方面存在的巨大差异，在一定程度上，会影响翻译活动的进行。举个例子，在西方国家用来表达“老”的一词“old”，在当前社会的存在感已经很低，因为已经有越来越少的使用该词，因此该词正在逐渐退出“语言舞台”。在表达“老人”这一概念时，人们开始使用类似 the advanced in age 具有含蓄意思的词语来表示年长者。若是在翻译活动中，遇到在西方国家给老年人让座的相关内容，翻译为 courtesy seats 比 old man 更加符合当下语言的特点。

第二章　英语翻译概述

本章主要为英语翻译概述，分别从四个方面对英语翻译进行了论述，依次是英语翻译的过程、英语翻译的性质与分类、英汉翻译的基本技巧、翻译基本问题的阐述。

第一节　英语翻译的过程

一、翻译的定义

翻译，看起来简简单单的两个字，但其蕴含的意义却不简单。自翻译活动产生以来，无数的专家学者对其进行研究，渴望挖掘蕴含的意义，以促进翻译活动顺利开展，因此产生了许多关于“翻译”一词的定义。

首先是国外学者对“翻译”的研究，下面主要介绍三位学者对“翻译”下的定义。

第一，基于等值这一层面，英国的一位翻译理论家卡特福特（J.C.Catford）认为翻译是指译语文本代替源语文本，两个文本内容上一致，蕴含的意义与表达的情感也一致[①]。

第二，基于信息传递这一层面，苏联的一位翻译理论家费道罗夫（Fedorov）认为翻译是指源语文本中明显具有独特意义的内容，或是文本中隐藏的意义，均可以在译语文本中体现出来[②]。

第三，基于对等翻译观，美国一位著名的翻译理论家尤金·奈达（Eugene A.Nida）认为翻译是指将源语文本中蕴含的思想感情以及写作风格、体裁、文本风格等，用符合译语行文习惯和表达习惯体现在译语文本中。

其次是国内学者对“翻译”的研究，下面同样主要介绍三位学者对“翻译”

① （英）卡特福特．翻译的语言学理论 [M]．穆雷译．北京：旅游教育出版社，1991.
② （苏）费道罗夫．翻译理论概要 [M]．李流等译．北京：中华书局股份有限公司，1955.

下的定义。

第一，有学者基于译者和文本价值两个方面，认为翻译活动中的主体是译者，且翻译活动是一种具有创造性思维的活动，是译者通过将蕴含意义的源语文本转换为具有相同意义的译语文本的一种活动。

第二，有学者基于发送者和接受者这一层面，认为在某一文化背景中，原作作者是发送者，源语文本是发送者需要发送的内容，翻译作为其中的媒介或是工具，负责将源语文本转换为具有另一文化背景的译语文本，而译语文本面向的对象就是接受者。

第三，有学者基于社会沟通这一视角，认为翻译不仅仅负责文字的转换，还肩负着推动本语言社会的政治、经济和文化发展的责任。因此，翻译就是将源语文本所表达的思想感情以及反映的现实世界，用译语再现出来，以便源语所在的世界同译语所在的世界进行交流，相互影响，共同进步。

二、翻译的要素

（一）作者

在进行翻译活动时，应注重科学性。

首先不仅注重研究原作的内容，也要注重研究原作的作者。原作作者自身的性格、写作风格以及审美观在其作品中都会有多体现。对原作作者只有浅显的了解，不足以真正、全面地了解其原作内容，那么在研究作品的译本或者将其进行翻译时，势必会存在一定的瑕疵。

其次，作者与读者之间存在紧密的关系。作者在进行写作或创作时，通常都会有潜在的写作对象，即读者，也就是可接受作品的对象。但是，这些潜在对象对其作品的观后感如何或是反应如何，有些作者是没有提前预判的。作者通常一开始的创作目的都是创作出作品。当作品创作完成面向读者时，读者通过阅读赏析从中获取到一定知识或道理，也就是作品对读者起到了帮助作用，那么作者就达到了创作该作品的预期目的。

译者进行翻译活动与作者进行创作活动所蕴含的道理都是一样的。译者在进行翻译活动时，既要考虑到原作作者创作作品的意图，也要考虑到该作品面向的读者。严格来说，译者不仅仅单纯负责翻译，也担负着作为一名作者的责任，因为翻译活动也是一种创作，译者是对原作作品再创作的作者。译者在进行翻译活动时，最重要的任务是要将隐藏在原作作品字里行间的情感捕捉到，并在翻译作品中有所体现。这些隐藏在作品字里行间的情感是原作作者在写作之初就特别注重的内容。作者利用某种特别的创作手法来传递自己的情感与观念，以便于让读者在阅读时可以深刻感受到。简单来说，翻译过程是译者在了解原作作者以及作品的基础上，用译入语将其体现出来。翻译活动开始前，若是对原作者没有了解，对作品的写作背景或是目的没有研究，翻译后的作品会存在部分信息缺失的情况，所以，对原作者和原作品的了解与研究是翻译活动中最为重要的部分。

作者在进行作品创作的初期都是希望完成一部作品。在开始创作时，作者创作的目的一般是借助作品向外界传达自己的某种观念或思想，也可能是为了某类群体而借助作品进行发声。一旦作者在进行作品创作时未考虑到读者相关因素，该创作就失去了意义。作者在社会中扮演的角色或是自身的功能角色，以及作者所处的社会环境、文化环境、语言环境等等，对作者的各个方面都会产生影响，特别是文学创作方面，因此在研究作者时，与作者相关的方方面面都要研究到。

通常来说，翻译的作者可以分为以下三种：

第一种为行业作者。行业作者比较好理解，就是指文本内容所涉及的行业人员。例如，法律文本的作者通常为律师。

第二种为独立作者。独立作者有两层含义，一种是指文本作者有独立人创作，没有其他共同创作的人员；另一种是指代替法人进行创作。以商务英语文本作者与文学作品的作者为例，进行探讨。首先这两者有着本质的区别，文学作品的作者是利用创作的作品来表达自己的观念以及创作目的，而商务文本的作者创作的作品代表的是群体的利益。当然有些商务文本中，作者也会将创作意图体现在文本中，比如商务报告、商务理论著作等。所以，在翻译活动开始前，确定作者类型后再研究创作文本是相当有必要的，也有利于对更深层次内容的研究。

第三种为群体作者。根据字面意思可以总结出，原作作品的作者不仅仅只有一人。有时一个作品的创作只靠一人无法完成，需要两人甚至是两人以上来合作完成。同样的，翻译再创作也有多人共同翻译，共为翻译作者的情况。比如时间较为紧迫，一些技术方面的资料较难，就需要多人共同完成翻译再创作活动。特别是非文学作品的翻译，群体作者的情况较为普遍，比如国家政策的英译、英语文献的汉译，就需要借助多人的力量进行研究，完成翻译工作。从作品的角度来看，作者是作品的创作者；从读者的角度来看，读者对作品的阅读是作者创作的目的。作品创作的结构包括作者的创作以及读者的阅读两部分，一旦缺失读者的阅读，作者进行作品创作就没有太大的意义了。

基于结构主义理论，产生了有名的原作者死亡论。该理论代表人物之一——

法国解构主义理论学家罗兰·巴尔特（Roland Barthes），在分析文本内容的意义、论述读者与文本的关系时，大肆宣扬“作者死了！”这里的“死”不是指生命的终止，而是罗兰·巴尔特认为作者一旦创作完成作品，文本中文字就具有了特殊的意义。所以，原作者死亡论是说作者在完成作品创作后，就不需要也不能为后来的读者或是译者阐述当时的创作思想和目的。需要读者和译者依靠自己原有的知识以及对作者的了解，分析研究作品的含义。作者在完成创作的一刻，文本就成为客观的存在，作者与作品之间关系就不复存在，不管是从空间还是时间上来说，都产生了一定的距离。如此解释好像是对原作者死亡论的认可，不过若是从另一种角度分析，也表示了对原作者死亡论的反驳。作者在创作初期将自己的观念和思想融入了作品当中，若是文学作品，作者感情则融入得更多，所以不存在作品完成，即表示“作者死亡”的意思。译者在原作作品中捕捉原作作者注入作品中的情感，取决于译者是否真正对作者以及作品有深刻的理解与研究。在今后的翻译实际工作或是翻译理论的研究工作中，对作者的研究是必不可少的一个步骤。译者只有对原作品的作者进行深入的了解与研究，对作品才会有更清晰、更深入的认知，也才能更有利于翻译工作的开展以及翻译学科理论方面的研究。

（二）译者

在整个翻译活动过程中，译者一直都扮演着三个非常重要的角色，即创作者、自己译作的读者和批评者。与作品原作者的创作不同，译者的创作是根据作品中的内容，结合译者自身的知识水平、生活经验以及翻译经验进行。另外，通常大多数读者在进行作品阅读前不会仔细研究作品，但是译者与读者不同，译者必须对作品进行研究。一本好的译作建立在译者对原作正确、深刻的理解基础之上。同时译者也是批评者，译者在阅读原作时，要对原作的语言信息进行加工，深入了解原作的内容，并依据内容适时改变翻译方法。总之，译者对翻译作品的性质以及质量起着至关重要的作用。

（三）读者

在以前翻译学科的研究中，人们往往忽视了读者在其中存在的意义与作用。以前在翻译的研究上，研究的核心内容通常围绕着译者、原作者以及译作。后来人们逐渐认识到，读者在翻译中的作用，读者与翻译目的有着密切关系。译作如果缺乏读者，那么就好比是被锁在库房中的物品，无法在市场中流通。因此，译者在翻译过程中不可忽视读者存在的意义。我们已经知道，译者与读者之间紧密的联系，译作一经完成，只有读者通过阅读，译作才会产生一定的影响，发挥一定的作用。在国外，人们曾经关注过读者的作用。时间回到早期西方人研究翻译的时期，学者们开始关注译者与读者之间的关系。他们认为，译者在翻译过程中扮演着演说家的角色，用符合古罗马语表达习惯的语言来描述其他国家的作品，从而更好地吸引读者、打动读者。

译者必须明确翻译的目的是让人阅读译作。译者在进行翻译活动时，心中要时时刻刻想着读者，牢记译作面向的对象。翻译学家奈达表示，阅读原作的读者与阅读译作的读者，应该有着相同的感受。虽然原作的读者与译作的读者在阅读后的感受是否相同很难确定，但是读者作为翻译研究中的一部分，依然具有重要的意义。“读者分析法”是由当代著名英国翻译理论家萨瓦里提出的，萨瓦里认为一本完美的译作体现翻译效果是否圆满，完美的译作应符合不同类型读者的需求，而译者就需要为此提供不同性质和不同风格的译文。在萨瓦里的翻译研究中，读者处于核心地位，认为所有翻译都是为读者提供服务。

奈达基于社会语言学和语言交际功能的观点，认为翻译活动应该围绕读者的接受程度。人们对于奈达提出的翻译理论观点存在较大的争议，但对于读者在翻译活动中所处的地位基本都是认同的。另外，有着广泛的影响力的接受理论，同样重视读者在翻译活动中的作用。接受理论认为，译作读者与原作读者的重要性一致，作品脱离读者就失去了意义，因此在翻译的相关研究中，对读者的研究是必不可少的。

（四）批评者

翻译批评者是翻译活动中翻译批评的主体，也是翻译研究中一项重要的研究内容。所谓的翻译批评是翻译理论和翻译实践之间的一个重要环节，起着连接双方的作用。所以，翻译批评者是翻译理论与翻译实践之间的桥梁。通过对翻译批评者的研究，首先人们对翻译理论与翻译实践的认识加深了，其次进一步提升了人们对翻译批评工作的功能和重要性的认可度，最后翻译批评、翻译理论与翻译实践三者之间的关系更加清晰了。

翻译批评者基于翻译理论对译作做出评价与指导，相对的，翻译批评者的评价与指导会影响翻译理论与翻译实践，所以研究翻译批评者就要对其进行全方位的研究。翻译学中重要的组成部分就是翻译批评，翻译批评促进翻译理论与实践的发展，因此研究翻译学重点要研究翻译批评以及翻译批评的主体——翻译批评者。

三、翻译的过程

（一）理解

翻译过程的第一步就是理解，在表述内容前，先要做到理解内容。译者只有准确、清晰地了解原作文本，才能利用译语确切地将原作文本内涵的信息表示出来。理解作为翻译过程中的第一步，是整个翻译过程中关键的一步，也是最容易出现问题的一步。所以，在理解这一阶段，译者需要担负起以下两种任务。

1. 宏观任务

（1）分析英语文本的体裁

在翻译英语文本之前，要先理解英语文本。在理解英语文本的过程中，首先要做的是对英语文本使用的体裁进行分析。不同的文本类型应选择合适的翻译手段。举个例子，如果文本是文学作品，那么译者在翻译过程中要抓取文中的亮点，用具有创新性的译语翻译；如果文本是商务类型的，那么翻译就要做到严谨、准确。分析英语文本所使用的体裁，同时对文本风格也会有一定了解，那么译者在翻译时，就可以根据原作的文本风格确定译作的文本风格了。

（2）分析文化背景

翻译是一种具有跨文化交际性质的活动，译者要了解原作相关文化在政治、历史、经济等方面的因素，也要了解译作相关文化的因素，只有清楚地了解这两种文化之间的联系与差异，译者才能准确理解原作蕴含的思想，并准确地将思想融入译作中，避免两部作品相关的文化因为差异而产生冲突。

2. 微观任务

（1）分析语言现象

语言现象包括语音、语法规则、词汇构成以及语义等层面。译者在进行翻译活动时，英语文本中的语言现象是译者始终都要考虑到的问题。

（2）分析逻辑关系

我们已经知道，翻译是一种具有跨文化交际性质的活动，也是跨语言的转换活动，语言的转换就是语言在进行逻辑活动。在整个翻译过程中，逻辑贯穿始终。译者理解原作文本内容，是基于逻辑进行分析从而理解的，并且利用逻辑完成译作。语言的表达不仅要符合语法规则、行文习惯与表达习惯，更要符合逻辑，不然语言的表达毫无意义。

总而言之，想要准确理解英语文本内容，就要做到分析英语文本的体裁、分析文化背景、分析语言现象以及分析逻辑关系，这四个分析缺一不可。

（二）表达

表达是翻译过程中的第二步，是将源语转换为译语的过程。表达的最高标准就是精确，这取决于译者对英语文本的准确理解以及译者对源语和译语两种语言的运用能力。

基于汉语与英语这两种语言的语言特点不同，且隶属于两种不同的文化，译者在进行翻译活动时，要跳出原作英语文本的体裁框架，利用译语的行文习惯与表达习惯来表达原作英语文本内涵的语义，找到连接源语与译语之间的桥梁，这个过程中创新思维是不可缺少的。举例来说，中国历史悠久，有着上下五千年的灿烂文明，这些文化在历史长河的发展中，形成了成语、古语、俗语、诗词歌赋以及典故。而纵观英语语言文化，很难找到相对应或是较为合适的词语、短句来表述中国文化，所以这是对译者的挑战也是对译者的要求。只有利用具有创造性、创新性的思维方式，才能将中国灿烂的文化展现给世界的读者，使双方文化在翻译活动中可以畅通无阻地流转。

创造性思维贯穿翻译活动的整个过程，简单来说，就是重新表达的过程。重新表达是指英语文本内容中的所蕴含的意义在译语中找不到合适的词语或语句来进行表述，面对这种情况，译者需要结合英语文本的内容以及自身知识经验的积累，创造出与英语文本内容意义相对应的新的译语语言结构，很明显，新的语言结构的创造依赖与创造性思维的发挥。实际上，翻译活动是一种文化输出的活动，所以对外翻译的译作要考虑到国外读者的感受与接受度，不能固执地注重保持源语文化的韵味，不然势必会影响文化的输出与交流。

（三）校改

校改是翻译过程中的最后一步。对待翻译活动，译者应切记不能凭借对文本内容的熟悉度以及自身的翻译经验而产生满不在乎、掉以轻心的态度，作为一名译者，要始终对自己有严格的翻译要求和翻译准则，对翻译内容做到字斟句酌、一丝不苟，保证一部完美的译作诞生。在实际翻译活动中，即使译者具有高超的翻译能力、丰富的翻译经验，依然会不可避免地遇见各种问题，出现各种错误。因为浩瀚的世界蕴含着无限的知识，而个人的知识积累就如沧海一粟，是难以掌握世界上存在的所有知识的。因此，翻译过程就是检查和校改的不断重复。

第二节　英语翻译的性质与分类

一、翻译的性质

对于翻译的概念，不同的学者有着不同的定义。但总的来说，大多数学者认同翻译是一种语言转换活动。在《现代汉语词典》中，翻译的定义为：把一种语言文字的意义用另外一种语言文字表达出来，把代表语言文字的符号或数码用语言文字表达出来[①]。苏联翻译家巴尔胡达罗夫认为翻译是在保持一种语言的内容和含义不变的基础上，用另一种语言表述出来。爱丁堡大学应用语言学院的翻译家卡特福特认为翻译是用译语把源语文本内容转换成意义相同的译语文本内容。除此之外，卡特福特还认为翻译是在不同的符号系统之间，基于社会认知与需要，进行信息传递，是一种跨语言、跨文化的交际活动。

总而言之，翻译就是在译语中寻找与源语意义相对应的词汇、词组或短语。在寻找的过程中，要注意源语蕴含的两层意思，即表层意思和深层意思，除此之外，源语文本的体裁、风格以及相关的文化信息也不可忽视。

二、翻译的分类

（一）古阿德克的分类

古阿德克将翻译分为以下七类：

1. 选译

选译也被称为“节译”。从字面意思上理解，就是放弃进行全方面的翻译，而是有选择地进行翻译。通常是为了满足客户的特殊需求，将文本中的某部分内容进行翻译。

2. 绝对翻译

所谓绝对翻译是基于可译性理论的一种翻译，在语言结构、文本内容和交际价值等方面，原作和译作都是可以进行完美对等的。

3. 夸张式翻译

夸张式翻译是基于译者的角度来定义的。译者从自身出发，即主观角度，对原作进行创造性的分析与理解，将其转变成译作。通常这种翻译具有较强的灵活性，注重传达译者心中的思想、观念与情感。

① 中国社会科学院语言研究所词典编辑室．现代汉语词典．第 7 版 [M]. 北京：商务印书馆，2016.

4. 图译

图译从字面意思理解，与图片有关。准确来说，图译通常是为了达到某种特殊目的而做出的决定，是把源语的文字转换成译语的图片。

5. 关键词翻译

关键词翻译与职业翻译有关，站在职业翻译需求的立场而界定的一种翻译。简单来说，译者在翻译活动开始前，先从原作文本中找到关键词，把关键词进行转换，之后围绕关键词的有关内容开展翻译活动。

6. 摘译

摘译也被叫作“译要”。这是一种基于原作主旨的翻译，简单来说，译者在进行翻译活动时，丢弃主观思想，分析总结原作的中心思想，之后以摘要的形式用译语翻译出来。

7. 再结构翻译

再结构翻译与译作读者有关，是一种考虑译作读者对原作信息掌握程度的翻译。这种类型的翻译指为了让读者更好地理解原作内涵的意义，符合译作读者的阅读习惯和思维方式，而进行的一种忽略译文形式的翻译。

（二）歌德的分类

歌德将翻译分为以下三类

第一类翻译基于文化传播层面，目的是让译语文化了解源语文化。

第二类翻译基于文化吸收层面，目的是让译语文化吸收源语文化，发挥创造性思维，将内容进行翻译。

第三类翻译基于等值的层面，强调源语与译语的对应与平等。

（三）诺德的分类

德国功能学派翻译理论的代表人物诺德（Nord）按照译文的功能进行分类，将翻译分为工具翻译（instrumental translation）和纪实翻译（documentary translation）。

1. 工具翻译

工具翻译将语言视为交际工具，可分为以下三类：

第一类为功能等同的翻译。这种翻译适用于技术型和实用型的文本。

第二类为功能对应的翻译。这种翻译追求原作与译作的功能对等。

第三类为功能相异的翻译。这种翻译的作用是在一定程度上，改进原作的功能。

2. 纪实翻译

纪实翻译是“记录”英语文本作者和读者之间的交际活动。所以，译者在进行翻译活动时，英语文本不需要随着译入语的语境变化而进行调整。纪实翻译可分为以下四类：

第一类为直译或语法翻译。通常翻译比较正式和官方的文献资料时，不仅要符合译语的行文习惯和表达习惯，还要向读者传达出源语的语法偏好，此时采用直译的翻译方法是最为合适的。

第二类为异化翻译。这种翻译主要适用于文学资料的翻译，对原文中的某些功能进行改变之后再进行翻译，使译语读者从中感受到本土语言文化之外的新鲜感。

第三类为逐词翻译或对照译法。这种翻译主要适用于语言学学术资料的翻译，特别是比较语言学，这种翻译方法可以将不同语言之间存在的形式差异体现得淋漓尽致。

第四类为哲学翻译法或学术翻译，也被称为“直译加注法”。这种翻译主要针对的文本类型为古代文献或是异文化的文本。

（四）雅各布逊的分类

1959 年，罗曼·雅各布逊（Roman Jakobson）根据翻译所涉及的两种代码的性质，将翻译分为语内翻译（intralingual translation）、语际翻译（interlingual translation）和符际翻译（intersemi- otic translation）。

1. 语内翻译

严格来说，语内翻译不是翻译中的一个分类，因此也算不上是翻译。语内翻译针对的不是两种语言系统，而是一种语言系统的两种表达方式。即在一种语言系统内，用一种表达方式代替另一种表达方式，便于人们理解与探讨。例如，汉语中简体与繁体的互换等。

2. 语际翻译

从严格意义上来说，翻译就是语际翻译。根据字面意思理解，语际是语言与语言之间的翻译，是基于两种语言之间的相互转换。例如英汉互译、英法互译等。

3. 符际翻译

符际翻译也是翻译，针对的是不同的语言系统，即非语言符号系统和语言符号系统。也就是用非语言符号系统解释语言符号系统，或是反过来，用语言符号系统解释非语言符号系统。例如，用手势代替语言。

（五）彼得·纽马克的分类

彼得·纽马克（Peter Newmark）根据翻译活动的侧重点将翻译进行了以下两种分类。

第一，注重译入语的分类，翻译可以分为惯用翻译、改译、自由翻译以及传意翻译。

第二，注重译出语的分类，翻译可以分为字面翻译、语意翻译、逐字对译以及忠实翻译。

（六）谭卫国的分类

谭卫国在“略论翻译的种类”一文中根据翻译的内容与目的将翻译分为以下四类[①]。

1. 信息资料翻译

科技论文、国家法规、财产让渡书等这种涉及科技、法规、经济等信息方面的文本资料的翻译就是信息资料翻译。

2. 摘要翻译

摘要翻译与古阿德克对翻译进行分类中的摘译类似，就是对文本资料的中心思想进行提取、总结后进行翻译。例如，论文摘译、口语摘译等。

3. 文学翻译

根据字面意思理解，文学翻译就是对文学作品的翻译。文学作品诸如小说、戏剧、诗歌等等。

4. 广告文献与说明性文字翻译

广告文献与说明性文字翻译主要针对广告语篇、说明书以及路标等文本类型的翻译。

第三节　英汉翻译的基本技巧

英汉翻译不是盲目的翻译，除了翻译正确外还要保证语言的通顺、流畅与优美，有着一定的翻译技巧，所以英汉翻译的基本技巧是英汉翻译的一个重要研究内容。本节内容主要介绍目前常见的几种英汉翻译技巧，具体采用哪种技巧还需要根据实际情况来确定，也希望下述内容可以为英语翻译者在进行翻译活动时提供帮助。

① 谭卫国．略论翻译的种类[J]. 上海师范大学学报，2002，（03）：110-116.

一、词汇的翻译技巧

（一）词类转换法

词类转换法是指在进行翻译活动时，在不改变原文内容的基础之上，通过改变文中词汇的词类，达到整篇文章通顺、流畅、自然且符合译入语表达习惯的目的。有三种常见的词类转换方式，分别为转译成动词、转译成名词、转译成形容词。

1. 转译成动词

（1）名词转译成动词

例：The sight of the boy reminds me of his passed father.

看到那个男孩，使我想起了他已故的父亲。

该例中的名词 sight 被译为动词“看到”。

（2）形容词转译成动词。

例：To my great surprise，I became aware of a surfer off the shore，patiently padding his board while he is waiting for a perfect wave.

令我吃惊的是，我看见一个冲浪者离岸很远，耐心地踏着滑板，等待一个最理想的浪头。

该例中的形容词 aware 被译为“看见”

（3）副词转译成动词。

例：Families upstairs have to carry pails to the hydrant downstairs for water.

住在楼上的人家得提着水桶去楼下的水龙头打水。

该例中的 upstairs 和 downstairs 被分别译为“住在楼上”和“去楼下”。

（4）介词转译成动词。

例：This is the key to the window.Open the window to escape in case of fire.

这是打开窗户上锁子的钥匙。如果遇到火灾，打开窗户逃走。

原文中的介词 to 和 in case of 被巧妙地翻译成汉语的动词“打开”和“遇到”。

2. 转译成名词

在进行翻译活动中，当原文中的词类符合以下几种情况的时候，可以将其转译成名词。

（1）目前英语中很多动词都是通过一些名词派生出来，而且有些名词本身也会被当作动词使用。一旦翻译活动中遇到无法在汉语中找到符合的动词时，那么就可以转移成汉语名词。

（2）出现在英语被动句中的动词，通常会被翻译为“受（遭）到……+名词”“予（加）+名词”的形式。

（3）在英语特定的上下文中，会出现一些形容词，通常这类形容词可以直接翻译为名词。除此之外，一些形容词加定冠词可以用来表示某个种类，针对这种情况，在翻译活动中，也可将其翻译成汉语中的名词。

3. 转译成形容词

在翻译活动中，将其转译成形容词的情况，主要是针对由英语中的形容词派生出的名词。

（二）增词法与减词法

1. 增词法

增词法是指保持原文中心思想不变的情况下，通过增加次、词组、短语、分句或长句的方式，达到以下三个目的：首先是让读者更加明白文字的意思；其次是翻译后的内容在语义、语法、语言等形式上符合译文习惯；最后是词语连贯方面以及翻译后的文化背景均与原文相同，没有发生变化。以下两种情况，可以采取增词法：

（1）满足语法方面的需求而采用增词法。

（2）达到清楚表达意义的目的而采用增词法。

2. 减词法

理解了增词法之后，减词法就更加容易理解。减词法与增词法相反，是指通过减掉原文中不影响译文的词语。通常以下两种情况适合采用减词法。

（1）满足语法方面的需求而采用减词法。

（2）满足修辞方面的需求而采用减词法。

（三）音译法

音译法是指将原文中某些词汇的发音直接转译成译入语相同的发音或者是较为类似的语音。

二、语篇的翻译技巧

（一）段内衔接

英语和汉语之间存在着一定的差异性，这种差异性导致译者在进行翻译活动时，对原文中的句子或内容不能进行死译，不然容易造成译文的内容不严谨、脉络不清晰或是缺乏逻辑性。整篇文章读起来断断续续，上下文内容衔接不流畅。无论什么语言的文章都有其内在的逻辑结构存在，所以译者在进行翻译活动时，首先要做的就是对原文的逻辑结构进行梳理，分析文章所要表达的思想感情。只有做到以上这些，译者在进行翻译活动时才能保证译文逻辑结构清晰，内容以及表达的思想感情准确。下面介绍三种保证段内衔接流畅的基本翻译技巧。

1. 替代与重复译法

英语段落中句子与句子之间的呼应通常是依靠词语的替代来完成的，但是在汉语句子中，句子与句子之间的呼应是依靠对词语的不断重复来完成的。所以在英译汉的时候，在原文中出现替代的部分要采用汉语中重复的手法来翻译，简单来说，就是利用词语的重复出现达到译文段内衔接的目的。

2. 连接性词语或词组的译法

上文提到，译者在进行翻译活动前应注意对原文逻辑结构和文章内容的梳理。译者进行梳理主要是提取原文中具有连接性的词语，并且透过这些词语理解原文内容、梳理原文的逻辑，因此掌握具有连接上下文内容的词语或词组还是很有必要的。

这些具有连接性的词语或词组有助于译者在进行翻译活动时实现段内或段落之间衔接与连贯性。目前在对这些具有连接性的词语或词组的翻译上没有统一的翻译要求，译者翻译时只需要做到上下文内容具有连接性且符合译入语的行文习惯和表达习惯，灵活翻译即可。

3. 省略部分的译法

英汉语言中都存有一种现象，即省略现象。一般情况下，在英语语言中，通常省略名词、动词、表语、主谓一致时的主语或谓语等，也就是按照语法形式进行省略。而在汉语语言中，通常省略主语、谓语、动词、关联词、中心语和领属词等，也就是按照上下文的意思以及意义进行省略。

通过比较英汉语言中存在的省略现象，汉语语言中的省略现象高于英语语言，因此相对来说，在汉语语言中是一种常见的现象。只不过汉语语言中的省略现象具有一定的标准，且标准较高较复杂，人们难以达到其标准。若是严格来说，其实汉语语言中出现的省略现象与真正的省略现象并不能划等号，一旦文中“省略”的内容被填补上，文章的句子反而显得生硬，甚至可能影响文章的意思，但值得注意的是，在进行汉译英活动时，这些“省略”的部分是需要补上的。英语语言比较注重“形合”，汉语语言则比较注重“意合”，所以通过语言对比会发现，在进行英译汉活动时，原本英语原文中省略的内容在汉语译文中是不可以省略的。

（二）段际连贯

段际连贯是指以语篇意向为主线，语言片段在语意上、逻辑上形成的连贯性。和上文提到的段内连接一样，段际连贯的实现有两种方式，一是利用替代、重复、连接词的使用或省略的方式实现段际连贯；二是对文章所处的时空背景以及文章的逻辑关系实现段际连贯。所以，译者在开展翻译工作时，有必要基于全文来思考每一个词语和每一句话背后蕴含的意义，以便更好地分析文章的写作逻辑，深刻感受作者借由作品向世界传达的感情，斟酌用词，保证译文的内容上下衔接、中心思想表达正确。

总而言之，依据上述内容的分析可以总结出，译者在进行翻译活动时，务必要注意两个方面：一方面是要注重英语和汉语这两种语言存在的差异性，比如语言句式、篇章结构等；另一方面要注重原文中出现的词汇、句子的意思翻译，保证译文的整体性、连贯性，符合场合或领域的要求等。只有从以上两个方面入手，译文才会符合译入语的语言习惯和表达习惯。

第四节　英语翻译基本问题的阐述

一、直译与意译

从很久以前，人们就直译与意译的问题开始了争论。通常在一些情形下，直译和意译均不构成翻译问题。举个例子："I like movie" 翻译为"我喜欢这个电影"，因为直译和意译相当于一回事，所以这一英译汉活动就不存在直译和意译之争。但需要考虑到的是，英语和汉语之间存在的巨大差异性，所以译者在开展翻译工作时，经常会遇见一种情况，就是一个句子既符合直译方法要求也符合意译方法的要求。翻译界的学者们遇见这种情况越来越多，就势必要争个高低，直译法与意译法哪个更合适呢？其实，方法的选择与译者通常有很大的关系，主要取决于译者如何看待直译和意译。有的译者认为一个字一个字地进行翻译就是直译，而大部分译者则认为所谓直译并不一定要一个字一个字地进行翻译。在进行翻译活动时，一般按照原文语言结构进行翻译称为直译，不按照原文语言结构而是根据语言意思进行翻译的则为意译。在翻译中，按字翻译、直译、意译和按意思翻译这四种翻译方法之间的界限较为模糊，并没有一个明确的定义，但人们利用直译和意译这两个概念的内涵来探讨翻译还是可以起到很大的帮助作用的。

选择直译法进行翻译的译文，有个非常明显的缺点，那就是读者在阅读译文时感觉到吃力，这就导致大部分译者在进行翻译活动时很少把直译法当作首要的翻译方法，偶尔会在一些比较特殊的文本中适当使用直译法。即使大多数译者都很少选择直译法，但依然不排除有译者在进行翻译活动时，热衷使用直译法，并抬高了直译法的地位。比如，翻译理论学家纽马克就非常认可直译法。该学者在印欧语系之间积累了大量翻译经验，但这些大量的经验也会无用武之地，因为有的翻译经验并不适合使用。总而言之，虽然被大众所接受的译文都较少采用直译法，但这依然不能质疑直译法的翻译作用与效果，在翻译方法中，直译法依然占有一席之地。

上文提到，在进行英汉翻译活动时，很少采用直译法，所以证明意译法是经常被采用的翻译方法。虽然经常被采用，但不可否认，意译法也有其缺陷。比如采用意译法容易造成过度翻译，也就是原文传递的观念和思想发生了变化，原本原文中未呈现的观念和思想通过意译法，呈现在了译作中；或是原文中的思想价值经过意译法之后，在译作中发生了变化。以上情况都会让意译法失去了翻译的意义。一般来说，意译法之所以存在，主要依靠原文的意义不是通过语言形式表达而证明的。一旦原文的意义有一部分是通过语言形式来表达的，那么采用意译法的时候，就会把那些通过语言形式来表达的意义抹去。从理论上来说，上述所说内容是正确的，但在若是将其用于指导实践，则存在行不通的情况。举个例子，一些文学作品中的意义是依靠语言形式本身所传达的，因此针对这种情况，应该采用直译法来表达文学作品中蕴含的深刻意义。在印欧语言之间的翻译活动中，若是按照原文搬过来的译法也许不存在太大问题，但是基于英语和汉语之间巨大的差异性，在进行英汉翻译活动时，汉语无法接受这类的表达形式。所以，中国的学者在翻译外国文学作品时，主张采用意译法。有的学者在翻译诗歌类型的文学作品时，很少遵循原文与译文字面对应，只注重译文的可读性，甚至有的时候完全采用意译法来表达原文的深刻含义。而西方理论家将文学作品划归到表情类，采用直译法进行翻译，这一主张与我国学者的主张略有不同。总而言之，无论哪个国家的文学作品，在进行翻译活动的时候，不可一味地选择直译法或是意译法，固执地“一招走遍天下”，要根据文本而选择适合的翻译方法。

在英汉翻译活动中，有的句子就只适合采用直译法，有些则只适合采用意译法，这种情况很常见。而且在翻译领域中，译者对此种情况都表示接受和认同，不存在较大争议，所以直译法和意译法可以交替使用，借助对方的优势弥补自己本身的不足。除上述情况外，译者也经常遇见直译法和意译法都可以使用的情况。

此时面临的一个问题就是翻译活动中到底选择直译法还是意译法。这两种翻译方法翻译出来的内容虽然还有进一步探讨的余地，但对于中文读者来说，这两个翻译内容都可以接受。那么，若是今后再遇见这种情况，应该按照那种方法进行翻译呢？针对这个问题，必须要从更大的范围入手进行解决，只是单纯地探讨直译法和意译法并没有多大的作用。通常一句话，一篇文章、一本书的翻译，至少需要考虑到三个因素，才能决定采用哪种翻译方法。因素涉及文本自身、读者、翻译目的等等，不需要遵行一定的定理。必须明确的一点是，目前翻译活动就应该在保持译入语的特色和表达习惯的基础上完成译文。在当前全球化的文化背景下，英汉翻译活动的进行中，译者要注意发挥出中文的优势，这是译者努力的方向。所以，一旦采用的直译法与我国汉语行文习惯、表达习惯相悖，形成严重的翻译腔，就应该果断地采用意译法。可以这么说，意译法可以满足大部分英汉翻译活动，值得提倡。而经济类文本、科学类文本、新闻类文本、政论文本等，还是应该遵循原文，把握好分寸，以不过度偏离原文的译法为主。

二、功能对等与形式对应

在早些时候，就有人提出了功能对等这一概念，学者们对其进行了完善，从此这一概念在翻译理论研究中占据着重要的位置。所谓的功能对等针对的是译文在语言功能上同原文处于对应与平等的状态，与原文的语言形式是否相对应毫无关系。有学者翻译的译作读起来，似乎与原作并没有太大的差别，但因为两者不属于同一语言系统，所以即使语言形式上相对应，也很难达到一定的成效。比如“He is the last person I will ask for help.”可以译成“他是我会要求帮助的最后一个人”，如此翻译，可以看到译文和原文在语言形式上做到了相对应。但是对原文进行仔细剖析会发现，该句的意思为“我是不会求他的。”若是翻译为该意思，可以发现在语言形式上，与原文的语言形式完全不对应，但从语言功能上来说，却做到了对等。

依据上文提到的理论，可以概括出，在翻译工作中，要想实现功能对等，其基础与读者的心理反应密切相关。可以这么说，原文读者在读完原文之后的感受与译文读者在读完译文之后的感受是一样的，那么功能对等则视为实现。功能对等的理论有许多优势，其中最突出最明显的就是便于信息交流。基于功能对等理论的功能对等法进行翻译活动，其翻译出来的句子简单明了，不存在翻译腔，且符合译入语的表达习惯和行文习惯。但在翻译领域，也有学者不支持功能对等，他们普遍认为功能对等的方法过于灵活，在进行翻译活动时，容易漏掉原文中的重要信息或是译文表达的深刻意义与原文不同。

在概念这一层面来说，功能对等和意译、形式对应以及直译的概念不同，但也正是因为他们概念的不同，学者们从不同的概念中引出跨语言交流上的探索，以期望总结出符合大多数翻译活动的经验与方法。

三、原文形式与内容

文学作品的翻译中，难免会存在文学批评，该领域内的批评焦点主要是内容和形式之争，且该批评焦点也越来越突出。大多数情况下，译者在进行翻译活动时，原文的语言形式并不需要去传译，因为英语和汉语并不属于同一语言系统，语言形式势必是不一样的，所以翻译的时候也就没有必去反映原文的形式，重点将原文的内容也就是要表达的含义翻译出来即可。但作家在进行写作的时候，主要是靠语言形式来彰显其作品的艺术特征，这样一来，语言形式就相对变得较为重要了。所以，在进行翻译活动时，除了要将原文内容蕴含的深刻含义翻译出来，也要照顾到语言形式。

译者必须要时刻注意，在开展翻译工作时，原文的语言形式是译者会遇见的最棘手的问题，原文的语言形式直接影响着译文语言的可读性，越是注重原文的语言形式，则译文语言的就越缺乏可读性。为了保证译文的可读性，原文中含有特殊意义的语言形式，在译文中有必要反应出来，但总的来说，还是以内容为主。

四、源语与译入语

上面提到的三对概念主要是从语言行为这一角度来进行探讨的。下面从语言体系这一角度，来探讨源语和译入语这一对概念。有学者认为，译文最重要的是要与原文相接近，文化由语言来体现，原文中的语言特色就算未体现出作者的风格，但在进行翻译活动时，也要在译文中体现出来。这其中最主要的原因是原文的语言特色，其背后蕴含着原文所在文化的特色，为了保持该文化特色，翻译的时候，译者有必要将其在译文中体现出来。除此之外，他们认为译者在进行翻译活动的时候，过多考虑读者，其实并不是真正为读者着想，译者要相信译文读者的阅读能力以及解读能力，译文读者对原文的语言形式也可以做到理解与欣赏，因此保留原文的文化特色，有利于读者接近源语，从而对外国文学作品的欣赏也会更进一步，这也是利用语言进行文化交流的重要内容。

上述说法在某一程度上，给予了译者过多责任。语言形式不应该成为文化介绍的工具。针对一些特殊情况或是达到某个特殊目的，例如进行学术研究，需要用接近源语的翻译方法把原文蕴含的意义以及文化特点体现出来。多数情况下，译者进行翻译活动的主要任务是完成信息的传达。对源语文化的大力宣扬与介绍是允许的，但其代价却是牺牲译入语的表达习惯和行文习惯，因为翻译方法选择靠近源语的形式，在翻译活动进行中就会出现许多与译入语表达习惯和行文习惯相悖的句子。读者要是想通过语言进一步了解外国文化、学习外语，阅读原文是不错的方法，所以翻译的基本方法还是要侧重于译入语，依靠译入语的优势，翻译出最完美的作品。

五、原作者与读者的中心问题

这对概念要从多视角来进行探讨。上文提到过，如果译者在进行翻译活动时，注重以原作者为主，那么译文则会体现出原文的某些行文特色；如果译者在进行活动时，主要考虑到读者，那么译入语的优势就会体现得淋漓尽致。从原则上来讲，译者在进行翻译活动时不应该以原作者为主，但也要考虑原作者的重要性。比如有两位作者，一位是会议纪要的作者，另一位是获奖文学作品的作者，这两位作者的重要性就不同等。作者通常在自己的作品中很少体现出其存在的痕迹，一般都是“隐藏”在文本或作品的后面。例如，一个家用电器的使用说明书、一个广告策划书、一个法律条文等，在其中都不会找到作者的痕迹。换句话来说，读者在读完这些文本或作品后，压根就不知晓作者是何人，可以说是一点信息都没有留下。但也存在一种与这种现象相反的情况，那就是文本或作品是作者的分身。读者在阅读文本或作品的时候，其语言结构、逻辑关系、写作风格无不体现在字里行间中，让读者一下就能知道作者是何人。若是遇见这种充满作者个人特色的文本或作品时，译者除了要准确地翻译其文本或作品的内容，也要尽量使译文充满作者的个人特色和写作风格。在西方，大多数翻译家认为译文的语言形式与原文相对应，就可以保留作者的个人特色和写作风格。但也有翻译家认为，译文的语言形式与原文相对应，并不一定能保留作者的个人特色和写作风格。应该发挥译入语的优势，采用接近译入语语言形式的方法来保留原作者的个人特色和写作风格。若是两种方法都行不通，就将其归纳到翻译领域的不可译性中。以原作者为中心的翻译方法并不是完全拒绝的，只是在进行翻译活动时，该方法的使用概率较低。总而言之，翻译活动应该以读者为重心，特别是英汉翻译，更要从读者的角度入手。

六、原作者写作与译者翻译的联系

人们通常都是基于某种目的而开始进行写作，无论是原文作者还是译者都是为了达到某种目的而开始的。一般情况下，原文作者和译者开始写作的目的是一样的。举个例子，电脑使用说明书（英文）的作者进行写作的时候，目的是为了让人们可以根据电脑使用说明书学会使用电脑；而译者对电脑使用说明书（英文）进行翻译的目的，是为了让不懂英文的人同样根据电脑使用说明书学会使用电脑。所以电脑使用说明书的原文作者和译者的写作目的都是一样的，都是为了让人们可以学会使用电脑。所以说，大部分译者进行翻译的目的和原文作者开始写作的目的是相同的，这种类型的文本通常都有一个特点，即实用性。原文作者开始写作的目的具有实用性，译者进行翻译也具有实用性。除此之外，也不是所有原文作者的写作目的与译者的翻译目的相同。还是通过举例的方式来论述：国外诗人写了一首诗歌，其写作目的是通过这首诗抒发自己的情感。译者利用直译法将其译成中文，目的是为了进行英汉两种语言之间的比较，如此一来，原文作者的写作目的与译者的翻译目的就不相同的了。

由上述内容引发出三个重要的问题：不同目的、不同读者以及不同译文。可以这么理解这三个问题：一首英文诗歌，可以译成五言诗、同曲或是现代诗。欣赏五言诗的对象为喜欢唐诗的人；欣赏同曲的对象为喜欢词曲的人；欣赏现代诗的对象为喜欢白话诗的人。总而言之，译者在进行翻译前出于何种目的，考虑到面向哪类读者，都会影响最后译文的呈现方式。

有学者对此持不同的意见，他们认为原文作者只有一个，那么翻译出来的作品也应该只有一个，而不是千人千面，导致译文扭曲了原文的意思，甚至成为一篇与原文毫无关系的作品。然而翻译作品最大的一个弊端就是局限性，比如某个时期完成的作品具有很强的文化内涵，符合当时的文化背景和精神风貌，随着时间推移，作品没变，但人类文化已经进步，作品就显得不合时宜。同一语言文化就已经面临着如此困境，更何况跨语言文化的翻译作品呢？所以译者在翻译文化内涵强的文本或作品时，首先要考虑翻译目的以及服务的对象，确定侧重的方面，才能更好地翻译文本或作品。

通过对上述六对概念的探讨与分析，对于“译文中应体现出原文蕴含的意义”这一问题就有了理性的认知。这些概念从不同的视角与层面出发，目的就是探讨翻译的核心问题。虽然视角和层面各种各样，但都是为了一个研究目的，就是译文中如何体现出原文蕴含的意义。在理解这些概念的基础上，那些存在于翻译领域内各式各样的翻译要求、标准以及原则也会更加容易理解。这些各式各样的翻译要求、标准以及原则都是不同时期的不同学者从不同角度入手，对同一个问题进行解决的方法。一方面体现出翻译研究领域内，标准设立者的智慧，另一方面体现出学者在翻译研究中的遭遇与困境。不得不说，翻译本身是一件让人左右为难的事情。

基于不同时期的不同学者从不同角度入手形成的不同理论，有的学者根据某些理论进行翻译活动，译文中可以明显找到原文的痕迹；有的学者根据另一些理论进行翻译活动，译文符合译入语的表达习惯和行文习惯。原文在译文中的存在性可大、可小、可无。总之在进行翻译活动时，是保留原文的文化特色和写作风格还是符合译入语习惯，以及这两者之间的界限又应该如何把握，都是需要翻译家们依据相关理论，倾注大量的时间精力，不断在实际的翻译活动中研究、探索。

第三章　跨文化交际概论

本章为跨文化交际概论，主要从四个方面对跨文化交际进行了概括论述，分别是跨文化交际相关概念界定、跨文化交际意识与能力、跨文化交际之语言交际、跨文化交际之非语言交际。

第一节　跨文化交际相关概念界定

一、交际与跨文化交际界定

（一）交际的概念界定

1. 交际及构成因素

交际（communication）的概念与“共同”这一概念息息相关，交际的前提条件就是共同与共享。有效的交际主要是具有相同文化的人们共享很多方面的信息。由此得来，交际与文化也是密切相关的，文化中包括交际，交际属于文化的一部分。如何定义文化？文化是指个体需要学习然后共享的一连串代码，在学习、共享这一连串代码的过程中，就需要交际的存在。不同的文化影响着人们对交际的理解，人们对交际不同的理解又间接体现了人们不同的文化价值观念。

在西方国家，基于西方文化的特点，西方人将交际视作信息传递的过程，认为交际具有很强的工具性，凡是个人目的达成了就属于有效的交际。而东方文化交际除了信息传递之外，更加注重信息传递过程中形成的人际关系，他们通常认为保持良好的人际关系比信息传递重要得多。

交际的过程包括十个要素，即信息源、编码、信息、渠道、干扰、信息接受者、解码、信息接受者的反应、反馈以及语境。

（1）信息源

信息源是指具体的人，这类人具有交际需要和愿望。信息源就是信息的源头，是信息的产生者。有学者对“需要”和“愿望”展开了论述分析，他们认为，需要是指自己作为个体存在这个世界中，希望得到他人的认可，通过与他人共享自己的思想或是改变他人思想和行为方式来满足自己的社会需要；愿望可以理解为一种欲望，是想要与他人分享自己作为个体的内心世界的想法。交际通常需要一人以上的人员参与才能完成交际过程，因此也表明，交际过程中并不是只有一个信息源，而是多个信息源并存。

（2）编码

在交际过程中，人们的观念与思想无法以一种客观存在的形式与他人共享，必须借助一些符号实现共享。人们将观念与思想赋予符号，利用符号的形式达到与他人共享观念或思想的目的。观念与思想转化成符号的过程就是编码。符号的形式较多，人们在表达同一观念或思想的时候，受文化因素的影响，会出现不同的符号形式。人们常用语言符号的形式来与他人共享观念或思想，当然非语言符号的形式也是可以用来共享观念或思想的。

（3）信息

上文提到的编码是一个动词，是一种行为；而信息是编码的结果，是一个名词。信息是信息源内心所思所想的具体内容，是其想要在交际过程中分享给他人的想法和感受，也是交际个体在时空中某一个特定时刻的心态的具体写照。信息同编码一样，可以通过语言或非语言符号表达出来。

（4）渠道

渠道就是途径，这里所说的渠道是被编码的信息的传递途径。可以理解为是信息源连接信息接受者的一种工具或媒介。传递信息的方式有许多，有书面形式的，有电子形式的，还有声波和光波形式的。除此之外，味道、气味以及触摸也可以算是用来传递信息的渠道。

（5）干扰

干扰是指所有影响信息的因素。干扰的形式多种多样，大概可以分为外部干扰、内部干扰和语意干扰三类。外部干扰多数来源于环境，环境中某些声音、图像或其他刺激物可以分散人们对信息的注意力，妨碍人们接收信息。内部干扰指干扰人们注意信息的思想和感受。内部干扰指信息的发出者或接收者的思想和感受没有集中在交际本身，而集中在其他的事情上，如上课时学生们饿了，想着午餐，而没有集中注意力听课。有时，人们的信仰和偏见也会成为内部干扰。语意干扰指信息源发出的信息符号包含多个意思而造成的干扰。

（6）信息接收者

根据字面意思理解，接收并进行理解信息的人被称为信息接收者。信息接收者在接收信息时可以是有意图的也可以是无意图的。因为交际过程是一个你来我往、反反复复的过程，所以人们在交际过程中有时扮演信息接收者，有时扮演信息发出者（信息源）。

（7）解码

上述提到的编码，与其相反的过程就是解码。解码也是一个动态的过程，是一种心理活动，是对信息进行加工的过程。信息接收者在交际过程中，将接收到的信息进行分析与理解，并赋予其一定的意义。

（8）信息接收者的反应

信息接收者在接收到信息后会做出一系列的举动行为，这些举动与行为就是信息接收者的反应。信息接收者的反应也是多种多样的，如接收到信息时信息接受者可以不采取任何行动，也可以做出信息源期待的行为。当然，也可能做出信息源不希望看到的行为。

（9）反馈

反馈属于信息接收者反应的一部分，是将接收到的信息赋予某种含义，并被信息源接收到。举个例子进行论述，可以帮助大家更好地理解反馈。例如，相同的一本书，不同的阅读者在阅读完之后会有不同的行为发生，有的可能只是将书放回原位，有的可能是参与某项读后问卷调查，还有的可能给作者去信，同作者交谈阅读完后的感受，后面两种行为就被认为读者在阅读后发生了反馈行为。对交际来说，反馈具有很重要的作用，只有通过反馈，交际者才能明确信息的传达和分享具备有效性，及时调整自己在交际过程中的行为。选择面对面的交际方式，会让交际者得到更多的反馈。

（10）语境

交际过程中的最后一个步骤为语境。语境可以理解为情景，主要是交际发生时所处的场所和情境。语境分为物理语境、社会语境和人际语境三大类。交际过程中的语境有利于人们更加了解交际。

2. 文化对交际的影响

（1）文化对言语交际的影响

①文化对交谈模式的影响

交际的方式也许多，其中最常见也最为重要就是交谈。交谈模式并非固定的，例如中国与美国，两个国家的文化背景和历史背景不同，所以两国的交谈模式也会存在差异。因此，文化会对言语交际产生影响，而最先受影响的就是交谈模式。如果对某种交谈模式背后的文化背景相当熟悉，那么在与他人交谈中就会收获快乐。

②文化对交际风格的影响

不同文化背景除了影响人们的交谈模式，对人们的交际风格也会产生一定的影响，其影响主要体现在以下两类交际风格中。

首先是直接交际风格和间接交际风格。直接交际风格是指人们在交际过程中，对自己的愿望和意图毫不掩饰，表达方式比较直接。上文提到，交际过程中，信息的传递通常借助语言符号的形式。比如美国人习惯在交际中直接表达自己的看法，注重语言的准确性，“当然了”“没问题”是他们常用的口头禅。因此，像美国、英国等西方国家或者低语境文化的国家，交际风格普遍为直接交际风格。间接交际风格是指人们在交际过程中，下意识地将自己的愿望和意图隐藏起来，或是利用间接的方式把自己的愿望和意图表达出来，是与直接交际风格相反的一种交际风格。因此，间接交际风格中使用的语言，其显著的特征就是含蓄、模棱两可。交际过程中，信息的传递通常借助非语言符号的形式。如果“言传”象征着直接交际风格，那么“意会”就指向间接交际风格，所以很大程度上，人们往往通过语境理解信息中蕴含的意义。另外，在间接交际风格的过程中，双方的目的都是一样的，即维护彼此的面子，不引发肢体冲突，获得良好的社会关系。间接交际风格使用较多的国家通常为亚洲国家，例如中国、日本、韩国等，主要是因为亚洲国家多受儒家文化的熏陶。

其次是个人交际风格与语境交际风格，个人交际风格是指在交际过程中，注重交际者作为个体的身份。有明显个人交际风格特色的句子，通常主语都是第一人称代词。美国人交谈都比较随意，不管对方的地位、年龄，在交谈中均使用一个单词“you”，而汉语中却有“你”和“您”两种第二人称代词。语境交际风格是指在交际过程中，注重交际者所处地位以及扮演的角色。语境中的社会语境就决定了人们在交谈中使用的词汇，特别是代词的使用。例如日本，人们在进行交际时，会依据对方的年龄或地位等因素，选择使用敬语来完成交际。

（2）文化对非言语交际的影响

①身势语行为

身势语是指人们借助身体摆出某些动作或手势，并赋予其一定的含义。相同的动作或手势因不同国家的文化背景差异，导致其也拥有了不同的含义。就拿“OK”这个我们常见的手势来说，美国人赋予的含义为同意，而日本人赋予的含义是金钱。再比如点头这个动作，大多数国家都赋予其同意或是的意思，或是用于见面打招呼等，但是在阿尔巴尼亚和保加利亚，人们赋予的意义正好相反，它表示不或不同意。

还有一种情况，不同的文化背景使得同一个意思在进行表达时，使用的身势语动作不同，充分表明了符号与其代表的含义并不是一成不变的，有着很强的随意性。比如，中国人和美国人将食指竖起来表示数字“1”，而在欧洲的大部分国家则将拇指竖起来表示数字“1”。

②近体距离

近体距离是指每个人与他人相处时所保持的一定距离，在这个距离内，人们会感到舒服与安全，一旦在与他人交际过程中越过近体距离，人们就会感到莫名的恐慌和害怕。基于不同的文化背景，人们对近体距离的要求不同。若是在西方国家并肩同行，诸如英国、美国，人们通常会保持1米左右的距离，这个距离也是性别不同的中国人并肩同行时的近体距离，但同性的中国人会离得很近。

③色彩学

色彩学是指色彩所蕴含的不同意义，这个意义不是固定的，会因为不同的文化背景而具有不同的意义。比如白色，美国人认为白色象征着纯洁、高雅与坚贞，因此成为恋人婚礼的主色调；但是白色在中国和日本，象征着忧郁、死亡与灾祸，因此是葬礼的主色调。

3. 交际的主要特点

交际并不像大多数人理解的那样简单，交际的过程涉及的因素非常之多，交际的整个过程也比较复杂，人们若想要加强对交际过程的理解，就需要有效掌握交际的特点，交际的主要特点主要包括以下几点。

（1）交际是一个动态变化的过程

交际具有动态变化的特性，犹如一部动画片一样是不断变化的，而不是像图片那样一直处于静止的状态。在交际过程中构成交际的各个因素会彼此发生作用，人们在交际的过程中会不断受到彼此发出信息的影响，当一方刚说出一句话或者是做出某种行为时，发出的信息很快就会被对方的话语或者是行为所代替。

（2）交际是一个不可逆转的过程

人们说出的话或做出的行为是不能收回的，尤其是说出的话或做出的行为被赋予了一定的意义就更加无法收回。由此可见，交际一旦开始就预示着其最终将走向完结，整个过程是不能逆转的。

（3）交际具有符号性

在交际过程中，为了将信息传递出去，人们常常利用符号这一媒介，人们在表达自己思想或观念时可以通过制造符号来完成，这种制造符号的能力是人类特有的，动物在进行交际时并不会使用符号。人们在交际过程中使用的符号可以是语言的，也可以是非语言的，无论是哪种类型的符号均具有代表意义，符号可以是一个词语，一种行为，甚至是一个物体。然而，符号在实际交际过程当中存在一定的主观性，这是因为人们在制造符号时会受到文化因素的影响，处在不同文化背景中的人制造出来的符号所表达的含义是不尽相同的。

（4）交际是一个系统的过程

交际并不是一个独立发生的活动，其发生在一个包含多种因素的系统当中，例如交际发生的场景、场所、场合以及交际发生的时间，甚至参与交际的人数等因素都在这个系统之中。

人们交际的行为在某种程度上受到交际发生场所的影响，不同的交际场所当中会发生不同的交际行为。人在礼堂当中做出的交际行为与在学校中做出的交际行为会呈现出各自的特点。交际行为的发生通常包括两种类型，一种是在有意识条件下发生的，另一种是在无意识条件下发生的。人们无论是做出哪种交际行为，都是处在其所在文化当中的。

交际发生的场合在某种程度上控制着人们的交际行为。人们在不同的交际场合当中会做出不同的交际行为。例如，在礼堂当中，人们一般会举行各种活动，包括文艺演出、毕业典礼等等，但在医院的病房当中人们则不会做出这种交际行为。由此可见，人们的行为会受交际场合的制约，每种场合都有固定的行为模式，而不同种类的文化所规定的行为模式也是不同的。

大多数人常常忽视时间这一要素，认为时间不会对交际效果产生明显的影响。实则不然，任何交际的发生都在一定的时间或者是区间之内，每种交际所持续的时间有长有短，例如上台演讲时就会有一定的时间限制，与一般谈话持续的时间长度是不同的。此外，人们也常常利用时间进行交际，例如美国人常常会感受到时间带来的压力，因为他们经常在交际过程中使用备忘录和时间表。

参与交际人数的多少也会对交际过程产生不同程度的影响。通常人们在少数人面前与在多数人面前讲话时感觉是不同的，例如当面对一个人讲话可能比较轻松，举止行为比较自由，当面对一群人讲话时可能会感觉紧张，举止行为也变得拘谨。

（5）交际是自省的过程

人们不仅可以利用符号对发生在自己周围的事情进行描述和表达，也可以利用符号反省自己在过程中做出的行为，这是人们的天赋。然而这种特别的天赋也促使人们在交际过程中有了两种身份，一个是交际的参与者，另一个是交际的观察者。参与交际的人不仅会对自己的行为进行观察和评价，还会做出适当的调整。由此可见，在这种意义上来看，交际实际是参与者自我反省的过程。例如，在有的文化当中，人们往往对自己格外关注，会在自己的身上花费大量的实践与精力，并非常注重自己在交际过程中表现是否得体。当然，也有的文化与之相反，虽然人们在交际过程中也会进行自省活动，但是更加关注的是他人的行为表现。

（6）交际是交互式的过程

在交际中，人们在发送信息的同时，也在接收着信息。参与交际的所有人都在交际中共同作用以及共同创造，这体现出交际的交互性特征。交际一般可以分为过去的交际、现在的交际以及将来的交际。人们对于某种情景会做出什么样的反应，往往会受到自身经验和情绪甚至是自身期待的影响。举例来说，假如与一个自己非常了解的人即将发生交际时，我们往往会根据过去的认知和经验来对即将要发生的交际进行预测。同时，现在发生着的交际也会受到将来交际的影响。例如，倘若我们期待与对方的关系能够维持并且继续发展，在为实现这一目标做准备时，我们就会对自己的言行举止自觉地做出调整。

（7）交际发生在特定的语境中

无论是哪种交际都会发生在一个特定的语境当中，交际的语境通常分为以下三种：

第一，物理语境。这种语境指的是交际发生的地点。交际发生的地点是多种多样的，交际可以发生在室内，也可以发生在室外。发生交际的地点可以是拥挤的，也可以是安静的；可以是公共的，也可以是私人的。此外，在寒冷或者是炎热以及黑暗或者是明亮的地点中也可以发生交际。

第二，社会语境。这种语境指的是交际发生的各种各样的社会性场合，例如体育竞赛、上课、参加婚礼或者葬礼等等。不同的社会场合对人们的交际行为都有着各自的期待与规定。举例来说，多数西方国家在举行婚礼时，会要求新娘穿上白色的婚纱，而除新娘之外的其他女性来宾均不能穿白色的裙子，如果不遵循这一规定，将会认为是不礼貌的。再如，大声喧哗在学生上课的场合中被认为是扰乱课堂秩序的不礼貌行为，而在观看体育比赛时为参赛运动员呐喊助威则被认为一种得体的交际行为。

第三，人际关系语境。此类语境是参与交际双方之间的社会关系，处在不同的社会关系的人，他们之间发生的交际行为是不同的。举例来说，作为好朋友的双方发生的交际行为与作为师生的双方在课堂外发生的交际行为是不同的。再如，同事之间、家人之间的交际活动在话题选择、说话的语气及态度方面也不尽相同。

（二）跨文化交际的概念

交际是人的生存、文化的传承和储存以及社会的生产活动的重要机制。交际与文化的关系密不可分，一方面，交际是文化传承和储存的重要机制；另一方面，文化影响着人们的交际行为。处于相同文化的交际双方，由于运用了一套规则，所以交流非常容易；在不同的文化当中，由于文化的差异性，人们在沟通交流时可能会发生一些问题，此时文化则产生了一定的消极作用，阻碍了交际的进行。

跨文化交际从字面上来看，也是一种交际，它有着与一般交际相同的特点，虽然人们在跨文化交际过程中同样也遵循着一般交际模式，但跨文化交际也有自己的独特之处。

如何将同文化交际与跨文化交际进行区分，其实并不难。当交际双方在交际过程中运用了完全相同的一套规则系统，就属于同文化交际，如果交际双方在交际规程中运用了完全不同的一套规则系统，就属于跨文化交际。虽然文化具有差异性，但是尽管两种文化之间的差异有多大，两者之间也有相同之处，这种共同点就是交际的基础。所以，真正意义上的完全相同或者是完全不同的交际情况在实际生活中是不存在的。在交际过程当中，信息的发送者或者是信息的接收者都会根据自己所处的文化规则进行编码、释码和解码，即便是处在相同文化背景下的两个交际者，他们运用规则进行编码、释码和解码的过程也不一定是完全相同的，因为每个人都是一个独特的微型文化，这也说明任何人与人之间的交际其实都属于跨文化交际。文化的差异性可以体现在国籍、民族甚至政治制等这些大的层面，当然，还可以体现在同一主流文化中的性别、年龄、社会阶层、教育背景、兴趣爱好等这些相对较小的层面。

不同文化间存在不同程度上的差异，理查德·波特（Richard E.Porter）和拉里·萨莫瓦尔（Larry A.Samovar）就曾以一个连续体的形式直观地表明了不同文化群体间不同程度的文化差异。如果将一切不同文化间的交际都当作跨文化交际，那么跨种族交际、跨民族交际、同一主流文化内不同群体间的交际以及国际性的跨文化交际都将属于跨文化交际的范畴。

国际性的跨文化交际一直是我国在跨文化交际中关注的重点，不同文化国家的人们之间进行沟通交流就是跨文化交际，但是国内的一些学者也把这种交流限定在面对面交流的层面上。

二、跨文化交际相关分析

（一）跨文化交际模式

跨文化交际的模式一直是人们非常关注的话题，跨文化交际模式的种类繁多，在过程、性质以及效果方面都有不同种类的模式。近年来，有关学者也对跨文化交际的模式进行了专门的研究。下面对其中几种跨文化交际的模式进行分析。

我国学者对跨文化交际的过程进行了描述，在研究过程当中其借鉴了施拉姆的交流模式，指出跨文化交际的过程一共包括三个阶段，即编码阶段、信息通过渠道传播阶段以及解码阶段。信息的编码与解码过程会受文化的影响，处在不同文化中的交际双方会根据自己的文化规则进行编码与解码。举个例子，我们用甲和乙分别表示处在不同文化中的信息发送者和信息接收者，甲向乙发送信息时是按照甲的文化码本和程序进行编码的，然后信息经过某种传播渠道传递给乙。乙接收到甲传递过来的信息后，需要依照乙的文化码本和程序对进行解码。跨文化交际是实际上是一个循环往复的过程，信息发送者和接收者的角色是可以进行互换的，因为乙接收到信息后需根据信息形成意向或做出反应，并将结果反馈给甲，此时乙会根据乙的文化码本和程序将意向或反应进行编码，之后反馈给甲。可以看出，乙由原来的信息接收者变为信息发送者。

我国学者同施拉姆一样，虽然对跨文化交际中的过程进行了研究，但并未涉及跨文化交际的其他因素，例如跨文化交际的要素及结果。这是因为两者都是传播学学者，只从传播学的角度进行了相关研究。而与之不同的是，多德（Carley H.Dodd）则从文化学者的角度分析了跨文化交际的过程。多德（Dodd）引入了“感知文化差异”的概念，并将其视为跨文化研究中的重要因素。

对于跨文化交际的有效性，多德有自己的看法，他认为跨文化交际之所以有效是因为交际者对“感知文化差异”（PCD）的掌握使他们能够适应交际中可能出现的“不确定性”和“紧张感”，而固执和文化偏见则会导致文化交际的失败。“感知文化差异（PCD）”的概念和假设也在多德的跨文化交际模型中得到了一定程度上的拓展，他强调文化只是造成交际者差异的来源之一，并对“感知文化差异（PCD）”如何减少交际中的不确定性和紧张感以及如何在多样化的环境中实现有效的交际进行了描述。此外，多德还在自己的跨文化交际模型中提出了“C

文化”（即第三种文化）的概念，为交际建立了共同基础，另外还表明了跨文化沟通应该达到的效果。

从多德的跨文化交际中我们可以看出，影响交际者差异的因素不仅仅只是文化。人际关系和性格也会对“感知文化差异”造成一定的影响。在研究跨文化交际时，不仅要认识到交际者的文化共性，也要重视个别的差异。交际之所以失败了，大多数是因为交际者在交际过程中使用了不恰当的交际策略，例如有的交际者在交际过程中过分依赖定型的文化或者以退避、拒绝甚至是敌对的态度去对待对不同文化的交际者。成功的交际需要交际者改变不当的交际策略，例如对身处不同文化背景的交际者采取包容的态度。这种包容的态度有助于促使 C 文化的建立，即一种基于交际双方共同性基础上的第三种文化。C 文化的建立在跨文化交际中发挥了十分有效的作用，不仅给交际双方采取有效交际策略奠定了一定的基础，而且使得交际双方在交际过程中能够运用相关交际知识和技能促进良好交际效果的获得。针对跨文化交际模式，不同学者提出了不同的方式，这些方式可以帮助我们从不同的角度认识跨文化交际。此外，跨文化交际模式的提出对界定跨文化交际能力、控制交际过程、选取交际策略甚至评价交际结果都有很大的价值。

（二）跨文化交际的有效性

跨文化交际可以分为语言交际和非言语交际：无论是真诚的言语对话还是言语对抗，都属于言语交际，而表情或手势的使用属于非言语交际。人们在交际过程中会做出不同的交际行为，从而达到不同的交际效果。在语言交际和非言语交际过程中，即使是在同一文化背景下，信息的发送者和接受者也几乎不可能做到完全相同。可以看到，交际的效果不是我们通常认为的是否理解了对方的意思并表达出了我们的想法，而是我们在多大程度上分享了信息并减少了误解。

影响实际效果的因素主要包括交际过程中的编码、解码、信息的发送者和接收者、信道传播渠道、噪声等。在跨文化语境中，信息的发送者和接受者有着不同的文化背景，往往对自己的认知和思维方式更感兴趣，在编码和解码的过程中表现出自己的文化色彩。例如，在交流中，美国人更直接，而中国人和日本人更委婉，因而美国人的直接沟通方式会让中国人和日本人感到不舒服甚至尴尬。

信息接收方能够理解信息发送方意图并在任何情况下都能提供充分反馈的交际应视为有效交际。当然，这种相互理解只是相对的，我们可以将这种理解视为误解的最小化。有效交际意味着交际双方对同一信息做出非常相似的解释。由此可见，交际的有效性与相似意义的解释密切相关。如果双方在沟通过程中能够相互理解，那么交际就是成功的。需要注意的是，这里提到的相互理解并不意味着双方达成一致的认可，这是因为在交际中，尽管双方已经达成了相互理解，但也可能存在达成一致和或达不到一致的情况。交际双方的相互理解以及赋予信息的共同意义在一定程度上反映了交际者的交际能力。

如果交际双方对同一信息做出的诠释不一样，那么则是交际中发生了误解。误解是不能完全避免的，但交际并不会因为误解而无法进行。交际的有效性是根据以下两个原则去评判的。一是，有效的交际要做到类似的意义诠释，而做到这一点的前提是要对对方的语言以及文化背景有所了解。如果你能掌握对方的语言，并能熟练地用自己的语言与对方交流，效果通常比不懂外语且需要他人翻译的交流更好。曾有国外学者指出，我们倾听、推测所描述的内容，然后利用社会背景知识将相关和可能的情况联系起来，然后判断对方表达的意图和态度。语言和文化知识无疑在这一过程中发挥着重要作用。二是我们必须相互理解和容忍。当寻求“己所不欲，勿施于人”——同情（sympathy）的同时，我们也应该尝试“人所不欲，勿施于人”——移情（empathy）。后者在跨文化交际中非常重要。在与不同文化背景的人打交道时，你可能对彼此的文化价值观、思维模式、风俗习惯或简单的喜好没有深入的了解，但只要你更多地关注对方，就更容易猜测对方的意思，从而也避免了民族中心主义的倾向。

简而言之，有效的交际不仅仅是为了达到一般意义上的目的而进行的沟通，也不仅仅是具有高度一致性的沟通。在交际过程中，如果双方存在意见分歧，甚至一方拒绝另一方的请求，但双方都能清楚地理解另一方的意图，那么也被认为是有效的交际。

第二节　跨文化交际意识与能力

一、跨文化交际意识

（一）跨文化交际意识的内涵

人在做出某种行为时，一定是受到了意识的引领。所以，人们在进行跨文化交际时，若要正确理解对方做出的行为，就需要牢固树立跨文化交际意识，如此才能保证交际朝着顺利的方向发展。没有哪一种交际会是一帆风顺的，交际会因交际双方文化以及双方个体之间的差异变各种各样的阻碍。跨文化意识要求在交际过程中一定要认可世界多样化文化形式。跨文化交际意识还强调交际双方在交际过程中尊重对方，坚持人与人平等沟通交流的理念。由此可见，跨文化意识的树立不仅可以在一定程度上促进交际顺利进行，而且还有利于社会与人之间的和谐发展。

跨文化意识主要体现在对个体行为具有指导意义的认识思维上。跨文化意识具有文化性，人们要想提升自身的跨文化交际能力就要加深对自身文化与他国文化的认知。另外，世界多种多样的文化都应该受到人们的平等对待，人们应当尊重文化的多样性。交际者进行顺利地跨文化交际需要树立跨文化交际意识，只有深入了解各国文化之间的差异，才能有效解决跨文化交际中遇到的问题。

（二）跨文化交际意识的培养方法

培养跨文化交际意识并不是一朝一夕就能完成的，需要长期坚持，循序渐进。跨文化交际意识的培养涵盖多个层面，例如关于文化的词汇以及文学典故的涉猎，深入了解中西方不同的文化价值观念，熟悉社交往来的正确规则等。当然，需要特别注意的是，在跨文化交际中我们还要重视非语言交际。跨文化意识的培养可以从以下四个方面入手：

1. 旅游者心态

旅游者心态这个词相信大家比较陌生，它指的交际者通常情况下会根据自身的文化对不同于自身的文化进行审视。然而这种心态往往会造成交际者产生文化优越感与文化偏见等现象，因为其只是在表面层次上对其他文化的事物进行了一定程度上的了解，并没有深入掌握不同文化事物之间的联系。

2. 文化休克

文化休克常常表现在跨文化交际时，交际者往往会因为对他国文化不够了解而产生误解，严重一点，还会引发交际双方之间的冲突。由于对新文化形式的不适应，交际双方在沟通交流时会发生各种各样的问题，致使交际不能顺利进行，当交际双方遇到这种情况时，常常会产生逆反心理，甚至会与外来文化进行对抗。

3. 理性分析与愿意适应

经历过文化休克的交际者，自己的跨文化意识可能有了一定程度的提升，与之伴随而来的就是交际者的交际越来越多，这样一来，也会促进交际者对新文化环境的接受。交际者对新文化环境的理性分析，实际上是一种主观层面的对新文化形式的适应。

4. 主动了解和自觉适应

培养跨文化交际意识还需要交际者积极理解并自觉适应新的文化形态，深入探究新文化中事物的成因。在这个过程中，交际者可以主观地改变他们的跨文化交际意识，这是跨文化交际意识培养的最高水平，在这个过程中，交际者可以分析不同类型的文化价值观和社会状况。

二、跨文化交际能力

（一）跨文化交际能力的内涵

跨文化交际能力实际上指的是处理跨文化交际过程中出现问题的能力。如果一个交际者能够在跨文化交际中有效、合理处理遇到的问题（例如，文化态度与文化差异问题），则说明这个交际者具备良好的跨文化交际能力。

跨文化交际能力要求交际者在跨文化交际实践过程当中，关注两个方面，即跨文化交际的有效性与得体性。其中，跨文化交际能力的有效性指的是在交际过程中能够有效实现交际的目标；而跨文化交际能力的得体性则指的是在交际过程中要做到与目的语文化社会规范、行为模式及价值取向相符。

（二）跨文化交际能力的培养

1. 了解文化差异

人类文化既有相似之处，也有明显的差异。为了培养跨文化交际能力，交际者应该加深对不同文化之间差异的理解。在跨文化交际过程中，由于双方文化价值观的差异，交际者之间往往无法顺利地进行交际。为了改善这种状况，交际者应该尊重不同的文化，清楚地理解不同文化之间的差异。

2. 发展跨文化技能

跨文化交际能力的培养不仅要求交际者了解不同文化之间的差异，还要发展自身的跨文化技能。对于跨文化技能的发展，交际者可以从以下几个方面出发。

（1）消除固定思维模式。

（2）清除民族中心主义。

（3）灵活应对交际情境。

（4）掌握目的语文化的内在规律。

第三节　跨文化交际之语言交际

一、语言与文化

（一）萨丕尔－沃尔夫假说

语言与文化之间的关系一直是众多人类学家密切关注的话题。德国人类学家洪堡很早就发表了关于语言差异性的言论，他认为影响语言差异性的因素在于人们对世界的不同看法，而并不是发音和文字符号的不同。美国人类学家萨丕尔（Sapir）和沃尔夫（Whorf）更是提出了闻名世界的萨丕尔-沃尔夫假说，他们深入研究了语言与是世界观、思维与文化之间的关系。

萨丕尔对北美印第安人的语言进行了深入研究，他在研究过程中试图探索发现语言词汇分类与人物质生活及社会环境之间存在的关系。萨丕尔认为，因物质环境中的事物具有文化上的重要性，所以任何一种物质环境中的事物都应该通过语言进行命名。例如，生活在美国西南部高原地区的印第安人因峡谷对其生活有着特殊的意义，所以其运用语言对峡谷进行了详细分类和命名。萨丕尔认为，人们对周围世界的兴趣和感知程度可以通过人们分类词语的详略度反映出来。

沃尔夫是萨丕尔的学生。曾将作为保险公司火灾理赔员的他，在工作中观察发现，火灾发生的原因是人们对事物名称的错误理解。沃尔夫用具体的实例证明了语言、思维与行为三者之间的密切关系：之所以建筑工地的工人将未燃尽的烟头投入标有“empty（空）”字样的汽油桶里而引发火灾，是因为建筑工地工人对“empty（空）”一词存在误解。通常人们认为“empty（空）”表示“没有（不存在）”的意思，但实际上汽油桶中仍有部分残留的汽油，将烟头扔进其内，极易引发火灾。沃尔夫主要对语言中体现的特定思维模式与意义结构之间的关系进行深入研究，通过研究发现，印第安人使用的霍皮语与英语在表达时间和空间方面存在明显差异。在霍皮语中，时间是不可数并且连续发生的事件，而在英语当中，时间是不可数的，其可以划分为过去、现在与将来三种类型。由此，沃尔夫认为时间和事物的概念界定取决于人们使用的语言的特点，而不是人的经历。

语言不仅能够对思想进行表达和反映，还能够对人的思想以及世界观的塑造有促进作用，这是萨丕尔和沃尔夫通过研究印第安人语言得出的著名观点。

萨丕尔-沃尔夫假说中的含义主要体现在三个方面：第一，不同的语言在感知和划分现实世界时所采用的方式是不同的。第二，人们感知和理解世界的方式受其使用的语言结构的影响。第三，讲不同语言的人感知到的世界也不尽相同。

萨丕尔 - 沃尔夫假说的提出在很大程度上启发了后续人们对跨文化语言交际的研究，此后越来越多的学者均采纳了萨丕尔 - 沃尔夫的相关理论，他们在跨文化交际领域研究中均认同语言和文化之间是相互作用的关系，并且相信人们对世界观的认识受语言模式的影响。

（二）语言与价值观

许多学者对语言与文化之间密切的关系进行了阐释。其中有学者提出文化是存在于语言当中的，而语言中又充满了文化。此外，为了表明语言与文化之间密不可分的关系，创造了“languaculture”一词。但是语言与文化的发展并不是同步的，文化的发展往往快于语言的发展，所以，我们经常能看到的文化是怎样通过语言被反映的。因此，文化是通过语言来表达、体现与象征的。

从语言与文化的关系中我们可以直观地看出，人们对于世界的看法、态度以及价值取向都可以通过语言进行表达。世界各地的语言中都包含着许多名言警句和俗语，无论是什么类型的语句都能直接表达出某种文化的价值取向。我们可以通过一个国家的名言警句和俗语等语句来了解该国家的文化价值观。

价值取向涵盖多个层面，例如个人主义和集体主义就是其中两种，不同文化的人们对于个人与集体之间的关系有着不同的看法，具体可以从世界各地的谚语中得到证实：土耳其：离开羊群的羊会被狼吃掉；非洲：当蜘蛛网连在一起的时候可以困住一头狮子；中国：三个臭皮匠，顶个诸葛亮；日本：出头的钉子被砸下；美国：自助者上帝助之；德国：只扫门前雪……

除此之外，谚语（格言）还能够表达出不同国家对于语言在交际中的作用的不同态度与价值取向。例如，中、日两国的文化属于高语境文化，在语言表达上比较委婉、含蓄；而美国的文化与中、日两国文化不同，其在语言表达上比较直接，属于一种低语境文化。从中、日、美三国谚语（格言）中我们可以看到不同国家关于文化在语言交际方面的不同价值取向：中国：君子讷于言而敏于行；日本：沉默是金；美国：沉默是傻瓜的美德。

尽管不同国家的谚语或者格言中对文化价值观的表达存在差异，然而也有很多不同语言的格言或者谚语对价值观的认同存在一致性。这就说明了人们虽然身处不同的文化背景，但是也会分享一些共同的价值观。例如，下面英语和汉语中表达时间与奋斗概念的谚语和格言。

（1）有志者事竟成。Where there is a will，there is a way.

（2）活到老学到老。Man is never too old to learn.

（3）一寸光阴一寸金。Time is money.

二、语义与文化

组成语言的词有很多，表达颜色、动物和数字的词在每种语言中都很常见。虽然这些词相对来说比较常见，但它们的意思和情感色彩却有很大的差异。这些词语之所以在语言和文化内涵上存在巨大差异，是因为不同国家在地理环境、思维方式、宗教信仰和民族心理方面也存在巨大差异。人们在跨文化交际中会产生许多误解，而造成误解的一个重要因素是语言和文化内涵的差异。因此，许多跨文化交际学者越来越重视对词语文化内涵的研究。此外，词汇的文化内涵在语言教学中也不容忽视。

（一）颜色词

每种语言当中均含有表达颜色的词汇，这些词汇所象征的意义与联想意义因文化的不同而存在差异。例如，红色在中国京剧当中能够表达出人物忠诚的性格，但是在印度尼西亚的皮影戏当中红色代表的则是贪婪，除此之外，黑色和白色在其中象征的意义也不尽相同，黑色在中国京剧中象征刚正不阿，在印度尼西亚皮影戏中却象征着紧张；白色在中国京剧中象征着阴险狡诈，印度尼西亚皮影戏中的白色则象征着高贵。由此可见，颜色词所表现出来的象征意义、联想意义与情感色彩因文化背景的不同是不具有普遍性的，这进一步说明了文化制约着颜色词的内涵和意义。

红色一个普遍存在语言中的颜色词，其在很多国家的文化中象征着热情、危险或者是暴力。例如，美国学者阿恩海姆认为红色能够让人联想到火、血和革命，其表达的是一种令人激动的含义，这在其《色彩论》中有所记载[①]。但中国对于红色所象征的意义有着独特的见解，即红色象征着幸福、吉祥与欢乐。在中国一些文化习俗中我们可以看到，中国人在结婚时新娘要穿着红色的衣服，在春节这一传统节日中通常家家户户都张贴红色的对联，甚至是悬挂红色的灯笼，此外，当面临亲朋好友结婚生子时，为表祝贺一般还要送红包。当然，红色在中国文化中除了表达喜庆、吉祥与欢乐的意义之外，在传统文化当中还有辟邪之意，例如，为了趋吉避凶，一些中国人在自己“本命年”的时候，都会穿红内衣、系红腰带。

白色是自然界中一种基本的色彩，在不同的文化当中象征着不同的意义。例

① （美）阿恩海姆．色彩论[M].常又明译．昆明：云南人民出版社，1980.

如，在结婚时，西方国家的新娘会身穿白色的婚纱，日本新娘会穿白色带花的传统服饰，所以，在西方和日本的文化当中，白色表达的含义是干净和纯洁；在朝鲜，男性的传统服饰是白色的，人们称自己为“白衣民族”，可见朝鲜民族对白色是非常崇尚的；在韩国，当送人礼金时，人们会用白色的信封包装，韩国国旗在设计时更是以白色为底色。而在中国文化当中，白色通常用来表示一些不吉利的事情，此外白色还代表着死亡与鬼魂。例如，中国人在举行葬礼时会穿白色的孝衣，出现在电影中的鬼魂也大多是身穿白色的衣服，看望病人送白色的花被认为是不吉利的。除此之外，现代中国汉语中还有“白军”与“白色恐怖”的表述，在中国，人们经常用白色表示反革命，与红色革命相对。

黄色在中国传统文化中备受推崇，其实一种非常高贵的颜色。究其原因在于中华文明的发源地是黄土高原，传统农耕文明中的中国人对黄土非常崇敬，而土地的颜色是黄色的。由于人们尊崇中华民族的祖先为“黄帝”，于是黄色成为中国古代皇帝特别使用的颜色，即皇帝的龙袍是黄色的，故宫的颜色主要是黄色，而普通人不能随便穿黄色。可以看出，在中国古代，黄色象征着高贵、尊严和辉煌。

此外，黄色与黄金的颜色一致，黄色也衍生出财富之意。在英语当中，黄色表现的含义与之不同，电话号码簿，用“yellow pages（黄页）”表示，政府重要文件则用“Yellow Paper（黄皮书）表示。”

根据以上分析可知，不同文化中的颜色词象征的意义存在较大差异，因此人们在跨文化交际当中是很容易产生误会的。

（二）动物词

不同的文化对动物有不同的态度。因此，在不同的文化中，动物词也象征着不同的意义，表现出不同的情感色彩。龙在中国是一种非常高贵的动物，是中华民族的象征，中国人称自己为“龙的传人”。在中国古代，龙不仅象征着皇权，还代表着威严和神力。随着时代的发展，龙也被赋予了新的意义，在现代中国，龙通常代表着吉祥、财富与成功。龙在汉语当中是一个褒义词，例如龙凤呈祥、望子成龙、龙马精神、龙腾虎跃等等。此外，出于对龙的喜欢，很多家长也用“龙”给出生在龙年的男孩起名，还有一些家喻户晓的明星也非常喜欢用“龙”取名，例如成龙、李小龙等等。与中华文化相反的是，“dragon”（龙）却是一个贬义词，其象征着邪恶、霸气和侵略，在西方的古典文学当中“dragon（龙）”被描述为一种口中喷火的庞然大物。“龙（dragon）”在中西方文化中代表的意义差别巨大，因此在2006年新浪网还专门报道了一篇学者关于龙的形象和名称的大讨论，为了降低跨文化交际中的误解，有的学者认为在翻译“龙”这个词语时应当用音译过来的“Toong”表示，而不再用“dragon”表示。

在跨文化交际中，“狗”也是一个容易让人们产生误会的动物词。在中国传统文化当中，狗通常象征着负面的含义，狗的形象容易使人产生负面的联想，而一些与狗相关的词语也大都含有贬义，例如，“狗仗人势”“狼心狗肺”“走狗”“癞皮狗”“丧家犬”等，从这些词中也不难看出中国人传统上对狗持有的态度。狗的含义虽然在汉语中是贬义的，但在英语当中却是褒义的，一般表达的都是正面的意义，例如“love me，love my dog（爱屋及乌）”“work like a dog（拼命工作）”等等。“you lucky dog”的意思是“你真幸运”，当人们说出这句话时常带有羡慕与亲密的语气，但是在汉语当中用狗作为人的形容词时，则是对人的一种侮辱，狗在这时常常象征着一种奴性，暗示着人对上司的巴结，例如，“他就是一条走狗”，其贬义色彩十分明显。但是，在西方国家，人们常常将狗作为自己的一个家庭成员向他人介绍。

除了“龙”和“狗”之外，还有一些动物词在不同文化中也具有差别很大的象征和联想意。例如，猫头鹰在中国被认为是一种不吉祥的动物，人们通常将它与不幸或死亡联系在一起，因为其叫声常常使人产生不祥的预感，“夜猫子进宅，好事不来”这一俗语便可看出中国人在传统上对猫头鹰的态度。与中国文化不同的是，在希腊文化当中，猫头鹰通常是智慧的象征。再如蝙蝠，在中国文化中是吉祥的象征，在西方文化中却是不吉利的象征，在传统中国年画当中常常可见蝙蝠的形象，因为“蝠”与“福”谐音，但是在西方国家，人们认为蝙蝠常常使人联想到死亡。此外，动物词“牛”在中国文化中的联想意义通常都是正面的，在中国，“老黄牛”“孺子牛”“拓荒牛”传递出艰苦奋斗、创新发展、为民服务的美好精神，但在日本文化中“牛”的联想意义却是负面的，常常使人联想到愚笨和懒惰。

（三）数字词

最初，数字词只是对数字的指示，但随着社会的发展，数字词在不同文化中也逐渐具有不同的象征意义。数字“八”在中国文化中具有吉祥的含义，因与“发财”的“发”谐音，人们通常将其认为是财富和好运的象征。在很多地方都能看表现出国人对数字“8”的偏爱，例如在给汽车上牌照时会偏爱末尾号是数字“8”的牌号，在买手机号时也喜欢末尾数是“8”的；做生意的人喜欢选择8号作为开业的日子，即将结婚的新人也喜欢选择 8 号举行婚礼；此外，北京奥运会的开幕仪式也选择在 2008 年 8 月 8 日晚 8 点举行。数字“八”在中国受到广泛追捧，不仅可以看出中国人对数字“8”的偏爱，还从侧面反映出当代中国经济的发展状况以及国人财富观念的变化情况。与中国相同的是，数字“八”在日本也象征着吉祥，从人们对这“八”字的写法中就可以看出这一点，“八”字从窄处越写越宽，也预示着越来越顺利。

因为“四”在汉语、韩语和日语中都与“死”在发音上具有相似性，所以在东亚文化中，普遍认为“四”是一个非常不吉利的数字。上文提到，中国人在选择车牌号和电话号码是非常喜欢末位是“8”，与之相对的是人们讨厌末位是“4”的号码。同样在日本与韩国，人们也非常不喜欢“4”这个数字，一些医院和高级公寓在标注楼层时甚至都不标明第 4 层。

数字“九”在所有个位数字中是最大的一个，所以其在汉语表达中也代表了一种最高的境界，中国文化中通常也认为“九”是一个象征吉祥的数字，因为“九”与“长久”的“九”谐音。中国古代的帝王常常用“九”字来表达自己拥有至高无上的权力，即“朕是九五之尊”。与之相反，数字“九”因与日语里的“苦”谐音，所以“九”在日本文化中是一个不吉利的数字，“苦”有痛苦之意，所以日本人也因此特别不喜欢含“49”或者是“94”的数字。

数字有单双、奇偶之分，不同性质的数字在不同文化中象征着不同意义。在中国文化中，偶数象征着和谐与圆满，所以中国人非常崇尚偶数。例如，中国古代的诗词歌赋中讲究语句的对偶，在建筑结构中讲究对称，为了图吉利，大多数人也挑选偶数日子举办婚礼，在饭店点菜时也经常点双数。在中国人看来，结婚用双喜字、礼物是双数，举办婚礼时也选择在双数日子举行，预示着以后一对新人的日子会幸福美满。此外，汉语当中很多都是双音节的词汇，成语也通常是由四个字组成的，中国人对偶数的偏爱也折射出中国文化对和谐与平衡观念的重视。与中国不同，日本和韩国则更偏爱单数。在日本文化中，结婚时避免使用双数，因为日本人认为双数容易拆分，含有离婚的含义。日本人在参加他人婚礼时，也必须准备单数钱的红包。韩国人则认为单数属于阳数，在韩国，人们认为构成万物的基本元素有三个，即“天、地、人”，“一”代表阳，“二”代表“阴”，“三”代表阴阳的结合，“三”是最完美的数字，所以，韩国人尤其喜欢数字“三”。“三”在韩国被认为是吉利的数字，但是在越南文化中则与之相反，人们认为“三”是不吉利的，例如，在照相时，很少三个人在一起合照，做生意的人也尽量避免在逢 3 号的日子出门。

三、语用与文化

（一）礼貌原则与策略

礼貌原则是影响文化语用规则的重要因素之一。礼貌不仅可以在交际过程中起到维护交际双方均等地位的作用，还可以有效促进交际双方的友好关系发展。虽然人们在说话时也同样遵循合作原则，但是大多数人通常丢掉合作原则来维护礼貌原则，由此可以看出礼貌原则的重要性。礼貌原则包括特体准则、慷慨准则、赞扬准则、谦虚准则、一致准则以及同情准则。

不同的文化对礼貌的各项准则的重视程度是不同的。东方的国家例如中国和日本更加注重礼貌原则中的谦虚准则；而西方国家则比较注重礼貌原则中的特体准则；处于地中海地区的许多国家就比较注重慷慨准则。当受到他人赞美时，中国人在回应对方时遵循的准则是不同的，通常大多数中国人则比较谦虚，回答的是“哪里哪里”；而美国人通常对他人表示感谢，遵循的是礼貌原则中的一致准则，回答的是“谢谢”。

中国人的礼貌特征有四个方面，即尊重、谦逊、热情、文雅。同时，中国人所遵循的五条礼貌准则，即贬己尊人准则、称呼准则、文雅准则、求同准则以及德、言、行准则。在这五条准则当中，中国人最注重的是贬己尊人准则。

面子的概念是相对礼貌而言的，有学者认为面子指的是一个人努力在公共场合中获得的个人形象，在交际过程中人们均有积极面子和消极面子的两种面子需求。在与他人沟通的过程中，期待他人的尊重、认可甚至是欣赏的面子被称为积极的面子；消极面子是指希望自己有权自由选择自己的行为，即在与他人交流的过程中，希望他人不要强迫自己，希望他人不要干涉或阻碍自己的行为。许多语言行为其实在本质上就会给人的面子带来一定的威胁，为了有效减轻这一威胁，人们在讲话时就要采取礼貌策略。然而，多种因素也制约着礼貌策略的使用，这些因素一般包括说话者和听话者之间的权力距离和社会距离，言语行为的施加程度等等。

在影响礼貌策略使用的因素当中，不同文化的人对权力距离和社会距离有不同程度的理解和关注。在注重等级观念的国家中，人们认为影响人们使用礼貌原则与策略的重要因素是权力距离，而在等级观念没有那么严重，注重地位平等的国家当中，人们通常认为影响人们使用礼貌原则与策略的重要因素是社会距离。

不同语言中理解和实施与礼貌相关的语言行为的特点是早期的跨文化语用学的主要研究方向。由 Blum-kulka 等在 20 世纪 80 年代开展的 CCSARPCCROSS-

Cultural Speech Act Realization Patterns 项目是其中最有影响力的研究[①]。这个项目比较了八种语言中“请求”和“原谅”两种语言行为，并调查了不同文化语境下语言行为的常见策略和礼貌程度，以及影响语用策略选择的文化因素。此项目的研究对象为学习第二语言的学生，在研究过程中考察分析了这些学生对目的语的语言行为是如何理解并实施的，此外，还考察了他们对礼貌程度是如何判断的。本研究具有重大的意义，不仅有助于加深第二语言学习中关于文化学习的特点，而且还能够有助于了解语用迁移与语用失误。

（二）与礼貌相关的言语行为

与礼貌关系的言语行为多种多样，其中称呼语、称赞语、道歉语以及请求语与之关系最为密切，它们是跨文化语用学研究最多的语言行为。下面将重点讨论这几种言语行为在跨文化交际过程中的相同与差异之处。

1. 称呼语

在语言交际当中，称呼语是一种最为常见的言语行为。人们基本的礼貌行为就是在与人沟通交流时要使用得体的称呼。从人们对称呼语的使用中可以了解到不同文化的人对社会关系的理解程度。称呼语一般分为面称与叙称两种类型。关于称呼语的称呼形式也有两种，即亲属称呼和社交称呼。本书对于称呼的研究主要是面对面的交际称呼。称呼语因受民族传统观念、社会形态以及价值取向的影响，因此，不同文化在使用称呼语时呈现出不同的特点。

中美两国关于称呼的形式有各自的特点。1964 年学者们对美国英语中的称呼形式进行了划分，他们认为称呼形式主要包含三种类型，即相互称名、相互称“职衔 + 姓”以及一方称名，一方称“职衔 + 姓”。1989 年我国学者陈松岑将中国的称谓语划分为七种类型，即亲属称谓、职业称谓、职务称谓、通称、姓名称谓、人名称谓以及不称，并在《礼貌语言初探》中进行了详细描述，他认为在这七种类型的称谓语中，亲属称谓、职务称谓和姓名称谓最容易引起跨文化交际误解[②]。

在大多数集体主义文化中，人们在交际过程中都会使用亲属称谓。这是对家庭关系在人际交往中重要性的一种反映。亚洲的一些国家普遍都具有使用亲属称谓泛化的特点。在中国文化当中，中国人在使用亲属称谓时通常会根据对话人的辈分、年龄以及谈话的场合进行选用，以免发生亲属称谓使用不当的问题，造成尴尬局面。中国人在社交过程中普遍使用的亲属称谓主要有“爷爷、奶奶、大伯、

① Blum-kulka，S.and Olshtain，E.Requests and apologies：A Cross-Cultural Study of Speech Act Realization Patterns（CCSARP）[J].Applied Linguistics，1984（05）：196-213.

② 陈松岑.礼貌语言初探 [M]. 北京：商务印书馆，1989.

大娘、叔叔、阿姨、大哥、大姐”。然而，在使用英语交流的国家，人们通常很少在社交场合使用亲属称谓。在称呼父母的朋友时，人们通常使用“叔叔 (Uncle)+姓名”或“阿姨 (Aunt)+ 姓名”的形式，但这种形式不适用于称呼陌生人。在西方文化中，“老”的概念是禁忌，因此老人的“老爷爷、老奶奶”称呼非常罕见，因为使用这种称为很容易引起对方的不适。

“职衔 + 姓氏”的称呼形式在很多国家被认为是一种礼貌而正式的称呼形式。这种称呼在东南亚国家最常见。在西方国家，地位不同或相同的人在称呼对方时更喜欢使用对方的名字。有些美国人就会要求陌生人在初次见面时直接说出自己的名字。然而，与美国人相比，英国人在称呼上更加正式。在称呼社会地位较高的人和老年人时，英国人通常使用“职衔 + 姓氏”的形式，只有不同职位的熟人才使用互称名字的形式。此外，其他西方国家也更喜欢直接使用正式的称呼，如法国和德国。

在跨文化交际中，免姓称名的称呼形式也容易引起误解。在西方文化中，处于兄弟姐妹、朋友、上级和下级关系的双方在交际时，经常使用互相称名的形式。我们经常认为，在美国，有些孩子可以直接叫父母的名字，这实际上是一种误解，因为美国是一个离婚率相对较高的国家，尽管再婚家庭的孩子可能会直接称呼继父或继母的名字，但他们不会直接称呼亲生父母的名字。在中国，免姓称名的称呼方式通常只出现在家人和朋友之间。此外，对于通常以丈夫（妻子）或男朋友（女朋友）的身份表达配偶或情人之间的亲密关系时，交际双方在交际过程中会直接称呼对方的名字。例如，一个名叫“张丽”的中国女人通常只被她的丈夫或男友称为“丽”。如果外国人对中国的称呼规则了解不够，他们会对这种称呼形式产生误解。例如，张丽的外国同事叫她“丽”，这会让张丽感到非常尴尬。

2. 称赞语

称赞语在人际交往中发挥着重要的作用，为了构建良好的社会关系，人们常常使用称赞语。在与人打招呼、表示感谢或抱歉以及引出话题时均可以使用称赞语。跨文化交际当中，称赞语的使用非常普遍，但是如果使用不当容易造成尴尬的局面。称赞的对象、内容、频率以及回答方式因文化的不同存在较大差异，若掌握不够，很容易引起跨文化交际误解。

汉语称赞语的句式十分集中。虽然汉语称赞语的主要句式与英语存在相似之处，但是也存在明显的差异，即英语的第二种句式“I+like/love+NP”在汉语称赞语中很少使用，中国人并不采用这一形式来表达对某样东西称赞，因为使用“我喜欢你的……”这种形式来称赞别人的物品时，很容易给人留下贪婪的不好印象。

此外，对于这种称赞，大多数中国人都会认为他人是对自己的一种委婉或间接的请求。例如以下对话：A：我喜欢你的帽子。B：喜欢吗？送给你吧。由此可见，当A对B的帽子进行称赞时，B理解为A可能是想要自己的帽子。

称赞语在频率、内容和对象方面均体现出跨文化差异性。举个例子，在称赞频率方面，美国远远高于日本。对于称赞的内容，美国与日本也是不同的，美国人通常称赞别人的外貌和人品，而日本人在称赞别人时主要体现在才能和表现方面。对于称赞外貌而言，中国人因为重视内在道德素养以及崇尚含蓄的观念，不太喜欢对别人的外貌进行称赞，异性之间的两个人评价对方外貌的情况也比较少见，与中国相反，美国人则十分喜欢对他人的外貌进行称赞。针对这一情况，可以看出，美国人对他人外貌的称赞，一方面说明了美国人对称赞交际功能的重视，另一方面也体现出美国人对新事物以及变化的价值观的追求。美国人虽然喜欢对他人的外貌称赞，但需要注意的一点是，美国人在对他人称赞时，称赞的大多是其衣着打扮的变化，而不是其长相，因为人的长相是天生的并且不易发生改变的，而衣着打扮可以通过人为手段进行改变。所以，当美国人听到中国人称赞美国女生美丽、漂亮或者男生很帅的时候很容易感到尴尬甚至是惊讶。

称赞语的回答方式最大程度上体现了称赞行为的跨文化差异。1995年有学者将称赞语的回答方式划分为三类，即接受、拒绝与回避。在称赞语的回答方式上，英语国家的人一般采用接受的方式，当你称赞一个美国人时，你肯定会得到“thank you（谢谢）”的回答。与语国家不同，中国人在听到别人称赞自己时，往往进行否定，会有“哪里哪里”“不敢当以及您过奖了”等回答。这只因为中国人在称赞回答方式时遵循的是谦虚准则，而英国人和美国人在称赞回答方式上遵循的则是一致准则。如果中国人和西方人对他国的文化不够了解，均以各自的方式在交际中回答对方的称赞，就会在交流沟通中出现误解。

3. 道歉语

除了称呼语、称赞语之外，道歉语也是交际中十分常见的言语行为。道歉的功能是对冒犯行为的补救，其主要作用使社会关系与和谐得到恢复。由此可见，道歉实际上是一种补救措施。道歉语在内容和形式方面存在差异，在跨文化交际中，如果对一个国家的道歉表达不够了解，很容易产生误会。西方人将中国人很少说“对不起”的行为，看作是一种不讲礼貌的行为，并常常发出抱怨。实际上，在道歉使用场合和表达方式方面，中国和西方是存在很大差异的。外国学者将道歉策略概括为以下四种类型：第一，明确道歉；第二，解释或说明原因；第三，承担责任；第四，对未来做出承诺。有大量研究证明，虽然道歉语在使用场合和表达方式上有所不同，但是身处不同文化背景的人们在使用道歉策略上存在一定程度上的相似性。英语中关于道歉语的词汇主要有“apologize（道歉、认错）、forgive（原谅、宽恕、饶恕）、sorry（对不起）、regret（后悔；遗憾；哀痛；痛惜；惋惜）、excuse（为……道歉）、pardon（原谅；谅解；赦免）、be afraid that（担心、害怕……）”等，汉语中关于道歉语的词汇主要有“对不起、不好意思、原谅、抱歉、遗憾”等。道歉语也是一种在语言形式上高度格式化的言语行为。道歉语大多包括直接道歉和承担责任两个部分。

不同文化的道歉语均受到权力距离与社会距离的影响，影响程度也是不同的。美国的长辈对晚辈或上级对下级采用直接道歉策略的比重要高于中国人。在中国，下属如果在与其上司的约会中迟到了，下属可能会采用直接道歉、说明原因、承担责任以及允诺克制四种道歉策略，他可能回答道“领导，实在是对不起，我在路上堵车了，实在不好意思耽误了您这么长的时间，让您久等了，以后为避免这种情况，我会提前规划时间，早点出门。”相反，上司在与其下属的约会中迟到了，上司并不不会直接使用道歉语，可能只会说一句“我路上有点堵车”来表示抱歉。由此可见，在中国文化当中，道歉策略的选择深受权力距离的影响。但是与中国文化不同，在西方文化中，无论交际双方谁的地位较高（低），在表示道歉时，均会采用直接道歉的策略，例如“I am sorry.（对不起。）”“I apologize.（我很抱歉。）”

道歉语在跨文化交际中经常出现被误用的情况。对于“I am sorry.（对不起。）”以及“excuse me.（不好意思。）”两种道歉语，英语学习者常常分不清两者应该在哪种场合或情况下使用，极易出现语用失误。

早在 1978 年就有国外学者对此进行了分析，他们认为当对社交礼仪违背进行补偿时要用“excuse me.（不好意思。）”；而当一个人权利受到侵犯或者是一个人感情受到伤害而进行补偿时要用“I am sorry.（对不起。）”两者使用的场合存在差异，当你即将占用别人私人空间或者是将要打断别人的谈话时，要用“excuse me.（不好意思。）”来表示抱歉；而当你已经占用了别人的时间，或者踩了别人的脚时，使用“I am sorry.（对不起。）要比“excuse me.（不好意思。）”更为合适与得体。

第四节　跨文化交际之非语言交际

一、非语言交际

（一）非语言交际的概念

非语言交际作为跨文化交际的主要形式之一，是人类交际的重要组成部分。那么，非语言交际究竟是怎样定义的呢？下面几个具有代表性的定义可以帮助我们很好地了解什么是非语言交际。

（1）非语言交际指的是任何不使用语言进行的交际活动。

（2）非语言交际指的是一种交际双方通过交际渠道在有意识或者无意识条件下进行编码和解码的非语言行为。

（3）非语言交际包含一切在一种交际情景中发出者自己生成的及其利用环境形成的非语言刺激。对于发出者自己或者是接受者来说，这些非语言刺激均具有潜在的信息价值。

上面是关于非语言交际的三个定义，从这三个定义当中，我们可以了解到非语言交际的主要特征有：非语言交际包含任意一种使用非语言进行交际的交际行为；非语言交际涉及信息发送者和信息接受者通过交际渠道进行编码与解码的过程，具有互动性；非语言交际发生在一种特定的情境当中且与语境关系密切；非语言交际的发生既可以是有意的也可以是无意的。

关于非语言交际有多种多样的类型，但与跨跨文化交际关系密切的通常认为有四种：一是包含人的外貌服饰、面部表情以及在交际中产生的眼神交流、身体接触，甚至包括交际双方的手势或者是姿势等身体语言在内的体态语（Body Language）；二是副语言（Paralanguage），又称为伴随语言，包括音高、音量、语速、话轮转换（Turn-taking）等在内的伴随语言发出的且没有固定语义的声音；三是时间观念（Chronemics），又叫时间学，指的是人们对非正式时间的使用以及对非正式时间的态度和看法；四是空间利用（Proxemics），又称为距离学。涵盖个人空间、人体距离、座位安排、家具排列等多个方面。

（二）非语言交际的特点

1. 非语言行为可能是有意的，也可能是无意的

非语言行为可以是在有意识的条件下进行的，也可以是在无意识的条件下进行的。有些非语言行为只是某种生理反应或者是个人的行为习惯，但有的非语言

行为则带有明显的意图与目的。有意识的非语言行为包括很多种，例如为向别人展示友好和亲切，人们通常面带微笑；为展现自己独特的品味与时尚的个性，人们常常佩戴与众不同的首饰。有些无意识的非语言行为在跨文化交际中被理解为有意的行为时，常常会引发一系列的误解。例如，外国人常常把中国人用大嗓门说话误以为是双方在争吵，因此常常抱怨中国人说话声音太大。但实际上中国人在很多情况下说话音量大并不是与人吵架，而是形成了一种行为习惯，他们也完全没有意识到大声说话会让外国人产生误解。

2. 非语言行为具有文化规约性

非语言行为受到特定文化的影响，每种文化对非语言行为都赋予了特定的内涵与规则，然而，非语言行为与意义的关系并不密切。下面举例说明不同文化中非语言行为表示的不同含义，在西方文化当中，人们在表示“不知道”或“无可奈何”时经常使用耸肩的动作，但是在亚洲大多数国家中，耸肩只是一个非常普通的动作，并没有特别的含义，一般情况下，人们也不经常做耸肩的动作。同样的，非语言行为在一种文化中被认为是得体的，但是在另一种文化中则被认为是不得体的，甚至是对人的一种冒犯，例如，在中国长辈们通常用摸头的方式来表达对晚辈的喜爱，但是在泰国等信奉佛教的国家，触摸头部则是一种对人严重的冒犯，这说明，非语言行为具有文化规约性。

3. 非语言行为受到语境制约

除了文化会对非语言行为的含义与规则产生影响之外，语境因素也会对其产生制约。无论是交际双方的社会阶层还是受教育情况，或者是性别、年龄，甚至个人爱好，都属于语境因素的范畴。同样的非语言行为在不同的语境中会有着不同“评价”：某些语境中，它较为得当，但在其他语境中，它可能变得不太合适。例如，在西方文化中，人们非常看重“准时”问题，如果有人在某一正式约会场合（特别是与工作有关的）出现迟到行为，那么这将是十分不礼貌的。但是，如果换种场合，比如在人与人之间的社交场合，那么“迟到”就不再被难以接受。所以，当我们对不同文化的非语言行为所具有的特点进行理解时，不能一概而论，简单直白地进行概括，而是应当对具体语境加以考虑。

4. 非语言行为具有模糊性

明确性、系统性是语言行为所具有的特点，而非语言行为则与之相反，它呈现出的是“模糊性”。非语言行为并非都是有意的，有时候人们在无意识间也会表现出非语言行为。并且，交际语境也会左右人们对非语言行为含义的解读。因此，人们并不能简单轻松地确定非语言行为表达的含义、蕴藏的意图。由于这种

“模糊性”的存在，人们在进行跨文化交际的时候会变得更加困难。例如，在谈判场景中，如果谈判的双方有着相异的文化背景，那么当一方沉默不语的时候，另一方就无法从自身文化背景出发来判断“沉默行为”到底是代表默认，还是代表模棱两可，又或者是无声的拒绝。

（三）非语言交际的功能

了解完非语言交际的特点，我们还需要掌握它所具有的重要功能。许多学者都对非语言交际的重要性进行了反复强调，认为它在交际中发挥着无可替代的作用，并且非语言行为能够对大部分交际信息进行传递。非语言交际的主要功能表现为如下三种：

1. 传达真实的内在感情

强大的情感力量蕴藏于非语言交际之中。在对内心情感与态度进行表露时，我们常常不是用语言来叙说，而是将其呈现为非语言行为。相对应的，我们在交际过程中，也往往会寻找非语言行为的“蛛丝马迹”，从而对对方内心真实想法进行判断。有学者指出，如果某一交际场景同时出现语言交际以及非语言交际，那么它们表达的东西会有所不同。一般来说，“内容”由语言行为表达，而“态度”则由非语言行为表达。例如，当某个人得到了一件礼物，虽然他并不是很喜欢这件礼物，可是为表礼貌，他还是会客气表示“礼物很棒，我喜欢它”。然而，他在接过礼物时，无意间微微愣住，略皱了下眉头，实际上是通过非语言行为表现出了他对礼物的真实态度。如果赠送礼物的人能够注意到这点，就会从中读出收到礼物之人是否真心高兴。

2. 营造交际印象

在他人心中营造印象、吸引他人的注意力，是非语言交际的一项重要功能。例如，我们在进行面试的时候，往往会精心准备着装，并时刻注意自己的言谈举止，因为这些都是很重要的“印象分”。着装利落、举止大方的面试者，往往会给面试官留下不错的“第一印象”，同时，也会得到较多的关注。在人们进行跨文化交际的时候，如果想让对方对自己拥有较好的印象，就要多多注意自身的外表形象与行为举动，得体的形象与举止不仅能够更快地拉近彼此距离，赢得对方的信任，还能防止交际出现尴尬与中断，从而使交际在良好的氛围中继续。

3. 进行会话管理

除了上述两种功能外，非语言交际还有一项不容忽视的功能，那就是会话管理。在与他人进行会话时，我们时时刻刻都表现着非语言行为——会话时摆出的手势、给出的眼神、展露的表情以及和对方谈话时保持的身体距离，还有会话间隙的沉默。这些都指引着、解释着、强化着我们的会话交流。因此，如果会话双方有着不同的文化背景，当他们进行跨文化交际时，就可能由于使用不同的非语言行为对会话进行管理，从而导致出现误解与障碍。

（四）非语言交际与语言交际的关系

当我们在进行跨文化交际时，主要是通过语言交际、非语言交际两种渠道。尽管它们特点不同，但这并不意味着彼此是完全孤立的。实际上，两者在许多情境下都是相互联系、相辅相成的。在人们进行语言交际的时候，常常会随之产生非语言行为。有学者认为，非语言交际能够对语言交际提供重要支援，它可以重复语言信息、补充语言信息、代替语言信息、规范语言信息以及否定语言信息。

（1）重复：非语言行为对语言信息进行重复。例如，当大家在路上遇到路人问路，对方询问："体育馆怎么走？"，我们往往会一边回答"往东边走，在大厦后面"，一边顺势抬起手，指向东边。这时，我们的手势其实就是对语言信息的一种重复。

（2）补充：非语言行为补充语言中所展现的信息。例如，当我们走在路上不小心撞到了旁边的行人，在说"对不起"的同时，表情也会变得很不好意思。这时，我们的表情就是在对自己的道歉进行强调。

（3）代替：非语言行为对语言表达进行替代。例如，在十字路口，交警不会用声音去大吼着指挥交通，而是使用各种手势对司机进行示意。

（4）规范：非语言行为规范语言交际。例如，已经打响了上课铃，但教室内还是吵闹不停，老师将示指贴在嘴唇边对学生进行示意：安静。

（5）否定：非语言行为并非总是和语言表达的信息相一致，当它们出现矛盾的时候，也即语言表达的信息被非语言行为进行了否定。例如，在参加歌唱比赛的时候，一个人嘴上表示一点儿也不紧张，但他额角的汗、发抖的手和泛白的脸色，都是在否定他"不紧张"的话语。

二、跨文化交际背景下的非语言交际

（一）体态语与文化

1. 外貌服饰

很多人认为，交际就是"说话"，但实际上，交际所包含的部分非常广泛，比如我们的外貌、衣着，这些也都是交际的“参与部分”。在遇到一个未曾谋面的陌生人后，人们所产生的第一印象，往往来自于对方的相貌打扮，在跨文化交际中也是如此。如果一个人穿得干净整洁，那么其在我们心中的印象就会更好，交际时自然也更流畅自然、更轻松愉快。而如果我们在交际时衣着很不得体，那么不仅会让自己感到尴尬，也会让他人有着被冒犯的感受。

文化影响着人们的方方面面，同样也包括穿衣的方式。人们选择自己的衣着，其实也是对他们身处文化的审美观、价值观的反映。例如，受到宗教观念的影响，伊斯兰国家的妇女戴上面纱、身着长袍，在公共场所时会尽量避免让自己的身体出现暴露情况；而对于很多西方女性来说，她们的价值观注重个性，生活更加开放、随意，所以在穿衣时会选择那些性感的，能够展现自己身材的服饰，并以此为时尚。

我们再以教师为例，放眼世界，几乎各个国家、各个地区都认为教师的穿衣打扮应当以庄重、大方为主。然而，具体到选择怎样的衣服才能满足“得体”二字，就要依不同文化环境而定。比如，亚洲的很多国家（日本、韩国等），在工作时，教师通常会穿着非常正式的服装，男教师会选择西装，女教师则选择较为正式的套装。其原因为，“尊师重教”的传统与理念根植于这些国家，教师穿着正式，不仅是为人师表的需要，也是无形中对师道尊严的进一步强化。但是，当我们把目光转向美国，就会发现，美国课堂上教师的穿着就较为多样，一般取决于他们自身的风格与喜好。有些教师偏爱西装，有些教师喜好休闲装，甚至有些教师上课时穿的是旅游鞋、牛仔裤。这一现象由来于美国人较为随意的生活风格。

在对首饰的佩戴和化妆方面，不同的文化也体现出不同的情况。在西方国家，女性不仅喜爱首饰，更会对要佩戴的首饰进行精心挑选，使其能够和自己的衣着相搭配。相较于饰品的品质，她们更加看重饰品的款式，看重能否对个性特征进行彰显。除此之外，大多数的西方国家中，已婚人士（无论男女）通常都会戴上结婚戒指。结婚戒指代表着已婚身份，既表现出自身忠诚于婚姻，又能在交际场合中免去很多不必要的误会，省去诸多尴尬。而在中国，情况就有所不同。中国女性没有普遍佩戴首饰，即便佩戴首饰，也多倾向于佩戴金银首饰、珍珠首饰，更注重首饰的品质。并且，在中国，许多已婚人士，特别是男性，都没有戴婚戒的习惯。因为在中国人的观念中，总觉得戴着金戒指的男性举止张扬，有“暴发户”气质，容易给人留下较为负面的印象。

因此，在跨文化交际中，我们也要注意佩戴首饰的差异问题，否则就可能造成误会。例如，来自中国的已婚教师在和外国友人进行交流时，对方发现教师手上没有佩戴婚戒，就可能误会其仍旧单身。

对于化妆方面来讲，不同国家差异也较大。由于中国文化侧重于一个人的内在美，讲究含蓄内敛，所以中国女性化妆的偏少，并且偏好于淡妆。而其他国家，特别是西方国家，女性化妆就十分普遍。并且她们化妆时偏好浓妆，更多地展现自身个性。

在进行跨文化交际时，有时人们会因为个人卫生习惯而产生一定的误解。诚然，卫生习惯很大程度上受到一个人自身生活习惯影响，受到其身处物质环境制约，但是其实也能对人们的文化价值观进行反映。在西方，人们更多地追求个性，追求生活的变化，每天都要换一身衣服。而中国人则较少如此。在生活中，有的教师同一件衣服会连续穿一周，一些外国学生对此就会产生误解，觉得中国教师“不修边幅”，留下较为负面的印象。然而实际上，中国人较少天天换衣服的习惯，也是受到文化的影响。相较于外表，中国人更看重一个人的内在美德，假如某个人天天换新衣服，反而会让旁人觉得浅薄、浪费，觉得其过度炫耀自己。

以汉语教师为例，汉语教师常常要与外国人进行交际，所以对自身的形象要更加重视，用良好的面貌在跨文化交际中让对方留下更好的印象。

在这里，我们对汉语教师的穿着打扮方面提出一些建议：

（1）上课时，女教师穿衣要避开那些紧身的、无袖的、透明的，较为暴露的衣服；男教师穿衣要避开无领上衣以及短裤，时刻展现一名职业教师的优良形象。

（2）要对自己的个人卫生加以重视，在条件允许的情况下，最好每天都洗澡、换衣服。穿着整洁、形象清新，不仅让自己觉得舒适，也会在相处过程中让他人感受到愉悦。

（3）为了增添自信、彰显魅力，女教师可以适当地进行化妆，挑选适合的首饰进行佩戴。但是最好不要化浓妆，不要带特别夸张的首饰，因为这样学生在上课的时候就很可能被分散注意力，不利于课堂教学成效。

（4）要根据出席的场合、不同的环境选择自身的衣着与妆容。例如，我们应当穿着正装参加正式的宴会、仪式或社交活动，从而将自身良好的形象、风范更好地展示出来。

（5）在外活动或在家会客时，不要穿着睡衣。

2. 面部表情

当我们内心发生情感变化时，常常会流露于面部表情，这也就是常说的“想说什么全写在脸上”。在交际的过程中，很多人都会通过观察对方的表情，从而确定其内心真实想法。

文化不同，人们面部表情的情感流露也有所不同。有的文化含蓄内敛，因而人们的面部表情也较为平和，少有大幅度的变化，难以被看出内心想法；有的文化较为开放，身处其中，人们也会有着丰富的面部表情，无论欣喜、恼怒、悲伤、快乐，都一览无余。例如，拉美国家、阿拉伯国家的人往往有着较为丰富的面部表情；再如，西班牙、意大利等国，在公共场所如果看见男性哭泣，那是一件再正常不过的事情。但与之相反的，身处东亚国家的人们，尤其是男性，表情往往较为平静，不会有特别大的波动。当西方人面对中国人安静而温和的表情时，便总会产生一种“对方难以捉摸（inscrutable）”的印象。实际上，在英语中，按照本义来对“inscrutable”进行翻译，就是“因为缺乏面部表情，所以别人不能了解其内心想法”。

由于文化不同，人们对“情感流露”问题理解各异，在面部表情的运用方面也有着不同的见解。对于日本人来说，在公共场所，如果一个人能够处变不惊，无论感到气愤、悲伤还是高兴、爱慕，都能进行自我克制，不表露于面色，那么这个人就是更加成熟的、更显智慧的。对韩国人来说，如果一个人频繁微笑，那么这个人就会给他人留下浅薄、轻浮的印象。而对于中国人来说，更是“男儿有泪不轻弹”，如果男性在公众场合，在旁人面前哭泣，别人就容易认为他是软弱的。除此之外，身处集体文化中的人们也会对自身内心的负面情感进行克制，因为在集体之中直接表达负面情感，容易导致争端，不利于人与人之间和谐共处。

在人与人交往过程中，我们常常会做出微笑的表情。但就是这样一个极为常见的表情，却很容易在跨文化交际中产生误解。通常情况下，人流露出微笑的表情，是想要表达愉快的心情和友好的态度，然而在亚洲文化中，微笑被赋予了更多的含义。当一个人在微笑的时候，不仅是表达其内心的快乐，更有着害羞、尴尬等含义，人们甚至在生气、拒绝、否定的时候也会表现为微笑。在日本，当人们内心十分痛苦的时候，会选择以微笑对其进行掩盖。当我们观看日本电影时，也许会看到这样的画面：虽然刚刚经历了亲人去世，可是在待客的时候，男主人依旧压抑着内心的痛苦，选择微笑面对。对于欧美人来说，这样的非语言行为十分陌生，并且很难理解。例如，在西方课堂上，当老师提问时，来自亚洲的学生会应对以微笑。老师就会产生困惑：微笑难道不是想要回答问题吗？可为什么学生不进行回答？实际上，这里的微笑并非表示想要积极回答问题，而可能有着两种意思：其一，不会回答问题，用微笑不语含蓄地对老师的提问进行拒绝；其二，有些不好意思，害羞地进行微笑。当老师无法从这种非语言行为中读出学生内心真实意愿时，误会也就此产生。

除此之外，“向谁微笑”和“在哪里微笑”，这些都会受到文化的影响而有所不同。身处东亚国家的人们很少会对陌生人微笑，特别是很少会对陌生的异性微笑。假如一个女孩看到一个陌生男性对自己露出微笑，她会感到不安，怀疑对方是否“不怀好意”。假如一个女孩对陌生男孩微笑，那么在一些人眼中，女孩会有些“轻浮”。对于德国人来说，他们的微笑也更多地给予相识之人，而非陌生之人。但是，如果我们走在美国的街道上，走在美国乡村、小城镇上，时不时就会看到陌生人对自己点头致意，笑着打招呼。如果没能了解这些非语言行为背后的含义，也有可能会产生误会。

亚洲人不习惯于对陌生人予以微笑，其实也是受到了价值观的影响。当人们处于集体主义文化之中，就会非常注意“圈内”与“圈外”的区别，也会分别用不同的方式来与陌生人、熟悉的人进行交际。同时，微笑也受到“权力距离”的影响。如果处于权力距离较大而非较为讲求平等的文化中，那么下级会更多地对上级展露微笑，相对应的，上级对下级的微笑较少。

3. 眼神交流

我们总能听到这样一句话，“他有一双会说话的眼睛”。有时候，无须语言，只用一个眼神，我们就能彼此交流，从中读懂对方的意思。眼神交流同样深受文化的影响。在有些文化中，用眼神进行交流是很正常的、有礼貌的行为，但在有些文化中，过于直白的目光可能令对方感到不敬与冒犯。

在西方国家，人们进行交谈时喜欢直视着对方的眼睛，这被认为是对谈话内容有兴趣，也是一种自信的体现，坦然而又诚实；如果在谈话过程中目光总是闪躲，不肯与对方有触碰，反而会在对方心中留下“不专注”“不真诚”等不好印象。然而，在东亚或是拉美的一些国家则恰恰相反，如果人们在交谈过程中与对方眼睛进行直视，那么则会被认为是不尊敬，或者是一种挑衅。下级与上级进行交谈、晚辈与长辈进行聊天时，更不能予以直视，而应低眉顺目，表现出谦和恭敬的态度。例如，在传授学生面试技巧时，日本教师给出的建议之一就是面试交流时目光落在面试官鼻子与下巴的中间。

4. 姿势

无论站、坐，包括蹲、跪，都属于姿势。在进行交际的过程中，人们不仅要看他人的相貌衣着、行为举止，还会观察对方的姿势，从而对其性格、修养加以判断。当然，我们也要看到，文化不同，姿势的得体标准也会不同，不能全然一概而论。

提到日本人，我们总会想到他们的“鞠躬”。日本人在见面时会行鞠躬礼，这既是对对方的问候，也表达了对等级、社会地位的尊重，是对正式礼仪的重视。当日本人向尊者进行行礼时，鞠躬姿势越低，那么就越发表示出其内心的尊重。当地位低的一方遇到地位高的一方时，前者要先向后者鞠躬，同时，鞠躬的姿势也一定要低于对方。而假如双方有着相同的地位，鞠躬时的姿势和鞠躬的时间长短就需要一致。然而，对于“鞠躬礼”，不同文化的人们往往有着不同的看法。例如，2009 时，美国总统奥巴马对日本进行访问，就向日本天皇深深鞠躬，这一举动在美国受到了许多批评，批评者认为，美国人并没有鞠躬的习俗，更何况身为国家领导人，向其他国家元首进行鞠躬的做法是很不妥当的。

同样的，我们的坐姿也能够体现出文化的差异。虽然很多国家的人在交流时都会找一把椅子来坐，但阿拉伯人则不同，他们喜欢席地而坐。日本人也有所不同，他们的房间里铺着“榻榻米”，吃饭聊天都喜欢坐在“榻榻米”上进行。同时，对于日本人和韩国人而言，男性可以盘腿而坐，这是十分常见的坐姿，但女性则不能这样，坐时只能跪坐，否则就会被视为“不文雅”。

在西方文化中，蹲姿也是一种不那么文雅的姿势。在欧洲人心目中，中国游客在公共场所蹲着是一种不文明的习惯。很多西方人来到中国后，上厕所还是想找坐便，非常不习惯蹲便。然而在中国，蹲着是一种很常见的姿势，尤其是在农村，人们会在田间地头蹲着吃饭，在村口蹲着聊天。当然，蹲着的人更多为男性，因为中国的女孩子从小就被父母教育蹲着的姿势是不文雅的。

由于中西文化不同，上课时，教师的站姿、学生的坐姿也有着很大的差异。我们可以看到，中国的学生上课时往往坐姿挺拔，少有弯腰驼背，纪律性很强；而在西方，学生坐姿就“东倒西歪”，追求舒适性、随意性，老师也不会去要求学生的坐姿，因为老师自身的站姿也很随便，有时候老师讲到兴起，还会坐到讲桌上，更近距离和学生进行互动。但在中国，老师通常都是站着讲课，除非年龄较大的教师或是生病情况下才会坐在座椅上。这是因为，对于中国人来说，如果教师姿势随便，过于放松，就会影响师道的尊严，也很难形成严谨的治学态度。

5. 身体接触

在非语言交际方式中，身体接触占据非常重要的部分。身体之间的接触，常常伴有强烈的感情色彩，相对应的，也会更多地受到文化影响，从而产生较大差异。在跨文化交际中，因为对身体接触的理解不同，经常会产生误解，出现尴尬情况。例如，中国人很难适应西方人打招呼时亲吻面颊的方式。

在对世界上的各种文化进行分类时，西方学者曾经将其分为“接触文化”和

“非接触文化”，其中又可细分为高接触文化、中等接触文化和低接触文化。高接触文化包括拉美文化、阿拉伯文化和地中海文化；中等接触文化包括英、美、德和北欧国家的文化；低接触文化包括东亚、东南亚国家的文化。例如，日本人见面并不会握手，仅仅是互相鞠躬，鲜少会有身体上的接触；中国人在和陌生人见面时也只是握手，不会再有别的身体接触。同时，中国人深受“男女授受不亲”的传统思想影响，在身体接触方面，异性之间有着更多的禁忌。

放眼全世界，握手应该是各国人民最常使用的见面礼仪。然而，即便如此，不同文化中的握手方式也有所区分。对于西方人而言，他们在握手时会先紧紧握住，继而立刻分开，不会紧抓不放；但中国人就不同了，会先握住对方一只手，再将另一只手一并搭上相握，而且越想要表示热情，握得就会越有力，时间也会越长。在跨文化交际时，如果中国人对西方人这样握手，则有可能令对方感到尴尬与窘迫。

当然，不仅仅只有文化影响着身体接触的方式，不同的场合、不同的交际对象，也会对其产生制约。例如，尽管中国位于低接触文化范畴之中，在身体接触方面，异性有着诸多禁忌，但是对于同性朋友之间就没有过多的限制。在中国的大街小巷，我们常常会看到女孩子彼此手拉手、挽着胳膊，而在酒馆中，也能看到男人互相拍打肩膀，称兄道弟。不过在西方社会，如果同性之间有着过多的身体接触，可能代表着另一层含义——比如同性恋关系。因此，对于一些刚刚来到中国的西方人而言，当他们看到中国女孩手牵手，或者看到中国小伙子搂着肩膀，就有可能对这种非语言行为产生误解。

尽管拥抱、亲吻都是阿拉伯人常有的见面礼仪，然而在很多阿拉伯国家，男性不会与女性进行握手，更不要提其他方面的身体接触了。而在美国，人们也不是和谁见面打招呼都拥抱和贴面亲吻的，实际上，他们和陌生人打招呼也更多的是彼此握手，而且，一般只有在异性之间或女性之间才会进行贴面礼，如果是两个不相熟悉的男性，他们也是不会在打招呼时互相贴面的。不同国家的人在行贴面礼时也有不同，如法国人一般是贴面两次或四次，而比利时人、瑞士人则要贴三次。在身体接触方面，如果没能对不同文化的规则与使用要求有深入的、全面的了解，那么尴尬情况就会时有发生。因此，为了避免出现尴尬与误会，在跨文化交际中，我们要更多地对特定语境中身体接触的规则与含义进行掌握。

（二）空间利用与文化

空间利用也是非语言交际的重要内容。通过利用空间的方式，我们可以看出人际关系在特定文化中所表现出的特点，还可以看出不同文化之间存在的差异。如果人们利用空间的方式不同，那么当他们在一起进行交流的时候，就很可能因为未加注意而在跨文化方面产生误会、发生冲突。

1. 个人空间

在每个人身边都围绕着一种无形空间，我们将其称之为“个人空间”。任何人对个人空间都是存在需求的，而除非我们自己对他人进行邀请，否则对方是不能够进入到我们的个人空间的，如果“不请自来”，毋庸置疑是一种冒犯。

有学者认为，个人空间范围有大有小，而我们和其身边人的关系，我们的心情好坏、文化背景，以及进行的活动，都会对空间范围造成影响。

而在这其中，文化对个人空间的大小则起到不容忽视的作用，尤其是文化中的“隐私观念”。对于西方文化而言，个人隐私是至关重要的事情，而个人隐私中就包括个人空间。同样的，西方人非常敏感于个人空间问题，如果出现对个人空间进行侵入的问题，他们会有十分强烈的反应。因此，我们可以看到，同样是乘坐电梯，西方人往往会站姿笔直，目不斜视，表情十分严肃，这其实是个人空间被侵占后的一种紧张、警觉的表现。

贸然闯入他人个人空间，很可能会引发严重的误会和冲突。在美国曾经发生这样一场悲剧——日本留学生被枪杀，因其误入了美国住宅院子。悲剧的原因之一在于，当这名日本留学生误入住宅院子时，院子主人使用“freeze”一词让他停止，但日本学生并没有听懂。通过这起事件，我们也能看到美国人非常重视自己的个人空间、个人领域。

在对个人空间处理方面，德国人和美国人有不同的观念和做法。在德国人看来，个人空间延续着自我。他们有十分敏感的自我意识，所以在对私人空间进行维护时，会用尽一切方式。在德国，办公室往往会有十分厚重的门，这扇门会在工作的时候紧紧关闭，因为如果工作时开着门，在德国人眼中会显得轻率，并且是对规则的不遵守。但美国人就有所不同，“门”在他们心中，是一种信号，代表着是否可以进入个人空间。在工作时，美国人往往会让门保持敞开状态，表示办公室属于公共空间，他人可以进入；然而一旦他们在工作时将门关上，那么就意味着门内属于个人空间，外人不要进行打扰。

西方人还会在其他方面对个人空间概念进行延伸。比如，在西方，对于孩子的日记和书信，家长一般不会随便翻看，因为这是属于孩子的隐私，如果没有征得孩子的同意而查阅，会引起他们的反感；再如，当客人进行拜访时，无论是身处办公室还是客厅，都不会随意拿起照片、书刊等进行翻阅，这是尊重他人隐私的表现。

而中国人对个人空间的态度则有所不同。因为集体主义价值观对中国人有着很大影响，加之中国人口众多，有着较为拥挤的生活空间，所以相对于西方人而言，中国人没有非常强烈的个人空间观念，也不会敏感于是否占用了他人的个人空间。比如，工作时，即使办公室的门处于关闭状态，然而如果同事想要进去，往往也只是随意敲一敲门，或者直接推门而入；而在家庭中，各个家庭成员房间的门也往往都是敞开的，因为对于中国人而言，家人是一个整体，彼此之间不存在隐私；再如，办公室桌上、客厅桌上放着的书与照片，人们也常常会直接翻阅，不觉得那是什么隐私。由于在个人空间的观念和对待方式上存在差异，中国人与西方人进行交际时，就有可能出现误会，如西方人认为中国人缺乏礼貌。

以下为一些关于空间利用的建议：

（1）对当地人利用空间时表现的特点进行细心观察，避免无意识做出一些事情，让当地人感到冒犯。

（2）当身处电梯中，或者身处拥挤空间时，不要旁若无人地大声讲话。

（3）要更多地留意自己与他人之间的身体距离，并保持在合理状态，不要靠得太近。特别是在对当地风俗没有了解的情况下，不要贸然与他人有身体上的接触。

（4）如果需要从别人身边走过，最好事先说一句“对不起”。

（5）到他人家中做客，或者到他人办公室时，看到一些感兴趣的书刊、照片，要先征得主人同意，才能够进行翻阅。

（6）进入公共场所，或图书馆等区域时，如果想要坐在座位上，那么最好先向座位旁的人进行询问，看看是不是无人的空位。

（7）当乘坐交通工具时，不要在排队时进行拥挤，不要对座位进行抢占。

2. 人体距离

在利用空间时，还有一个非常重要的维度，那就是人与人之间身体的距离。人体距离同样有着跨文化差异。有这样的一个故事：当一个来自美国的人和一个来自阿拉伯的人交流时，美国人感到彼此距离过近，因此一直后退；而阿拉伯人则一直觉得彼此距离过远，所以身体不断往前，最后两个人都到了墙角……彼此都觉得非常尴尬。这也说明了文化会影响到人与人身体间的距离，也会导致人与人之间交际中出现误解。

北美人的谈话距离可以按照以下四种情况进行划分：

（1）亲密距离：（0.45 米以内），是一种较为亲密的关系，适用于家人、恋人和亲密朋友之间。身处亲密距离之中，人们会有经常性的身体接触。

（2）私人距离：（0.45—1.2米），是一种较为友好的关系，适用于熟人或一般朋友之间。私人距离中的身体接触较少，人们交谈时的声音大小也较为正常。

（3）社会距离：（1.2—3.65米），是一种适用于商务或一般社会交往场合的距离，表示社交关系。交流双方往往不太熟悉彼此。

（4）公共距离：（3.65米以上），是一种较为疏远的关系。在讲课、演讲等公共场所活动中，又或者在和具有较高社会地位的人见面的正式场合，人们常常保持这种距离。

不过，并不是所有的文化都能够使用上述有关标准。例如，对于美国人而言，在并非正式的聚会上，如果两个人仅仅为普通朋友关系，那么他们之间谈话时的身体距离大约是0.9米，相当于个子高的人的一条手臂的长度。在谈话时，身体距离太过靠近或者太过远离都会有着不同的含义。假使一位男性和一位女性交谈时距离小于0.9米，在旁人眼中，代表他们有一种更亲密的关系，否则会令人感觉到一种冒犯。然而，对于拉美国家而言，他们在和刚刚认识的人进行谈话时，身体距离大约会保持在0.6—0.8米，这和美国人是有所不同的。那么，试想这样一种场景：一位来自拉美国家的女性和一位来自美国的男性进行交流，此时他们之间的距离是0.6米，这就容易对彼此关系造成不同解读：美国人会认为两人之间是比普通朋友还要亲密的关系，但在拉美人眼中，可能觉得彼此仅限于普通朋友。

文化价值观的差异同样体现在人与人之间身体距离的远近上。通常而言，如北美国家、英国、澳大利亚等将个体主义文化视为主流的国家，人与人之间在交谈时身体距离往往较远，这是源于对个人隐私、个人独立性的重视，源于对个人空间被侵入的敏感性。但是身处集体主义文化的人们则有所不同，他们非常重视彼此依靠，在同一个集体中的成员无论工作、生活还是休息、娱乐，都有一个相对较近的距离。

同时，影响人体距离的因素还有地理环境。我们可以看到，在国土面积辽阔、人口密度小的国家，由于人们有着较大的平均空间，因此人与人之间的距离也相对较远。而像中国这样人口众多的国家，尤其是大城市，人口密度很大，人们早已习惯了拥挤，因为人与人之间的身体距离也相对较近。

在人与人身体距离远近的问题上，由于文化所产生的差异，也会引起跨文化交际的问题。例如，很多西方人在中国学习、工作时，都很不习惯于中国人的排队方式，因为排队时往往“人挤人”，人与人之间距离非常近，有时还会出现身体上的接触。因此，有些西方人会发出抱怨，觉得中国人不守秩序，也不尊重他人隐私。

3. 座位的排列

人们对人际关系的理解，同样体现在座位的排列方式上，并且，座位的排列还会以一种直接或微妙的方式对人际交往产生影响。人们在看到座位排列后，往往会根据自己的文化习惯对他人的地位进行推测。例如，在美国人看来，地位高的人会坐在桌子两头；而中国人则会下意识地认为，桌子中间的人拥有更高的地位。

很明显，座位的排列受到文化价值取向的影响。在中国、日本、韩国等东亚国家，人们会按照聚合式的方式来对办公桌进行排列，从而更方便于员工之间进行交流沟通。这种排列方式其实是在对合作、协调进行强调，体现的是集体主义价值观。但是在西方国家，人们会按照分散式的方式来对桌椅进行排列。每一名员工的桌子或是面对墙壁，或是彼此之间以隔板进行分隔，其更加注重个人隐私，注重独立性与工作效率，是个体主义价值观的体现。

涉及正式宴会中的座位排列时，不同的文化会有各自较为严格的规定。例如，对于亚洲的许多文化而言，在排列座位时，主要强调尊卑有序。最年长的人或者最重要的客人的座位通常是在离门最远且面对着门的地方，而主人则会坐在对方的身旁。辈分最低或地位最低的人，则会坐在离门最近的地方。然而在西方却并非如此，当排列座位时，最基本的规则是男女分开入座。如果桌子是长方形的，那么桌子最远的两端则分别是男主人、女主人的位置。男主人旁边位置留给最尊贵的男客人、女主人旁边位置则属于最尊贵的女客人。

对于像普通聚会这样的非正式社交场合而言，文化之间的差异也会影响座位的排列。例如，在英美国家，交谈双方关系不同，则在交流时入座的位置也会有所不同。当两人在桌子一角两侧落座时，体现的是彼此较为友好的关系；当两人并排落座时，体现的是更为亲密的关系；但当两人面对面而坐，他们之间的关系可能有些疏远，甚至会暗含竞争。所以，在英美国家，陌生人会面对面落座，而情侣、夫妻才会并排落座。不过，在中国又是另一种情况，对于中国人而言，普通朋友也会并排而坐，就算是较为正式的场合，主客双方初次见面时也喜欢并排而坐，从而体现出彼此的亲近与友好。在跨文化交际中，这种在落座方式上的差异也很容易引起一些误会。

具体到教育环境中，桌椅在教室中的不同排列方式，也折射出教学理念、师生关系模式的差异。虽然学生年龄、人数、教室格局等因素都会对教室内桌椅的排列产生影响，但文化观念起到的作用也是不容忽视的一部分。通常来讲，教室中座位排列方式有以下较为常见的三种：

（1）一字形排列。教师讲课时站在前面，而学生的座位则面朝教师。在中国，教室的前方往往还会设置一个讲台。这种一字形排列方式主要对以教师为中心的讲课模式进行突出，同时对师道尊严进行强化。

（2）马蹄形排列。同样是老师讲课时站在前面，但桌椅排成马蹄形，学生围坐桌旁。这种马蹄形排列方式更有利于强化老师与学生、学生与学生之间的交流，强调师生之间平等的沟通，这种方式被更多地使用于西方国家的课堂上。

（3）圆圈形排列。学生被划分为若干小组，在不同的桌旁围坐。圆圈形排列更加有利于开展小组活动。这种布局方式多被使用于西方国家中小学课堂或以交际法模式为主导的语言训练课堂。

第四章　跨文化交际中的英语翻译

本章为跨文化交际中的英语翻译，主要介绍了四个方面的内容，分别是文化认知与跨文化交际的关系，跨文化交际与英语翻译，跨文化思维模式差异与翻译，跨文化交际中的英汉词汇、句式与语篇翻译。

第一节　文化认知与跨文化交际的关系

一、与文化认知相关的理论

（一）文化认知的概念

心理学对认知进行研究，得出这样的结果：它是大脑进行一系列活动（如思考、记忆、感知、认可）的过程。每一种文化的风格都是独特的，有着独属于自己的内涵，而对这些文化元素、文化特征进行综合理解，实际上就是“文化认知”。因此，文化认知的本质其实就是把握文化、学习文化。

20 世纪 20 年代产生了文化认知的概念，美国语言学家萨皮尔（Sapir）表示，语言有一个环境，它不能脱离社会继承下来的传统与信念。而在此之后，美国语言教学专家 C.C. 弗里斯（C.C.Fries）也倡议人们在学习外语时，要对“文化”加以重视，特别是要重视文化之间存在的差异，并且对不同的文化进行比较。

在跨文化交际的过程中，交流双方都需要对彼此的文化进行更加深入的了解，这样才能使得沟通真正流畅、有效。因此，跨文化交际的基础就是“文化认知”，它起着不可忽视的作用。

（二）与文化认知相关的理论

1. 元认知理论

在认知心理学中有一个概念非常重要，那就是“元认知”。20 世纪 70 年代，美国心理学家弗拉维尔（Flavell）提出了元认知理念。弗拉维尔表示，主体认知、调节自身的认知活动，即为“元认知”，也就是说，它是认知主体对认知活动关注、调控的知识以及能力。

元认知知识、元认知体验、元认知监控共同组成元认知。元认知的本质就是人类的自我意识和自我控制的认知活动。

认知主体、客体以及认知策略是元认知知识的构成部分，也就是学习者在学习过程中对自身的学习能力、学习的目标任务以及学习方法策略的理解。而元认知策略指的是人们主动地、有意识地通过运用元认知知识对学习任务进行计划、监控，并进一步调整与评估。作为一种学习策略，元认知策略层次更高，并且紧密关联着执行学习、管理学习，它是学习不可或缺的构成部分。在培养交际文化认知自主学习能力的时候，元认知策略发挥着重要作用。

2. 心理图式认知理论

在认知心理学中，有一种细腻的结构能够对人类知识进行代表，那就是心理图式。心理图式包括一般知识、抽象知识，是一种知识框架、计划或脚本。组成心理图式的知识源于个人从前学习的知识、积累的经验，其可被用于引导个体编码信息、组织信息、提取信息。

简单来说，在心理图式的帮助下，交际者能够对自己的知识进行更加有序的组织。每个人的认知行为都根植于自身的认知模式，这种认知模式是固定的，形成于其身处的文化社会。我们可以通过心理图式的方式来对事物以及人类的行为发展进行观察与判断。

同时，认知心理学对知识进行划分，将其分为“陈述性”知识与“程序性”知识。陈述性知识是明白某件事情属于事实，而程序性知识则指的是懂得要怎样去完成某件事情。

对于跨文化交际者而言，心理图式的物质基础即为文化认知。因此，他们不仅要拥有陈述性文化认知，还需要对程序性认知进行熟悉。当他们同时兼具这两种文化认知后，当身处特定交际环境中时，就能将相应的正确心理图式建立起来，保证达成更为成功、更为有效的交际。

二、文化认知与跨文化交际的关系

（一）文化认知与文化差异的理解

跨文化交际归根结底是两种文化之间进行的交流。这一个“跨”字，包含有

“之间”“相互”“互动”和“对立”四种层次。

“之间”指的是文化之间；“相互”指文化间的相互关系；互动则强调不同文化的互动性；而“对立”，顾名思义，就是两种文化相互对立、对峙。

不难发现，第一、第二、第三层次中，跨文化交际呈现出积极状态，是非常正向的，但在第四层次中，跨文化交际显露出消极的一面，并且这种文化之间的差异与对立还会造成沟通方面的问题，使得交际难以顺利进行，严重的还会导致误会与冲突。

在看待其他文化时，我们常常习惯于从文化角度出发，还常常将其代入进自身所处的文化背景里，却很少去对那些文化形象背后更深层次的意义进行分析与探究。当我们越少了解其他国家相关的文化知识，就会越难从客观角度对其进行理解，从而更容易在跨文化交际中产生冲突与误解。而在认知与其他国家有关的文化知识的过程中，往往还会受到多种因素影响，如政治因素、历史因素、社会环境因素等。所以，想要对文化差异进行更好的理解，我们就要不断对文化认知进行加深。在加深文化认知时，不仅可以通过直接学习的方式，还可以通过直接体验、参与培训等渠道进行。

（二）文化认知帮助理解文化表面特征

当我们进行文化认知时，常常会出现一定的“刻板印象”。“刻板印象”是一种较为肤浅的理解，有时来自于教科书、媒体报道，有时来自于自身的第一印象。实际上，刻板印象是一种“概括”，这种概括可能有对的地方，也可能有错误的地方，总之具有局限性，是不完备的。有的刻板印象较为准确，因为它的来源并不局限于书本。举例来说，一个人的真实所见所闻、与其他旅行者交流得来的信息、媒体的报道等，都可以是准确刻板印象的来源。我们期望得到准确的刻板印象，它并非是一种没有得到过检验的偏见，而是来自于所积累的经验，对于其所涉及的群体、国家来说确实具有一定的普遍性。

在我们与他人进行互动时，如果能够把刻板印象当作一种暂时的基础，那么它就能够更好地保障交际的顺畅、有效。例如，有学者对美国、墨西哥商人的谈话进行研究，得出一个结果：针对时间观念方面，美国商人和墨西哥商人对彼此都有一定成见。在美国商人眼中，墨西哥人是“香蕉人”，他们往往会在不严格时间规定下，很轻松地同时做几项工作；而在墨西哥商人眼中，美国人都是“机器”，认为美国人一次只做一件事，偏向于线性、有序地工作。而在双方进行跨文化交际的时候，上述刻板印象其实可以成为一种基础，帮助彼此调试、协商工作风格，从而推动工作更加高质、高效地进行。当我们对刻板进行准确理解时，其实就是在对文化表面特征进行理解。

（三）文化认知深化理解文化的差异性

人类对自我进行完善的基本手段之一就是扩展文化、延伸文化，这是由文化认知的性质、特征决定的。在对文化表面特征进行学习后，跨文化交际的双方会对文化差异予以更多的注意。在这个过程中很可能出现文化震荡，我们也许将经历蜜月期、危机期、复原期、双文化适应期，而在最后能够以更加理性的思维对文化差异进行分析、比较。随后，我们会开始慢慢接受并理解这种差异的存在。在这个过程中所积累的经验将为我们适应不同文化提供很大的帮助，同时也将提高我们在进行跨文化交际时的敏感性。通过对文化进行对比，我们还能够学到许多文化特征——虽然未曾亲历，却能认知与了解。

（四）文化认知促进文化交际能力的提高

总的来说，跨文化交际的基础就是文化认知的内容。文化认知能够为我们理解文化表明特征提供帮助，还能够使我们更好地理解不同文化之间的差异。因此，无论跨文化交际采用何种形式，最终都要依赖于文化认知。

只有真正对彼此的文化知识进行了解与认知，我们才能够实现更加满意、更加有效的跨文化交际。在进行跨文化交际时，我们并不只是对文化进行适应与吸收，还要在与他人真诚的对话中实现交流与学习，从而一起为改造世界、助推人类发展做出贡献。

文化差异能够被减少，但不会彻底消失。而在进行跨文化交际时，我们要分别从宏观维度（地理、历史、社会）和微观视角（与文化认知相关的词汇、语境、语用）对文化差异进行解读，对其存在的合理性加以理解，并了解其所具有的、不能被代替的价值。在持续的沟通交流中，跨文化交际双方可以取得良好沟通效果，对那些人为且不合理的界限进行跨越。

文化认知的过程就是我们先对文化进行表层理解，再逐渐实现对文化内涵的深层次理解，最终，立足于他人视角看待自己的文化，实现跨文化交际的成功。

三、文化认知对跨文化交际的影响

（一）与词汇相关的文化认知对跨文化交际的影响

文化以语言作为载体，而语言也是一种具有特殊性的文化现象。各个民族的语言将人们所有的劳动经验、生活经验储存其中，是一个已经建立且可以学习的社会群体。而在语言系统中，最激烈、最突出、最明显的文化组成部分当属“词汇”。身处不同文化之中，词汇也被给予了不同的意义，可以说，每一个词汇都对一定的对象、现象进行着代表。

语言学家这样描绘词汇文化：每种语言中的社会产物、风俗习惯和文化方面的特征都会被反映于词汇差异之中。最能对社会、文化特征进行反映的是词汇，而最容易被社会、文化影响的也是词汇。词汇中有着大量的习语与典故，这些都含有十分丰富的文化内涵。所以，就算一个人在语音、语调、语法上能力出众，如果他不能够很好地对词汇所包含的文化内涵进行理解、掌握，也是不能实现有效交际的。

由于目的语和母语有着不同的文化背景，因此身处不同文化语境下的词汇在词的内涵上会有特定的文化意义，这也会对跨文化交际产生障碍，容易出现误解。

比如说，成语典故。对于成语典故来说，我们不能简单地对其字面含义进行理解，因为它们往往来自于古代经典著作，来自于历史故事，来自于人们口耳相传的故事。其所表达的含义，总是蕴藏于字面意义之中，需要进行深入理解与挖掘。成语典故通常带有很强烈的感情色彩，或褒义或贬义，用某件事情来进行比喻。例如，中国的成语“滥竽充数”“朝三暮四”“刻舟求剑”“南辕北辙”“画饼充饥”，都有着独特的来源，文化内涵十分丰富。当然，其他文化中同样有着自己的习语。例如，An Apple of Discord，如果单纯从字面上进行翻译，就是“纠纷的苹果”，而实际上它所表达的含义为“祸根”“争斗之源”。因为它来源于荷马史诗《伊利亚特》（Iliad），来自于一个希腊神话故事。在希腊传说中，爱琴海海神涅柔斯的女儿西蒂斯（Thetis）嫁给了阿耳戈英雄珀琉斯（Peleus），他们向奥林匹斯诸神发出邀请，请其参加婚礼宴席。然而，或是有意，也或者是无意，专司不和的女神厄里斯（Eris）并没有收到邀请。她恼怒至极，做出决定，要让充满愉快的婚礼现场产生纷争与不和。婚礼当天，厄里斯女神不请自来，并将一个刻着“献给最美之人”的金苹果悄悄放下。为了这个金苹果，天后赫拉（Hera）、智慧女神雅典娜（Athena）和爱与美之神阿芙罗狄蒂（Aphrodite）争执不休，在她们心中，自己就是这个“最美之人”，理所应当得到金苹果。三位女神争不出结果，便去询问众神之父宙斯（Zeus），希望他能给出回答。然而，宙斯也十分犯难，于是将难题抛给特洛伊王子帕里斯（Paris），请女神们找他进行评判。见到帕里斯后，三位女神各自对其许诺，开出诱人的条件：赫拉表示，将给帕里斯至高无上的权力，让他成为富饶强盛国家的君主；雅典娜表示，将给帕里斯智慧与力量，让他成为胜利的英雄；而阿芙罗狄蒂则说，可以让世上最美丽的人类女人爱上帕里斯，成为他的妻子。一番犹豫过后，帕里斯将金苹果交给阿芙罗狄蒂，选择了世上最美貌的人类女子。然而，帕里斯的选择遭到了赫拉、雅典娜的仇恨，她们和特洛伊结下了难解之仇。阿芙罗狄蒂得到了金苹果，也兑现了自己的诺言——她让绝世美女海伦（Helen），也就是斯巴达国王墨涅俄斯的王后与帕里斯相爱，并帮助海伦与帕里斯私奔，而这也引发了长达10年的特洛伊战争。由此可见，这一枚被厄里斯女神留下的金苹果，既导致了三位女神的纷争与不和，也导致了两国之间的战争。只有了解这一背景，我们才能对“An Apple of Discord”进行真正的理解，否则，将难以明白对方想表达的真正意思。所以，在跨文化交际过程中，我们要做到如下两方面：其一，对于那些对方难以理解的成语典故，尽量不要使用，以免词不达意，最好用简明易懂的语言表述自己的想法；其二，我们自己也要多多了解目的语国家的习语、俚语，了解其背后的典故，从而减少不必要的误会与错误，增强理解准确率，进而全面对跨文化交际的成功率进行提升。

（二）与交际环境相关的文化认知对跨文化交际的影响

跨文化交际是特定交际环境中的一种社会行为。词汇文化的学习是一种物质条件，必须由特定的环境产生。因此，对交际环境的文化知识是跨文化交际成功的保证。

跨文化交际的一个重要因素就是交际环境。在不同文化中，交流环境不一样，带来的交流效果也就不一样。沟通环境包括两种，一种是具体的，一种是广泛的。具体的沟通环境是指沟通情境、角色关系、关系等因素；广泛的沟通环境涉及文化、民族心理等因素。这些环境因素影响着跨文化交际双方的交际效果。为了避免跨文化交际的失败，双方必须对交际情况有一定的了解。他们对交际环境的了解越深，对实现跨文化交际的敏感性和理解力就越强。

交际环境还分为强交际环境文化和弱交际环境文化。强交际环境文化意味着在交际过程中，更多的信息要么包含在社会背景中，要么内化到说话者的内心，只有一小部分信息在话语中直接而清晰地被表达出来。在弱交际环境的文化中，交际过程中产生的大部分信息都是由显状语码负载。相对而言，它在一个隐含的交流环境中只包含少量信息。在强大的交际环境中，人们对微妙的环境更敏感。然而，在弱交际环境中，人们强调语言本身的交际能力。

有学者提出了四条与弱沟通环境的特点相对应的沟通原则：直接表达原则、相关原则、质量原则和数量原则。这四个沟通原则可以帮助我们比较强交际环境文化和弱交际环境文化之间的差异。

根据直接表达的原则，在强交际环境中，言语通常委婉或隐藏言语的意义，从而表达是间接的；弱交际环境文化强调直接表达，语言可以传达说话者的真实意思。例如，当一个善于直接表达的人对某事不满意时，他说“这件事情做得不对，你应该这么做。”，而一个善于间接表达的人说：“这件事情还有很多进步的空间。”

根据这样的原则，弱交际环境下的交际，强调演讲主题，直接表达情感；在一个强交际环境中，交际涉及许多委婉、模糊和语义不明确的词语。这也对听者提出了很高的要求，他们不仅仅要听到词语本身的意思，还要继续推理，得到后面隐藏的意思。这种沟通上的差异，就是一件事情听到两种结果的原因所在。

根据质量原则，在弱交际环境下，人的表达会更加明白易懂，说话更自由，直接表达自己的观点，真正反映自己的感受。在一个强大的沟通环境中，人们通常会隐藏自己的真实感受，寻求与顺从强势的一方，来保证能够建立和谐的关系。这就可以通过说话人的社会数据，如社会背景、地位等来预测说话人的行为。

此外，在一个强大的沟通环境中，对话中会有许多停顿和沉默。这些不通畅的表达，带来的效果往往是令人不满意的。说话多的人往往会给人留下负面印象，因为他们时常停顿，就好像是在编造谎言，十分不可信任。诚实的人认为他们说话少，这涉及人们对沉默的态度。

（三）与语用相关的文化认知对跨文化交际的影响

在跨文化交际中，如果我们忽视其在社会因素的背景和语用层面，只是简单地掌握表达的手段和功能，就会导致语用失误的发生，影响跨文化交际的有效交流，人与人之间的交流就会有一些滞涩。但在某些情况下，遵守文化规则就成了一剂良方，遵从这个规则，我们就可以在交流当中有一个基本准则。人们经常使用类似的积极恭维策略、消极恭维策略和间接恭维策略来保护彼此的面子。有学者指出，“面子理论”是用来解释语言中的礼貌，在与陌生人交谈的时候，人们都会倾向于夸赞对方，这是出于一种礼貌的心理因素，礼貌原则在不同的文化中是不同的。这也成为跨文化交际中语用交际的主题。

言语交际是一种社会现象和一种社会行为，因此在人与人之间的交际当中，就会受到社会交际准则和文化影响的制约。不同文化的人生观和价值观，往往体现在常用的问候语、致谢语和深入的思想交流当中，它们都具有交际者的文化属性。这就要求我们了解不同国家的文化内涵历史，学习从对方的文化角度体会和认识事物，正确识别和理解不同文化的行为功能，熟悉和掌握不同文化的言论和行为的方法。只有这样，跨文化交际的成功率才能更大程度地提高，这都是语言策略的魅力。

文化差异不可避免地影响人们的语用行为，这都是因为人们都生活在不一样的文化背景之下。不同文化背景的人在表达道歉、尴尬、谦逊和问候方面有不同的实用规则，在组织信息、实施合作原则和礼貌对话原则方面也有不同的方式。在这样的前提之下，误解往往就很容易产生。如果在跨文化交际过程中，说话者不适应时间和空间，不看对象，不管交际双方的身份、位置和事件，违反独特的文化价值观，交际行为就会中断或失败。结果是交际不能达到预期的效果或完美的交际效果，导致语言交际面临障碍，从而导致跨文化语用失误。

（四）与非语言交际有关的文化认知对跨文化交际的影响

我们将无须语言就能传达意义的行为和特征定义为无言交流。非言语行为是一种强有力的交流方式。它具有普遍性、相对性和文化制约性的特点。尽管一些非语言知识是通用的，可以作为跨文化、种族或国际交流的语言，其中大部分仍然受到文化限制。由于文化差异，潜知识在不同的时间和空间有着不同的含义。这种文化约束使得在交流过程中，隐性知识的意义变得模糊，简单来说，就是人们表达得不太直白的内容，会有很多种解释。粗心会导致误解或冲突，尤其是从文化的角度来看，解释他人发送的非语言信息更容易出错。无言行为也因文化而异。除了情绪感受或情感表达，它还旨在支持面对面交流和亲密关系。

无言交流之所以能传递如此多的信息，主要是因为它使用了大量的非语言渠道，比如说我们“五感”当中的一些内容。其中一些路径取决于我们的视觉，而另一些路径则取决于我们的声音、触觉和嗅觉。由于文化限制，这些方法非常变化多样，它无法表达出一种让所有人都有共识的一个标准内容。因此，在跨文化交际中，提高文化意识和谨慎解释是避免误解的出发点。

下面，我们将重点介绍几种非语言信息交流的方法。

（1）目光交流

俗话说，眼睛是心灵的窗户。柏拉图的一段描述就十分生动形象：当使身体保持温暖的柔和火焰成为从眼中流出的均匀而细密的光流出时，就在观察者与被观察者之间形成一座可感知的桥梁，来自外部物体的光线刺激沿着这座桥到达人眼，最后从眼睛到达大脑。因此，眼神交流在许多重要的人际关系中扮演着重要的角色，但不同的文化有不同的影响。人眼不仅可以说话，而且是心灵的窗户。眼球运动的次数就能表达出我们内心隐藏的一些情绪。眼睛的任务是表达喜悦、期望、悲伤、消失和绝望。

此外，不同文化背景的人用眼睛交流的方式也不同。欧洲、拉丁美洲和中东的一些文化在某些情况下不允许眼神交流。例如，人们应该避免与当局者的目光接触，以表示服从或尊重。在美国黑人文化中，看着对方的眼睛被认为是一种敌对行为。日本人的眼睛通常会落在对方的脖子上，导致对方的脸和眼睛反射在他们的眼睛边缘。他们认为眼神交流是英国人和美国人厌恶的粗鲁行为，因为这被认为是不诚实和缺乏热情的。在汉语当中，目不转睛表示盯着人看，也意味着惊讶和好奇，而英语当中则意味着粗鲁、尴尬或沉默不语。因此，在交际中，交际失误是不可避免的，只有通过不同文化之间的相互理解才能消除。

（2）面部表情

人类的面部表情是不断变化的。快乐、生气、悲哀、厌恶、害怕、惊讶这六种情绪表达是很容易识别的。

在不同的文化中，表情的表达方式是独特的，尽管它们通常是一致的。出于生理原因，当来自不同文化背景的人处于快乐、愤怒、悲伤和喜悦的心理状态时，他们通常会有相似的表情。有些表达方式因文化而异，这就是个性。比如对英语国家的人民来说，微笑是一种友谊的表达方式，而对中国人无缘无故地微笑会让他们感到莫名其妙。虽然大多数人类表达方式都是相似的，但不同的文化对于在什么情况下表达什么样的情感以及表达多少情感有不同的规则，这使得不同文化的表达方式在意义上有所不同。

（3）动作和手势

手势在人与人之间的交流中也起着重要作用。不同的文化背景赋予手势不同的交际功能，同一个手势可能具有不同的文化含义。例如，拇指朝上在美国意味着“没问题”；对俄罗斯人和中国人来说，这就是接受、满足和幸福；对英国人来说，这意味着在路边要搭便车。日本人用拇指来代表男性的重要角色，如父亲、丈夫、老板等。把你的小指举高，以表明像母亲、妻子和女佣等女性为低的角色。在中东国家，竖起大拇指就像美国人竖中指一样，是一种旨在冒犯对方的挑衅行为；在美国竖大拇指的意思是没问题（好的）；在日本竖大拇指的意思是铜板或钱；在突尼斯竖大拇指的意思是“我要杀了你”；在法国竖起大拇指的意思是笨蛋或愚蠢的。

综上所述，与文化认知相关的微观内容有四个方面：与交际环境相关的文化认知、与词汇相关的文化认知、与非言语环境相关的文化认知和与语用相关的文化认知。在跨文化交际中，如何正确理解和使用它已成为交际者面临的一个重要问题。跨文化交际的成功率取决于这些技能和灵活的应用。

第二节　跨文化交际与英语翻译

一、跨文化交际与英语新闻翻译

（一）新闻英语翻译中的跨文化意识

在现如今高速发展的全球化舞台上，我国与外界的交流越来越频繁，人们越来越渴望能及时得到有关世界各地的信息。而英语新闻就能很好地承担这个功能，由于英语在世界上使用的普遍性，因此它就成为人们了解世界最方便的方式。然而，由于英语水平有限，许多人无法理解英语新闻，因此有必要翻译英语新闻，以便其更广泛地被世界各地的人接收。

由于新闻的报道不是单一的，它报道的内容可以说是纷繁复杂，人们能够想得到的方面它都可以涉及，比如关于突发事件，关于领导人的讲话，关于大大小小的文化输出，因此翻译英语新闻确实是一种跨文化交际行为，译者在翻译英语新闻时必须具备跨文化意识。所谓跨文化意识，是指译者的思维方式和对不同语言背后的文化因素的敏锐评估。建立这种意识，是作为译者的一种职业本能，这有助于译者保持高度敏感性，这种敏感性是对词语表达的，这种敏感性可以让译者准确理解新闻语言背后隐藏的文化信息，克服文本转换中文化差异的障碍，在尊重语言规则的基础上，翻译内容能充分、准确地表达原文的思想内容，实现了新闻英语的准确翻译。可以说，跨文化意识是译者必须具备的最重要的翻译技能之一，也是更好地翻译英语新闻的前提。

（二）英语新闻中的翻译原则

由于新闻报道包含着丰富的社会文化信息，也是一种文化交流的重要手段，所以这就要求译者在翻译英语新闻时，要特别注意识别和理解新闻语言背后的文化内涵，而不仅仅是按照词语的本意来翻译。然后运用恰当的方法，在具体翻译理论和原则的指导下，准确翻译英语新闻。

1. 英语新闻中句子的翻译

中西文化的差异造就了中西思维方式的差异，这体现在英汉词汇和用法的巨大差异上：英语具有抽象分析的特点，汉语具有直观综合的特点。而作为新闻稿件来说，除了及时更新，记者还必须结合事件来提交稿件，通常没有太多时间来处理和润色新闻稿。因此，新闻中的英语句子往往很长，结构松散，句子中往往包含许多插入语。所以，译者应该结合这个特点，在翻译英语新闻的时候应该注意到英语当中的逻辑层次，另外译者在翻译时还需要厘清句子中各成分之间的意义，然后结合中国人的思维方式和表达习惯，合理改变词性，调整句型，避免僵化的西式直译，只有做到了这些，才能尽量避免译文读者在阅读中的产生的理解障碍或偏差。

2. 英语新闻中历史事件与人物的翻译

在英语新闻报道中，经常出现历史事件和人物。这是一个国家的重要文化元素，这些元素当中常常表达着超越历史事件或人物的深刻含义。要翻译这些历史词汇，译者必须充分理解事件的相关特征和背景，要知道每一个人物所代表的一种精神，否则翻译的内容将无法传达意义。翻译此类词语时，译者应帮助读者更好地理解译文，需要在直译的基础上补充例如人物故事之类的必要的基本信息。

语言和文化密不可分，各民族的语言都带有本民族文化的印记。因此，翻译受到源语言和目标语言文化的限制。信息的翻译本质上是语言和文化之间信息交流的保存。所以译者不仅要研究语言的文化内涵，建立跨文化意识，还要掌握两种语言的写作习惯，在两种文化语境当中变通，然后运用适当的翻译方法，处理文化差异，只有这样，在翻译英语新闻信息时，才能尽可能全面准确地向读者传达原文的思想内容和文化信息，从而实现英语新闻的准确翻译。

二、跨文化交际与英语旅游翻译

在翻译的过程中，经常会出现两种文化不完全对等的情况，这是由于不同文化的客观差异性导致的。译者在翻译的时候，要以对方的理解认知作为落脚点，在翻译过程当中兼顾到不同文化差异所带来的问题。在具体实践中，我们要不断提高跨文化意识，掌握不同文化环境的知识，用相对准确的翻译来向别人介绍历史人物或景点位置，使听众或读者能够根据自己的文化了解其他地区的文化。旅游英语翻译中的跨文化意识可以从以下几个方面提高：第一，了解西方文化习惯，这有助于我们掌握地道的表达方式；其次，增强英语思维模式，促进文化对接；

最后，根据语言环境灵活使用不同的翻译策略。基于文化理解的翻译不仅需要忠实原文还要展现出文化底蕴，这要求译者既要英语功底深厚，又要有对中文的精准掌握程度。

综上所述，在跨国旅游中，旅游英语翻译必须注重可传达性和可操作性，翻译的目的不仅仅是语言的解释和表达，更重要的是信息和文化的传递。译者需要根据不同思维方式、文化背景和宗教信仰等因素，准确系统地把握中外文化内涵的差异，并以此为依据，基础灵活处理各种“不对等”的信息，同时进行适当的创作加工，在转变语言形式的同时充分尊重双方的文化内涵。

第三节　跨文化思维模式差异与翻译

一、跨文化思维模式差异

人类看待事物、观察世界并进行认知、推理的基本模式，可以被称作思维模式（thought pattern）。思维方法、思维形式、思维路线、思维倾向等基本要素和思维顺序都是它的主要内容。它是所有文化当中最为隐含的文化内涵之一，是一切文化尤其是传播文化的深层基石。人们在漫长的历史发展过程中，用经验和习惯加强对客观现实的理解，用语言创造思想，赋予思想一定的模式，进而形成一种思维方式。不同的民族不仅有不同的民族文化，而且有不同的思维方式。

思维模式的差异，反映了使用该语言数千年的民族形成的心理语言倾向，因此每种语言都体现了使用该语言的民族的思维特征。由于某些历史和生活条件（包括地理、气候、环境）以及经济和社会制度的限制，在经过数千年的发展之后，英汉两个民族在思维模式上存在一些差异，这通常会导致他们表达同一种意思时会产生不同的语言表达方式。在英译汉的过程中，这种差异往往被忽视，译者往往按照自己的思维模式来翻译句子，这使得翻译不清晰，难以理解，因此在翻译实践中，译者有必要考察源语和目的语之间思维模式的差异及其语言表现，并了解这种差异对翻译的影响，从而尽量减少或避免由于对思维模式的转变缺乏足够的关注而造成的负面影响，并减少或避免误译现象。

（一）中国人重整体思维，西方人重个体思维

整体思维是指将认知对象的所有部分看作为一个整体，将其各种属性、方面

和关系结合起来。个体思维是指将一个完整的认知对象分解为不同的组成部分，或将其不同的属性、方面和关系分解开来。

在中国文化中，传统思维方式最重要的特征是直觉的整体性；而西方思维方式的主要特点是注重分析的逻辑性。中国所有的哲学都是从人的心灵体验出发，对生活和社会的感悟，并将感悟一直推导到对自然的认识；西方哲学最基本的出发点是“本体论”，它以逻辑方法为第一原则。西方哲学认为，生命的意义在于理解客观的本质世界，人们在理解世界的本质时产生思想。

中国传统哲学主张世界是一个整体，包括人与自然、主体与客体。整个事物包含不可分割的部分，要理解每一部分，我们必须先理解整体。注重整体和谐，注重全面概括，强调多个统一的理念，反对孤立的个体理解，不能以偏概全。因此，中国哲学的思维方式和语言观倾向于追求整体性和概括性，注重理解，具有“整体思维”的特点。此外，中国人更喜欢平行、均匀的结构，这实际上也是由于对整体思维的重视。

西方文化认为人是万物的中心，坚持“主客相分”的哲学观点，人处于制高点，与自然相对分立，应支配和改造自然，而不是因为顾及自然的发展而限制个人的发展。西方文化注重个体成分的独立作用及相互关系，注重细节分析，寻求精确和具体，强调形式结构和规则制约，突出从小到大，由部分到整体，强调“由一到多”，具有“个体思维”的明显特点。具体到语言上表现为不求全面、周到，但求结构上的严谨性。如这一段例句，译成英文为：“Nowadays you will have to give presents on almost every occasion：presents for childbirth，on the birthday of the aged，to show your care when somebody is ill or some help to make arrangement for somebody's funeral.”译文结构严谨，但已淡化了原文中“生老病死”的整体思维观念，而突出了个体。此外，英语行文以散行为主，从本质上讲，这也是偏重个体思维的产物。

（二）中国人重直觉经验性思维，西方人重逻辑实证性思维

中国传统思维注重实践经验，注重整体思考，因而借助于直觉体悟，即通过知觉从总体上模糊而直接地把握认知对象的内在本质和规律。中国人对事物的理解更多地满足于对经验的总结和对现象的描述，而较少满足于对现象背后事物本质的感性认识和哲学思考。英美思想传统历来重视理性认识和实证分析，主张通过各种实证分析得出科学客观的结论。换句话说，西方思维具有强烈的实证主义、理性和思辨色彩。它注重形式分析和逻辑思维，形成理性思维模式。

这种差异体现在英语注重形合，汉语注重意合。换句话说，英语注重使用各种有形的连接手段来实现语法形式的完整性。它的表达形式严格受逻辑形式的支配。术语定义清晰，句子组织良好，层次衔接良好，句法功能开放；汉语的表达是由思想引导的，似乎概念、判断和论证都不严格，句子松散，句法功能模糊。如“A wise man will not marry a woman who has attainments but no virtue.”译成“聪明的男子是不会娶有才无德的女子为妻的。”该句中的“a”“who”“but”都省译了。

（三）西方人喜欢抽象思维，中国人喜欢形象思维，

人在头脑里对记忆表象进行加工改造、分析综合，从而形成新的表象，这种心理过程，我们往往称它为形象思维。而逻辑思维是运用概念进行判断、推理的思维活动。

中国人有着属于民族的思维定式，那就是，喜欢把两个具体的事物联系到一起，每当看到一个新的具体事物，就会和原来大脑当中另一个具体事物相联系。也就是说，中国人对于具象化的事物有很强的分析能力，因为在大脑当中储存的具象化事物是相互关联的。中国传统文化的重要特征之一是“尚象”，中国人“尚象”的文化传统形成了其偏重具象的思维方式。思维的偏好很难让中国人从一个具体的事物联想到一个抽象的概念，而是更加容易想到与其相近的另一个东西。汉语的“虚实”往往是相依相伴的。如“揭竿而起”“接踵而来”“混口饭吃”等等。中国人善于用经过数万年经验创造的形象进行思考，并通过汉语进行诱导和暗示。汉字是从整个象形文字发展而来的会意文字，具有书法和绘画的共同来源的特征。它起源的图像应该是原始图像。经过后来的发展，它逐渐从图像形式转变为线条，成为象形文字，突出简单的物体，具有很强的直观性。尽管如此，现代汉字的书写方法或结构仍然充满了丰富的意象，这些意象是相当立体的，并且仍然很容易与外部世界的事物的意象联系起来。有些现代汉字甚至保留了强烈的意象感，即清晰的意境。例如，“疯”字的字形就很容易让人联想到乱七八糟的一个场景，让人感受到一个张牙舞爪的形象。字中隐藏着丰富的图像。中国人长期以来一直在用汉语思维，并逐渐形成了形象思维方式。一些科学家也把这种思维称为“悟性思维”，也就是说，用形象、直觉、灵感、联想、想象等思维形式组织感性材料，形成有组织的理解，具有直觉性、形象性、主观性、整体性、模糊性等特点。

与中国人不同，西方人擅长的思维方式是与外界客观形象分离的抽象思维，基于逻辑推理和语义联系的逻辑思维，也就是在事物之间找出他们最本质的联系，形成一个概念。西方人发展了抽象的逻辑思维，努力建立概念体系和逻辑体系。

西方文化的重要特征之一是“尚思”，西方人的“尚思”也就让他们更多地通过现象看本质。这实际上是由于他们归纳和概括了印欧语系的语言特点。西方国家的单词符号字母的形成和发展与中国象形文字有许多相似之处，那就是它们也是从图形演变而来。由于西方文化的传统思维，主体的抽象思维带走了某些具体的形象，逐渐形成了概括某种对象的概念符号，即拼音符号，它不像汉语符号那样直观、生动。西方语言使用拼音，强调人类智力的运行痕迹。它的书写形式创造了一种循环连接，就像流水那样的流线效果，很容易让人注意到事物之间的连接。印欧民族对事物表面逻辑联系的感知能力要远远强大于其他民族，正是因为这种链接的状态和语法形式的共同作用。印欧国家借助符号进行抽象的形而上学思维，他们有这样的思维，是因为他们有抽象文字符号和语音形式，这是与现实世界分离的，他们也就有更多的机会进行脱离现实世界的抽象思考。我们可以看到，西方拼音字符通过无意义字母的线性连接，形成最小的有意义语言单位，然后通过单词的线性排列形成短语、句子和章节，它们缺乏形象会意的功能，因此无法触发形象思维。经过数千年的进化，人们已经逐渐形成了一种脱离现实世界物理图像的抽象思维，完全依赖书面符号及其语义联系。一些科学家还称之为“理性思维”，即借助逻辑，运用概念、判断和论证的思维方式，探索和揭示具有逻辑性、抽象性、客观性、分析性和确定性特征的事物之间的本质和内在联系。英国人经常使用抽象概念来表达某些事物，并且更注重抽象技能的应用。在语言中，英语经常使用抽象名词来表达复杂的理性概念和现实概念。这种表达方式给人一种“虚、暗、隐”的感觉。

中国人擅长形象思维，而西方人擅长逻辑思维。思维模式的差异导致英语与汉语的结构性有所差异，英语具有聚集性，而汉语具有流散性。英语的聚集性是指，英语句子形态变化丰富，可以采用“楼房建筑法”，以主语和谓语为焦点，把其他的成分和主体链接起来，构成一个庞大的“主体结构”。在阅读英语文章时，我们常常可以碰到很长的英语句子，一个句子当中包含了 100—200 个单词，有时一个段落就是一个完整的句子。然而，不管句子的附加成分有多复杂，仍然是与句子主体息息相关的，并且在句子和段落中总是组织良好、逻辑有序。例如：The election which has led to your being chosen to preside over this Assembly is attributed to your great country，which has contributed to the development of the history of free nations a tradition of peace that serves as an example of for the legal community that we constitute.

汉语的流散性是指汉语缺乏丰富的形态变化，一旦句子一长，就容易造成逻辑混乱，让人读不懂这个句子究竟想要表达的是什么意思，所以只能化整为零，如果要表达很多意思，就不能只用一个句子，而是用大量的短句、散句、流水句来表达意思。例如："她身材苗条，个子高高的，前额突出，鼻子翘起。"这句话由四个短句构成，若译成英语是："She was a slim and tall girl with slightly bulging brows and a tumed-up nose." 这样，中文的四个短句就变成了一个简单的英语句子。

需要注意的是，抽象与具体的分类只是相对而言，英语当中也不仅仅只有抽象的内容，还存在着大量的非常具体的描述，而汉语也是一样的，汉语中也不乏抽象的表达。在英汉互译过程中，抽象与具体应当视特定的情况进行转换。

（四）中国人注重螺旋形思维，西方人注重直线型思维

中国人的思维方式以整体性为基础，将事物视为一个有机整体，进行笼统的直觉综合思考，强调理解而不是形式论证。观察事物时，散点式思维模式是一种螺旋式思维模式。西方以个性为基础的思维方式，将复杂的事物分解为独立的结构元素，并逐一加以思考研究，从而更加注重逻辑分析和形式论证。西方人观察事物时，采用聚焦思维方式，思维方式为线性。这种差异也是汉语和英语中结构不同所带来的结果。

汉字很容易唤起人们对现实世界中事物的想象或联想，因为汉字的形成就是根据很多具体事物造出来的。因此，在长期使用这种图形语言的过程中，思维线逐渐发展成螺旋形，即曲线或圆形，并循环上升，具有明显的间接性。因此，在思考或使用语言时，中国人经常会不厌其烦地重复一些词语或句型；就写作风格而言，中国人的文章往往以环境描写和一般性陈述开头。每一段通常包含与本文其余部分似乎无关的信息，作者的意见或建议通常不会直接或轻易地表达出来。你可以看到汉语的表达是含蓄的、委婉的、模棱两可的。在说话和写文章时，中国人通常会在观点抛出后收回，并在最初的起点上结尾，也就是说，中国人在写文章的时候讲究一个首尾呼应。这种螺旋式思维导致了汉语的螺旋式话语结构，即以一种重复的、不断演变的螺旋式形式延伸问题，避免直接切入主题。

西方语言的拼音符号不容易唤醒人们对现实世界中事物的想象或联想。因此，在长期使用抽象符号和线性连接排列符号的过程中，西方人思路逐渐发展为具有明显直接性的直线型。因此，当西方人思考或使用语言时，他们往往不愿意重复以前使用过的单词或句型；在写作方式上，西方人的论文总是有一个固定的中心论点，文章的所有细节都是根据与中心思想的关系来安排的。作者的观点通常在

文章的开头清楚地表达出来。我们可以看到，西方语言的表达是直截了当的，清晰明了的，态度鲜明的。西方人认为事物是独立的，万物都在发展变化。因此，具有线性思维的西方人在说话和写文章时，直接表达一定要优于间接表达，并且说话者的立场应始终保持不变，不会用不相关的信息来掩盖真实的观点。英语语篇通常以直线展开，通常包括四个部分：引言、主题、支持和结论。在切题之后，就会确定段落的中心思想，即主题句，然后从几个方面来论证主题，最后得出结论。在语言表达方面，英语句子结构通常集中在前面，也就是文章的重点都在开头说完了；而汉语句子结构的重心通常在后面，主要内容也在后面。

例如：“I met with the foreign teacher from Australia on the new campus at 7：30 yesterday evening，whom most of your classmates liked.”译成汉语为：“昨晚 7 点半在新校区，我碰到了那位最受你们大多数同学喜爱的来自澳大利亚的外教。”

（五）中国人强调主体，西方人强调客体

西方文化和中国文化之间有着很大的差别，中国文化以人本为主体，西方文化则以物本为主体。中华文化其实就是一种唯心主义的体现。道家的代表人物老子曾说：“人法地，地法天，天法道，道法自然。”儒家圣人理解世界不是出于对自然奥秘的好奇，而是出于对现实社会政治和伦理的关注。例如，孔子的哲学侧重于“仁”和“礼”，“仁”旨在规范人际关系，“礼”要求社会秩序。谈论生命哲学的哲学家们的目的是通过古今的变化来研究天人关系。这其中的重点是人性，而不是天道，重点是生命的原则，而不是自然。这种人本文化在长期积累中形成了汉族人本体型的思维模式。

西方物本文化主要表现为以物本为主体，以自然为本位。西方人专注于观察和研究自然客体。例如，亚里士多德认为“寻求知识是人类的本性”，培根主张“知识就是力量”。西方人把对自然的感知作为视觉焦点，崇尚、认识和探索自然，最终征服自然，主宰宇宙。这种物本文化的长期积累已经发展成为西方的人的客体思维。

汉民族强调人与自然的统一，没有严格区分思维的主客体，所以汉语中经常出现一些主动句和被动句不分的情况。例如，“一锅饭四人吃”也可以称为“四人可以吃一锅饭”，这反映了中国人注重意合和主客体融合的特点。西方民族强调人与自然的对立，严格区分思想的主体和客体。因此，英语中的主动句和被动句都有明显的标记特征。

汉民族较注重主体思维，而西方民族则较注重客体思维。基于这样的思维差异，我们很容易发现，汉语较多使用主动句，表达较主观；而英语中被动句的使用频率远远高于汉语，这样的表达较客观。

二、思维模式差异对翻译的影响

翻译是“语言和思想的翻译”。思维是语言转换的基础，这就决定了思维差异控制了语言的具体转换。英汉思维模式的差异，给英汉翻译实践带来了障碍。

（一）理解方面的影响

由于英、美抽象思维的发展，抽象表达在英语中被广泛使用；中国人的形象思维相对发达，在英语中往往缺乏相应的抽象表达手段。因此，英语中的许多抽象表达往往很难翻译成汉语，而与之相同的是，汉语中的许多具体表达也很难准确地反映在英语中。

“菱很小，但很嫩，吃到嘴里满口生香。”

（Hough the water chestnuts were small，they were tender and delicious.）汉语句中的具体描述“吃到嘴里满口生香”，若直译成英语，势必使译文晦涩、冗长，所以改译成抽象描述：delicious。

英美人较中国人更注重形式逻辑，因而英语中较多使用形式连接手段，意蕴也较为丰富，常给翻译带来困难。例如：My friend and I had just finished lunch at an expensive restaurant when we realized that we didn't have enough money to pay the（我和我的朋友在一家豪华的饭店里刚用毕午膳，意识到所带的钱不够付账。）英文句中的连接词“when”很容易被中国人按常规理解为“当……时”译出，显然不合原意。其实在意义上，全句中的主要部分不是主句，而正是“when”引导的从句。

（二）表达方面的影响

英语注重形合，汉语注重意合。这是英汉句法结构的主要的不同点，这也是通常会导致翻译偏差的原因所在。英语形合特点与汉语意合特点的负迁移严重影响了翻译的准确性和呈现效果。在汉译英中，大量形式连接手段不应翻译成中文，而应通过语义连接手段表现出来；汉译英则与之相反。

例如：

（1）“The weather was so hot that he found it difficult to stand it.”若“兵对兵，将对将”地将此句英文译成汉语：“天气是如此地热，以致他感到难以忍受”，那

么句子的西化成分“如此地……以致……”势必影响译文的流畅性。相应地道的汉语完全没有必要机械地显现该连接词语：“天气太热，他感到难以忍受。”

（2）“人不犯我，我不犯人；人若犯我，我必犯人。”该句汉语英译时，若不把隐含地表示假设和并列关系的语义连接成分用形式连接词语 if 和 but 显现出来，那么译文会显得过于松散，不够准确。所以，该句汉语可按照英语句子结构严密、完整的要求而英译为：“Wewill not attack unless we are attacked ; but if we are attacked，we will certainly counterattack.”

英语句子中，主谓提挈功能较强，主谓这一主干结构突出；而汉语句子则相反，有的句子较为松散，甚至无主语。这方面的差异也常造成英汉互译的障碍。例如：

（1）“不一会儿，北风小了，路上浮尘早已刮净，剩下一条洁白的大道来，车夫也跑得更快。”（鲁迅《一件小事》）。该句汉语被英译成：“Presently the wind dropped a little，the loose dust had been blown away，left the road way clean，the rickshaw man quickened his pace.”英译文中套用了汉语的流水句式，动词完全为限定动词的过去时态，分句之间也没有连接词语，不符合英语表达规范。应改译 为：“Presently the wind dropped a little.By now the loose dust had all been blown away，leaving the road way clean，and the rickshaw man quickened his pace.”

（2）“他五岁时，碰到了一次车祸，变成了植物人。”汉语连动句英译时，首先应确定哪个动词为句子主谓结构这一主干中的谓语，然后运用适当的表示关系的词语，把其他的动词结集化为关系词结集，这样才能突出主谓结构，才符合英语的表达习惯。所以该句汉语可对译成英语：“He became a vegetable at five in a car accident.”

在外语教学中，要注意教给学生英汉思维方式和语言表达的差异，注重母语和目的语对比修辞的教学，注意思维方式引起的负迁移，有效地消除翻译当中的失误。

翻译过程中思维方式的差异，对翻译的准确性有着巨大的影响，这是一个不争的事实。因此，在实际语言教学和实践中，既要注意语言文化现象的列举和分析，又要注意人们认识世界思维方式的研究，从而了解世界文化之间的差异。在英汉翻译实践中，尊重英汉思维的特殊性，坚持语言各自的表达习惯是很重要的。只有正确理解语言、文化和思维方式，才能消除翻译过程中思维差异的干扰，使双语翻译正确自然。

第四节 跨文化交际中的英汉词汇、句式与语篇翻译

一、跨文化交际中的英汉词汇翻译

（一）英汉词汇的差异

英语词和汉语词有着不同的构成，这也是它们差异如此之大的根本原因。英语字母也是如此，它不会影响单词本身的意义。英语中级词汇由词素（morpheme）构成，所谓“morpheme”，在英语中的意思是“意义最小的单位”，不能在句子中单独使用。

除了了解英汉两种语言构同上的区别以外，熟悉掌握词汇的语法分类也是非常重要的。

英语词可以分为以下几种词类：代词（pronouns）、名词（noun）、形容词（adjective）、数词（numeral）、副词（adverbs）、动词（verb）、冠词（article）、连词（conjunction）、介词（preposition）和感叹词（interjections）。一般来说，前六类词可以是句子中的独立成分，具有真正意义的词，如主语名、宾语、表达式等，动词可以是谓语，形容词常做定语。这些词称为实词（notional words）；而介词，甚至感叹词都不仅仅是用在语法意义上，称之为虚词（form words）。但某个单词属于哪一类，要由它在句子中的成分决定。英语单词的另一个重要特点是它的词汇有不同的表现形式，如“ing”和“ed”，它的具体含义是不同的。他在句子中的成分不同时，意思不同，它在不同的语言环境中，具体含义也有很大的不同。

汉语和英语最大的不同之处就是，汉语词语当中，一词多义的现象十分普遍，一个简单的词可能就会有三四种截然不同的意义。所以在开始翻译英语单词之前，要了解每个单词词性是什么，以及在句子中充当什么成分，这样才能够找到最准确的释义，而不是胡乱拼凑意思。

（二）词汇的翻译策略

“词语”是指最小的、最独立的语言单位，每一个词语都有它自己的意思，但是在句子当中，每个词语的意思又有可能和它原本单独的意思不相同。词语也是文本翻译中的基本单位，在翻译的时候，对每个词语本意的理解，就是翻译的基础。对单词的似懂非懂或疏忽，肯定是无法正确翻译出句子的。无论是英语还是汉语，在段落和文章的翻译过程中，第一个遇到的正是单词的理解和翻译问题。

由于中英文在词汇方面差异较大，原文词义的辨析和译语用词的表达就成了英汉、汉英翻译的基本问题。

除了对英汉语言的本身修养外，要明白理解一个词的意思是否正确，还包括对初学译者相关专业知识和文化知识的考验。为了避免看单词的意思出现太多不需要的干扰释义，特别是当遇到一些常用的词汇时，应更经常地搜索字典和相关的工具书。

在英译汉中，选择和确定词义通常从以下几个方面着手。

1. 词的语法分析

语法分析往往是初学翻译的人能够准确理解的关键所在。构词法、词性、涉指关系等等，都是语法分析的方法，来分析词在句中充当的成分。

（1）根据词性判断词义

英语中一个词的词性不同，词义也有所不同。正确判断词性，一个词的意义由好几个因素决定，而词的词性对理解词语的意义起着决定的作用。例如，“Workers ran fish.”此句中的“ran”“fish”分别被看成是助动词和动词时，此句应译为“工人们能够捕鱼”；当它们分别被看作谓语动词和名词时，此句就变成了“工人们把鱼制成罐头食品”。

（2）从词的构词来分析

分析词的形态结构构成有助于理解词的意义，获得了词的基本意义，从而为语篇翻译提供必要的参考依据。而且值得注意的是，一个名词，它的单复数不一样，意思也有可能随之发生变化。

（3）从句子成分来分析

一个词语在句中充当的成分不同，意义也不相同，这就对于翻译者的基础功有很大的考验。特别是当某些词语从形式上看，既可用作这一成分，又可用作另一成分时。如果只是按照经验主义死记硬背，那么翻译的意思就可能出现偏差，所以必须根据上下文和全句的意思做出准确的判断，否则就会产生理解错误。

2. 上下文和逻辑关系

一个英语单词，如果它是孤立的形态，那么它的意思可能就不是确定的。句中的词当它处于某种关系中及其所处句中位置能与其他词构成指涉关系时，它的意义受到相邻词的限制，这个时候它就不是一个单独的词了，而是一个具有固定意义的单词。上下文对于词义来说十分重要，这里的上下文包括许多内容，词语搭配、词语的文化背景知识属于上下文，一般意义和专业意义、有关虚词的关联作用也是上下文的范围，还有上下文提示、逻辑关系等。因此，通过上下文和逻辑关系来判断词义是词义识别的一个重要方法。

3. 词的搭配

词语搭配是指词语之间的横向组合关系。在英汉互译的过程当中，一些词语或者短句就有了固定的搭配，这是它们长期搭配使用的结果。有时这些搭配可以逐字翻译成另一种意思，有时则不能。造成英汉词语搭配差异的原因有三个：在各自的语言中，词语涵盖内容的大小；词的引申意义在各自的语言中各不相同；在各自的语言中，词语的搭配和分工是不同的。因此，在翻译时，我们应该注意英汉搭配的差异，选择合适的语言来表达目的语。

首先，要注意定语和修饰语的搭配关系。词语之间的搭配也有着固定用法，往往翻译的时候没有注意到这一点，就很容易犯错误，造成“别扭”的感觉。例如，动物叫声在英语和汉语中都有自己的表达方式。在汉语中，动词“叫”最常用于描述动物叫声，但在英语中，动物的拟声词非常丰富，各种动物叫声都有自己的表达方式，所承载的单词也是完全不一样。在翻译中，不加区分地使用搭配会出现错误。例如这些词语，狗吠，蜜蜂嗡嗡叫，羊叫，小鸡叫，鸭子嘎嘎叫，它们在英语当中都是有与之对应的词的。

4. 词的语用色彩

注意词语的语用色彩，也就是注意词语意义的范围、优先级、褒贬色彩、文体色彩和政治意义。为了忠实于原文的思想内容，我们应该正确理解原作者的基本政治立场和观点，并选择适当的语言手段用目的语表达，这是因为任何语言都可以分出不同的风格，其中包括优雅、流行、粗鲁、俚语、官方语言和术语。

（1）词义的轻重缓急

表示“哭”的词语也有很多，如 weep 是指“哭泣”，tearful 是指“含泪的”，sob 是指“呜咽”，yammer 是指“哭诉”，howling 是指“哭哭啼啼的”，cry 是指“大哭”。

表示“笑”的词语有很多，如 laugh 是指“大笑”，chuckle 是指“轻声地笑”，smile 是指“微笑”，guffaw 是指“放声大笑、狂笑”，giggle 是指“傻笑”，jeer 是指“嘲笑”，smirk 是指“得意地笑”，grin 是指“露齿一笑”。

（2）词义的运用范围及其侧重点

翻译时应准确理解词的意义。比如，country 表示国家的地理范畴，nation 体现在共同的地域和政府下的全民概括，land 给人以国土或家园之感，state 指国家的政治实体，power 表本国家的实力。又如，look、glance，stare，gaze，eye 和 peep 都表示“看”，但各个词的使用范围却有所不同。

再如，offender、criminal 和 culprit 都有“罪犯”的意义，但其侧重点却有所差异。offender 指任何违反法律的人，不一定受法律的制裁，如 a juvenile offender（少年犯）、an old offender（惯犯）；criminal 指严重犯法的人，理应受到法律的制裁，如 a war criminal（战犯）、a habitual criminal（惯犯）；culprit 指已被起诉的犯下罪行的人。

（3）词义的褒贬和语体等感情色彩

一个词语的具体意思应该看它出现在什么语境当中，在不同的语境当中出现，就会有不一样的意思。例如，“ambition”一词在英语的语境当中，它的含义既可以是褒义的，也可以是贬义的，这完全取决于它在句子中可能的立场，也就是说，在不同的句子，不同的语境当中，这个词所要表达的意思也是完全不一样的。

如果所指的事物是相同的，那么一组同义词中的每个词都可以在不同文体中使用。有的适合一般文体，有的适合正式文体，有的适合非正式文体。因此，在翻译中应注意词语的文体特征。

二、跨文化交际中的英汉句式翻译

（一）汉语无主句、无宾句的处理

汉语是一种意合性的语言，只要能从上下文和意义上理解，一切都可以省略。在汉语中，没有主语或宾语的句型很常见。为了符合英语语法习惯，英语翻译往往需要补充隐含的主语或宾语。

在翻译汉语无主句时，经常使用以下几种方法：

（1）补上语义比较虚泛的名词当主语；

（2）补上省略的宾语；

（3）将汉语句子中的其他非主语成分转成英语主语；

（4）转为英语被动语态，这种方法常用于正式文体，如科技论文；

（5）补上人称代词作为主语，这是在口语体翻译中常用的一种办法。

1. 补上语义或具体的词语当主语

【例】过去，只讲在社会主义条件下发展生产力，没有讲还要通过改革解放生产力，不完全。

In the past, we only stressed expansion of the productive forces under socialism without mentioning the need to liberate them through reform.That conception was incomplete.

“不完全”可视为“这不完全”的省略形式，翻译时可补上主语。补上的主语可以是较虚的 that，也可以在可能的范围内将其更具体化一些，上面译文补上了 That conception，比 that 更具体、更清楚。

2. 补上人称代词作为主语

【例】加强思想政治工作，讲艰苦奋斗，都很必要，但只靠这些还是不够。

（1）It is most essential to strengthen ideological and political work and stress the spirit of hard struggle，but counting just on these will not suffice.（《北京周报》）

（2）Although we have to strengthen ideological and political work and stress the need for hard struggle，we cannot depend on those measures alone.（外文出版社）

《北京周报》译文机械地将“只靠这些”译成 counting just on these，但使用 counting 充当句子主语不是十分常用、地道。外文出版社译文改用添加人称代词主语 we 的办法，读上去更口语化、更顺畅。

3. 将非主语成分转为主语

【例】自然而然地也能感觉到十分的秋意。

And a sense of the fullness of autumn will come upon you unawares.And an intense feeling of autumn will of itself well up inside you.

上述两个译文是从客观角度翻译的，都将原句谓语动词译为译文中的主语。

4. 转为被动语态

【例】基本路线要管一百年，动摇不得。

The basic line should be adhered to for 100 years，with no vacillation.

以上译文采用被动语态进行处理，语义正确，在书面语中比较妥当：但在口语体中，应避免使用被动语态，可采用添加人称代词当主语如：“We should adhere to the basic line for a hundred years，with no vacillation.”

5. 补上省略的宾语

在我们汉语当中，常常会为了读起来简便而省略宾语，这是一种语言习惯，在英语当中，就很少出现这样的情况，因为文化背景的不同，译者在翻译的时候就要补充被省略的宾语，这样才能够让句子通顺，无论是汉语使用者还是英语使用者都能够读懂。

（二）省略句

有的人可能认为，语言的使用往往是越详细越好，但是事实上却恰恰相反，言语的简洁才能体现出语言的功力。人们在使用省略句的时候，往往是因为这个句子当中的多余部分太多，把那些多余部分删除之后，意义仍然是完整的。省略有许多形式，并且在英语和汉语中都存在，省略的内容也有很多种，可能是主谓宾其中的一个，也有可能是某个多余的成分。无论是英译汉还是汉译英，省略号翻译的关键在于对省略号的准确理解。省略的内容是翻译的关键，有时候对省略内容的错误理解，可能就会偏离句子原本的意思，这样造成的理解偏差就会导致翻译上的错误。

1. 原文中省略的部分，译文中补出

英语句子中的习惯用法有很多，省略就是其中的一个。有时，英语语意中出现一些不需要成分，那么这个时候，省略这些成分是最好的办法，或者一些出现在前面的成分，为了避免不必要的重复，就不能再出现在后面。英语中的不同元素，如主谓宾定状补，在一些情况下，翻译的时候并不一定要把它们显示出来，也就是说可以在句子中省略，但在翻译成中文时，如果能准确理解省略的元素，就可以在译文中添加它们。

2. 原文和译文省略部分应同步

并不是所有英文当中被省略的部分，在翻译的时候都需要翻出来。例如，由than 引导的比较从句，在这样的比较从句当中，省略了和主句中相同的部分，此时根据需要，可以省略原文中省略部分，尤其是从句中被省略的部分常常不译。

在汉译英时，情况就有些不同，有时根据英语的行文表达习惯，也可以根据语句表达通顺的原则，省略一些成分。

（三）倒装句

一般来说，英语陈述句的正常语序是主谓宾 + 状语。有时，为了强调句子中的某个特定元素，从修辞的角度来看，句子中的相关元素可以提前，形成倒装。英语倒装句可分为结构倒装句和修辞倒装句。理解倒装句是翻译倒装的关键，而理解的关键就在于对句子进行正确的语法分析，确定句子的主干是分析的第一步，确定了第一步之后，接下来确定哪些成分被倒装了。一般来说，结构倒装句在汉语中的翻译可以采用正常的语序；翻译中的修辞倒装在一些情况下仍然使用正常的语序，这是因为翻译需要。

1. 结构性倒装的翻译

结构性倒装主要包括疑问倒装，there be 结构倒装，虚拟倒装，以 here、there、then、thus、now 和 neither 等副词位于句首引起的倒装。这是由语法结构的需要引起的倒装，而结构性倒装的翻译一般采取正常语序。

2. 修辞性倒装句的翻译

修辞倒装包括表示句首位置的介词或介词短语、否定倒装句、让步倒装句、仅由句首引起的倒装句，其目的是加强语气或避免头重脚轻。它是为了便于叙述或更生动地描述情况而引起的倒装句。这种类型的倒装可以根据需要翻译成正常语序或相反语序。

（四）分词短语和分词独立结构的翻译

一般来说，根据分句的成分将分句翻译成汉语并不困难。分词短语可以分为现在分词短语和过去分词短语。这里主要探讨了分词短语作为状语的翻译。分句作为状语可以表示时间、原因、方式、结果、条件和伴随状态等逻辑关系。翻译的关键是准确地理解句子中分词短语和谓语动词之间的逻辑关系，然后在翻译中添加词语来表达相应的逻辑关系。

（五）并列结构句

汉语动词在表层形式上有许多并列结构，这是因为其没有形态学上的变化。而英语动词则是相反，有动词原型、动词不定式和分词。此外，汉英翻译中经常出现词性转换现象。例如，在翻译过程中，汉语的并列结构往往被转换成非并列结构，从而导致原汉语平衡美感的丧失。这是因为汉语动词可以转换成英语名词、介词等。有时，译者必须有意识地保持词汇形式的一致性和结构的平衡，只有这样才能在英语翻译中通顺且富有美感。在词形不一致的情况下，可以对英语翻译中的词形进行修改，甚至可以添加语义不明显的词语，以达到词形的一致性。

当然，有时汉语句型结构比较随意的。在汉语词义上并列，但结构未处于并列关系时，译者应调整词序使之处于相应的结构中，以提高翻译的平衡性和可读性。

1. 把汉语并列结构译成英语并列结构

【例】现在，我们发展社会主义市场经济，与马克思主义创始人当时所面对和研究的情况有很大不同。

At present，we are putting in place a sorialist market economy.But the conditions we are fared with are quite different from those the founders of Marxism were faced with and studied.

At present，we are putting in place a socialist market economy.But the conditions we are faced with are quile different from those the founders of Marxism faced and studied.

通常认为第二种译法质量较好，该译文用主动的 face 既与 study 平衡并列，又避免了与前面的 are faced with 重复

2. 把汉语语非并列结构改成英语并列结构

【例】鼓励、支持和规范社会力量办学、中外合作办学。

The government will encourage, support and standardize school management by nongovernmental sectors or by Chinese-foreign cooperation.

“社会力量”是具体名词，“中外合作”是抽象名词，如果译成 by non-governmental sectors or by Chinese-foreign cooperation，未取得平衡，因为 sectors 是具体名词，cooperation 是抽象名词。如果把 cooperation 换成 undertakings，这一问题便可以解决。

（六）被动句

语态可分为主动语态和被动语态，是一种表示主谓关系的动词形式。尽管主动和被动是人类对客观世界认识的两种不同观点，但它们表达的却是同一事实。这两者并不是完全一样，而是有区别的：被动语态意味着主语是谓语动词动作的承受者，叙事强调的是动作后出现的状态；主动语态表明主语是谓语动词动作的执行者，叙事强调动作。

语言本身的特点以及一个民族的文化和思维方式的不同，是主动与被动表现形式差异出现的原因。中国传统哲学强调整体思维，强调物与人的关系、物与自我的统一。也就是说，人应该发挥主导作用，在人与万物和谐统一的关系中，体现中国思维方式的主体意识。中国人认为行为和动作必须由人来完成和完成，正是这种主体意识使然。因此，在汉语的许多情况下，句子都以主动句为主，无论是主动意义还是被动意义。西方哲学强调“人与万物的尺度”，强调物时是“客体意识”，强调人是“主体意识”。在主动使用和被动使用两个方面，强调“人”，即动作的执行者，使用主动句；当强调“物”，即动作对象时，使用被动句。

1. 将一些表示情感变化的主动句译为英语的被动句

汉语句子中表达主动的时候，常常是因为客观环境造成的处境、感受和情感上的变化。而英语则是刚好相反的，在表达被动的时候，往往是因为在表达由客观环境造成的处境、感受和情感上的变化时。

2. 将一些汉语中的话题评说句译为英语的被动句

汉语中有一些话题评说句，其话题在语义上是接受者，这类句子可以译为英语被动句。这样的译法是因为中西方口语上的不同，如果在汉译英的时候不改为

被动句的话，翻译出来的句子就会显得别扭。汉语中还有一些存现句，也可以译为英语的被动句。

3. 将汉语中的一些意义被动句译为英语的被动句

【例 1】这酒口感不错，与价格相称。

This wine drinks well for its price.

【例 2】那——不行！前天董事会已经派定了用场。(茅盾《子夜》)

Nothing doing there，I'm afraid.All the money was allorated to various uses at the board meeting the day before yesterday.

4. 将汉语中一些被动句直接译为英语的被动句

这类句子主要有两种：一种是带被动标志；如“被”“为”“叫”“给”“由”“为……所”等的被动句；另一种是借助词汇手段，如“受(到)”“遭(受)”“蒙”“挨”“得到”“加以”“给以”“予以”等构成的被动句。

5. 将汉语中的无主句和泛指人称句译为英语的被动句

无主语句是汉语中经常使用的方法。这些句子通常省略主语或暗示主语。处理这些句子最常用的方法是把它们翻译成被动句。一般人的指称句的主语是“人家”“大家”“别人”“他们”等，这类句子的重要性低于客体，指称句主语是不确定的。因此，这些句子往往被翻译成被动句。

6. 将汉语中的“是……的”结构译为英语的被动句

汉语中带有解释说明意味的句子，通常使用的是“是……的”结构，这样的句子用来说明一件事是怎样的，也可以用来说明这件事在什么时间、什么地点做的。而在翻译当中，这种带有解释的语气英译时，常常译为被动句。

7. 将汉语中的“把”字句和“使”字句译为英语的被动句

汉语中有一些“把”字句和“使”字句，根据表达的需要，通常表达的意思是一件事促成了另一件事，存在着一定的因果关系，在翻译的时候，可以译为英语的被动句。

三、跨文化交际中的英汉语篇翻译

(一)英汉语篇的特点

1. 英汉语篇的共同点

英语和汉语虽然是完全不一样的两个语种，但是它们也有着相似的地方。自然语言的语篇，无论是英语还是汉语，都具有以下共同点。

（1）语义的连贯性

“完整语义”的语篇必须是一个语义单位，应语义连贯，合乎语法，具备逻辑结构或论题结构，句子之间有一定的逻辑关系。语篇中的句子和段落都是围绕结构展开的。一个语义连贯的语篇当中，具有语篇特征是基础，所表达的是整体意义。语篇中的各个成分应是连贯的，不能偏题或跑题。

（2）衔接手段相同

衔接是语法和词汇手段的一个统称，作用是将语句聚合在一起。这是一种可见于文本表面的语言现象，是形成文本的必要条件。在英语和汉语中，语义连贯依赖于各种衔接手段，即语篇组织。

（3）隐性连贯和显现连贯

衔接和连贯也可分为两种情况：隐性取决于语境因素和语用因素的连贯性；显性体现在词汇、语法、结构等语言表层形式上。连贯是衔接的内在意义，衔接是连贯的外在形式，连贯是衔接的外在形式，二者是统一的和非统一的，即并非有衔接就是真正连贯的语篇，无衔接的也可能是真正连贯的语篇（隐性连贯）总之，语义连贯是语篇的实质，种种有形的衔接是其组织形式。单有衔接而无连贯不是语篇，两者皆备是显性连贯，有连贯而无衔接是隐性连贯。这种情况英汉语概莫能外，但并非彼此对应，即英语的显性连贯译成汉语可能是隐性连贯，反之亦然。

语篇连贯是思维连贯的文本体现，思维连贯是语篇连贯的逻辑性，是人类理性的共同特征和功能，也是人与人之间进行交流和双重翻译的根本保证。任何缺乏逻辑或违背逻辑的语言符号都是毫无意义的，语言无法在人与人之间充当沟通的作用，那么语言就是无用的。因此，可以说逻辑是文本形成的基础，也是理解文本的基础。自然语言丰富多彩，而所有的文本都包含着思维逻辑。逻辑的普遍性是文本分析和理解的基础，这也是英汉文本对比的基础。只有明确这一点，才能认识到语义相同的文本，其衔接和连贯只有在语言形式上有所不同。而内部逻辑的连贯，才是保证语义内容的忠实传递的基础。

（4）文体的多样性

自然语言的千差万别包括口头与书面、正式与非正式、不同语域和区域性的语体分别，它可以归为文体、体裁、语体和风格的不同。不同时代的文风差异，诗歌、散文、小说、论述、应用等各具特色的体裁划分，因人而异的不同风格文体多样性在英汉语言中同样存在，它们的分类也大体相同，各种分类都能在译语中找到相对应的形式。

2. 英汉语篇的基本差异

英汉文本的基本差异主要表现在两个方面：内部思维和外部衔接与连贯。但总的来说，思维水平的差异是决定性的因素。

首先，英语和汉语分别呈现出直线型和螺旋型的特点，这基本上体现了中西方思维习惯的差异，所谓的直线型也就是说，首先表达中心思想，然后从中发展。下面句子的意思是从前面的句子中自动派生出来的，英语长句“叠床架屋”的结构体现了最典型的思维逻辑。

汉语螺旋式是典型的“起、承、转、合”样式，它首先就是亮出文章的观点，但是并不直接点出事物的本质，然后就展开反复的讨论，最后再回到主题，反复强调。它的基本特征是明显的重复，甚至可以说是一直说一个主题，从不同的方面和不同的角度。这种现象在简短语篇中也很常见。英汉语篇思维逻辑的差异导致了英汉语篇衔接和连贯的差异。这些例子反映在翻译中。

其次，在语言的设计和组织上，英语具有形态特征，汉语具有表意特征。形合与意合的区别在于语篇连贯的内部差异。英语形合必须包含反映词汇语法的主导衔接，即以语言形式将整个文本中的单词和短语结合起来，而汉语的意合则可以在没有词汇和语法衔接手段的情况下，自动形成连贯的文本，仅仅依靠词语和句子的内涵之间的逻辑关系，或各种语境和语用因素，就可以得到最终的意思。因此，在英汉翻译中，往往存在着隐性的、明显的差异。

最后，英汉文本的差异也体现在两种语言思维中，客体意识和主体意识的差异上。汉语表达的主体主要是人。由于强调个体思维和理性分析，西方坚持主客体的分离和区分。因此，从一方面来说，人是作为主体的，但是从另一方面来说，其陈述内容的态度又是十分客观的，以事物为主体，对事物进行客观、冷静的分析和描述。这些都是导致了英汉语篇中主客观的差异。

（二）语篇翻译的衔接与连贯

1. 衔接

（1）词汇的衔接

词汇衔接是指文本中出现的部分词语的语义连接、重复或替换。词汇衔接包括语义重复和各种指称关系，是用词语来达到语篇衔接目的的手段。英汉语篇中的词汇衔接手段不仅总的具体方式完全相同，包括语义的重复再现和各种指称关系，而且在整体上也是几乎都能对应照译的，在这样的翻译方法之下，也存在不一致之处，特别是在引用方面。

①语义重复

语义重复是指由近义词、同义词、下义词和泛化词组成的词汇链。它包括相同语义词的直接重复，不同语义关系词的共现以及因果关系和修饰等组合搭配词的共现。这样的语意重复在翻译当中，视情况是否要都翻译出来。

②指称照应

指称照应是语篇衔接的重要手段。它是一种重要的文本协调工具，涵盖了人、物、事、时、地的方方面面，作为对现实世界的外部引用，以及对文本语言元素的内部引用，它既有反向引用，也有对语篇内部语言要素的内指。指称照应的目的应该是反映文本的上下文，并建立一个照应性的系统。人称指称和指示指称是最具实践和理论价值的语篇现象，它们是被认为是英语翻译中指称照应差异性的主要体现。

人称照应在有些上下文中是至关重要的，尤其是英译汉时，如果理解不正确，译文就会出现错误。

（2）英汉语言语法的衔接

通过句子结构的不同，使用语法手段来实现语篇的衔接和连贯，这就是语法衔接。这些因素可以是单词的特定语法形式、具有语法功能的单词，也可以是没有特定单词的纯结构形式。

①语法连接的差异

汉语的语法连接接近于隐性连贯，而英语的语法连接具有明显的显性连贯。英语的显性连贯借助形态变化和形式词，明显地标明词之间、词语之间、短语之间或小句之间等的语法关系形态变化，包括起构词作用的构词形态和表示语法意义的构形形态。英语有形态变化，而汉语中却没有严格意义的形态变化，英语中的形式词用来表示词语间、句子中小句间和语段中句子间起连接作用的词。英语中作为连接手段和形式的词不仅数量大、种类多，而且使用频繁，主要的连接手段和形式有介词、冠词、关系词（包括关系代词和关系副词）、连接词（包括并列连接词和从属连接词）和其他连接手段，如 it 和 there，汉语造句更注重隐性连贯，以意统形，少用甚至不用形式手段，靠词语与句子本身意义上的连贯与逻辑顺序而实现连接。

英语和汉语都使用语法手段来连接，但它们的具体方法又是不同的。例如，在翻译中，由于英汉文本在语法衔接手段上存在差异，英语的时体形态在翻译时，汉语中要变成对应的词。在英汉翻译过程中，有必要对语法衔接手段进行适当的转换。英语（或汉语）使用某种语法连接，而汉语（或英语）的翻译取决于词汇手段、逻辑手段或隐含的连贯性实现衔接。

②英汉语篇语法衔接的转换

从替代关系分析。替代是用一个词代替前文某些词，但它只是等价或相似的关系，二不是一种一致的参照关系。代词主要包括名词代词、动词代词和从句代词。代词存在于英汉两种语言中，并且常常相互对应。然而，如果没有对应关系就很难翻译，这时就需要其他的衔接手段。

省略关系分析。在语篇分析中，省略分为三类：名词省略、动词省略和从句省略。这三种省略句中的大多数都是语法结构所必需的，因为在一些语句用法当中，省略才能使句子的意思更加通顺合理。语法省略是英汉语篇衔接的一种常见形式。英汉语法省略解决了目标语中单词重复或替换的问题。但名词性省略在英语和汉语中通常是一致的。

汉英翻译中最需注意的省略问题是汉语的零位主语问题。汉语零位主语是汉语中的一种常见现象，与英语省略号不完全相同。这是因为汉语主语突出性不强，成组的句子围绕主语旋转。因此，汉语的主语不必一直出现，但读者是能够明白的。此时，在完成中英文翻译的时候，就需要补全缺失。

（3）逻辑连接

逻辑连接是保证文本通顺的必要条件之一，也是文本深层之间最普遍的连接。逻辑连接也有显性和隐性的区分，显性逻辑连接是指使用 and，but，then，for 等词语进行连接的内容。隐性逻辑连接是在不使用连接词、不引用上下文等的情况下实现的连接。与英汉语言相比，逻辑关系总体上是英汉相通的，即时空关系、因果关系、转折关系和表示相类同的推延等基本逻辑关系是一致的。但有时英汉语的逻辑关系也会有所不同，比如英语的时空关系，中文翻译往往会变成因果关系，反之亦然，总的来说，由于英汉连接语的差异和逻辑显隐差异，译者应选择正确的标识连接语和逻辑的隐性或显性，使翻译符合中国人的表达习惯。

2. 连贯

在翻译中，孤立地看待某些字词的翻译似乎不那么麻烦，但如果变成是整篇文章或整个段落的翻译，就好像断线残珠，四分五裂，没有穿成完整的逻辑线索或脉络。这其中最主要的原因就是，忽视了原文中或明或隐的连贯性，在翻译的过程中又没有采取相应的连接和连贯手段，使译文无法成为有机整体，读起来断断续续。由此可见，在翻译的过程当中，连贯性扮演着非常重要的角色。连贯存在于语篇的底层，是语篇中语义的关联。通过逻辑推理来达到语义连接，是将词语、小句、句群在概念和逻辑上合理、恰当地连为一体的语篇特征。连贯的语篇有一个内在的逻辑结构，这个逻辑结构可以从头到尾将所有概念有机地连接在一起，达到时空顺序明晰、逻辑层次分明的效果。

事实上，连贯总是与衔接紧密相连的，衔接是语篇最重要的特征之一。然而，这两个术语之间也不是一模一样的。连贯是通过词汇和语法实现的，可以通过信息有序排列实现。为了实现语篇连贯，通常使用两种方法："明显"和"隐含"。前者使用词汇手段，如连接词，形成连贯标记；后者是指信息的合理排列，是一种无标志的连贯。比较下面的例子，看看如何实现每个自我文本的连贯性。

在每一次的翻译当中，是没有办法翻译出一模一样的内容的，文本的内容完全取决于译者是否理解原文的内容和结构，以及译语语篇构建能力。在语篇连贯方面，译者首先要充分把握原文，认识原文的逻辑层次和语境。换句话说，我们应该清楚知道翻译连贯的前提，那就是对原文的连贯结构有一个清晰的分析和理解。其次，在全面理解原文连贯结构的基础上，译者应该有自己的想法，也就是说，保证翻译逻辑和框架不变的情况下，用自己的文风写出翻译内容。

总之，翻译过程不仅是语言符号转换的过程，也是逻辑关系转换和连贯结构重整的过程。从本质上讲，这一过程涉及思维的转变过程，即译者的思维从连贯的原文结构转变为连贯的译文结构，转换过程中存在两种语言、两种文化观点的对比甚至冲突，这就需要译者思维的适应和转换，并把这种调整在译语中体现出来。

第五章 跨文化交际背景下中国传统文化的传播

本章为跨文化交际背景下中国传统文化的传播，分别从四个方面进行了阐述，依次是跨文化交际背景下中国传统文化传播的理论基础、跨文化交际背景下中国传统文化传播的目标与意义、跨文化交际背景下中国传统文化传播的实施主体、跨文化交际背景下中国传统文化传播的路径。

第一节 跨文化交际背景下中国传统文化传播的理论基础

一、马克思主义相关理论

马克思主义是我国特色社会主义思想的源头，其科学的世界观和方法论为我国社会主义发展以及文化对外输出提供了强大的理论依据和科学的实践指导。马克思主义世界观和方法论，并不是一条条具体的教条，而是为我国传统文化跨文化传播提供了理论基础，同时马克思主义世界观和方法论并没有对我国传统文化跨文化输出给予明确的实施方案，而是提供了面对问题的思维方式和解决问题的方法，所以借助马克思主义的世界观和方法论，让我们对我国传统文化能够更加深入地理解，并对文化输出的性质、意义、目标以及实施的条件能够理解得更加透彻，可以让我国传统文化在面对全世界不同的文化体系时，更加规范、科学地走向全世界。马克思主义相关理论作为我国传统文化传播的理论基础，其作用可体现在以下方面：

第一，马克思主义世界观阐述了社会发展的一般规律，而这是在全世界都行之有效的普遍规律，当然，这对于我国传统文化对外输出也是适合的。马克思曾经说过，在任何社会的发展阶段，都离不开人的物质生产活动，物质生活的生产方式制约着整个社会生活、政治生活和精神生活的过程。[①] 对于我国传统文化跨

① 马克思，恩格斯．马克思恩格斯集 [M]. 北京：人民出版社，2006.

文化传播来讲，要分清楚文化、人之间的联系，并且按照社会发展的一般规律，来认清楚受众在接受文化，尤其是在有一定的文化体系下接受外来文化的规律以及所受到的物质生活、精神生活和社会生活的影响和约束，从而在本质上为我国传统文化跨文化传播提供一定的发展规律。

第二，马克思主义方法论为人类认识世界、改变世界提供了行之有效的方法，也是我国传统文化跨文化传播必须遵循的方法。马克思主义方法论为我国传统文化跨文化传播提出了辩证唯物主义和历史唯物主义的根本方法论的四大命题，即“一切从实际出发”“对具体情况作具体分析”“历史和逻辑相一致”“理论与实践相结合”，也为我国传统文化跨文化传播提供了实践依据，正是马克思主义唯物辩证法，让我们在文化产业建设和发展方面有了比较完善的、具体的方法作指导，也为我国传统文化跨文化传播提供了工具。

第三，马克思主义文化理论的开放包容心态，让我国传统文化跨文化传播更加具有接受力和影响力。作为马克思主义的传承和发扬，中国特色社会主义结合了马克思主义文化观的开放包容心态。在我国传统文化对外传播的过程中，也要抱着开放包容、相互借鉴和吸收的心态，加大对内引进其他文化的过程，通过两者相结合，不仅让我国传统文化在不同文化体系下的受众更容易接受，而且还能让我国传统文化中的优秀思想不断吸收其他文化体系中的优点，从而使其更加优秀，更具影响力。马克思主义文化观是无产阶级强大的思想武器，主张开放包容，不断学习其他文化和经验来促进文化融合和繁荣，也为我国传统文化跨文化传播奠定了基础。

二、文化全球化理论

根据美国社会学家罗兰·罗伯逊的研究结果，全球化进程不仅是要实现经济的全球化，更是要实现文化全球化。文化全球化已经成为一种势不可挡的发展趋势，是人类文明发展在打破区域障碍限制后的一种客观现象，更是人类文明下不同文化体系的交融、吸收、创新和增强的标志。从社会和政治的角度看，文化全球化削弱了政治控制的力度，让人为设定的社会界限开始贬值；从人类文明发展的角度上看，文化全球化是人类文明发展的必然结果，也是人类发展的趋势。在文化全球化的进程中，我们不能人为地阻碍文化全球化的发展进程，要像经济全球化发展那样，通过积极参与其中并且制定发展规则，从而实现文化共荣、互通互进、沟通融合的效果，从而实现全世界范围内的不同文化体系的文化“和合共荣”与“和谐发展”。

（一）文化全球化的传播内涵

有关文化全球化的传播内涵目前仍然存在争论，不同的学者间存在意见分歧，主要原因是文化全球化涉及范围比较广，分析视角也不同。对于文化全球化的传播内涵，有的学者认为是全球范围内不同文化的相互交流和相互作用下逐渐同质化的效果，也有的学者认为是文化交流的深化，是人类文明在发展过程中建立的共享化的文化信息模式，能够实现不同文化思想之间的相互影响。虽然不同学者对于文化全球化传播的观点存在分歧，从不同的视角来阐述文化全球化，但是其核心是一样的，即文化全球化是不同文化之间开放的结果，是不断冲突、交流、影响后的最终状态。

在当前，经济全球化已经成为全球经济发展的趋势，而以经济为基础，逐渐向文化等领域趋于全球化进程的变化是一种必然趋势，文化全球化的发展，要求全球范围内的每一个国家在自己的文化资源、文化产品以及文化服务上都要符合全球化的规律和特点，只有这样才能实现文化对外输出和影响。所以，文化全球化的传播内涵，可以从以下几个方面来理解：

第一，文化全球化的发展，是实现文化对外输出，即向全球范围的传播，这也是在经济全球化发展的基础上不断发展起来的，是文化发展的必然历史进程，类似于经济全球化的发展，因此文化全球化第一层含义就是不同文化在全世界范围内的传播与交流。在“同一个世界村”的概念下，各个民族、各个国家之间的文化信仰、文化精神、生活习惯等逐渐交融并产生同质化的现象，在文化认知上也开始了大规模的交流，使得全世界的民众在文化价值观念上逐渐有了相似的观点，这为文化全球化发展奠定了良好的基础，再加上科学技术手段越来越发达，互联网通信技术被广泛应用，全世界民众打破了原有的时间和空间的局限性，为全世界文化进一步传播和交流提供了客观条件。所以，当前已经具备了文化全球化发展的客观环境和条件，而且各种全球公共问题也逐渐出现，各个国家的交往与合作也逐渐深入，全世界民众已经逐渐有了“全球意识”，这些都加速了人类文化全球化时代的到来。

第二，文化全球化是文化在全球范围内的不同文化体系之间的交流与影响。随着经济的不断发展，各种现代科学技术也有了足够多的资金支撑来加快现代人们的思想和文化的交流与影响，不同时区、不同地区的人们可以突破传统意义上的时间和空间的沟通限制，达到文化快速交流与影响的效果。所以，文化全球化的第二层含义就是不同文化体系之间的交流与影响，需要达到这一个层次，就需要突破传统意义的时空限制，这一部分现代高科技已经突破，此外还需要突破语言的客观限制和文化认同的主观限制。只有这样才能实现全世界范围内的文化交流、渗透、学习与影响，逐渐形成文化全球化的频繁交流局面。

第三，文化全球化要实现全世界不同文化的多样化共存、相互借鉴并和谐发展的局面。马克思主义文化思想就曾经提出过“世界的文学”概念，其实就是文化全球化的具体阐述，要实现世界文化体系多样化，实现不同文化体系的和谐发展，体现不同民族、不同国家的文化价值观。文化全球化的前两个层次，主要是客观限制和部分主观限制，而要实现文化全球化的多样化文化共存，则需要全世界的民众主动参与到文化交流中来，并且让文化交流与繁荣成为一种长期存在的人类文明制度和意识形态，从而让全球不同民众形成一个全新的世界民族，在突破传统的文化认同和宗教信仰的障碍，迎接来自不同文化的精神文明的洗礼，从而让世界不同体系下的文化随着人类文明的发展而逐渐求同存异地出现多元化发展，而后和谐共存的新局面，最终形成马克思主义下的多元化和谐共存、差异性相互包容的“世界的文学”，这也是文化全球化的第三层的含义，也是文化全球化的最终归宿。

（二）文化全球化的传播方式

文化全球化的发展，最终实现多样化文化体系和谐共存的局面，而本质是不同文化体系突破原有的地域局限和时空限制，不断地在全球范围内进行传播、交流、影响并融合。从文化全球化下的传播方式来看，一般分为“濡化”和“涵化”两种方式，其中“濡化”是指文化以文化内容为核心的纵向传播，而“涵化”则是文化以文化受众为核心的横向传播。

文化纵向“濡化”传播。两个不同体系下的文化，由于相互接触和影响而逐渐出现文化融合和变迁，最终形成一种新思想的文化体系：文化“濡化”传播，很多时候是某个文化体系通过主动选择后学习和吸收另外一个文化特征，而起到主导作用的文化体系不断影响驱使被动的文化体系产生改变。例如，唐朝时期我国汉文化举世闻名，日本就曾经派专门的人员到我国学习汉文化并输入到日本文化中，对其产生影响。文化“濡化”传播很多时候会使学习者或被影响者主动放弃自己的文化需求，逐渐被主导文化输入并产生影响。

文化横向“涵化”传播。文化“涵化”传播，通常是以文化个人的群体，在长期集中接触而产生的文化融合的现象，文化“涵化”传播更加强调文化个体的影响性，常见的方式也有直接传播方式，例如以前的传教士；刺激传播方式，如先进的文化刺激他国而形成文化固定迁徙的现象。文化“涵化”传播，因为接触力度和影响的不同而产生的效果不一样，“涵化”传播需要更加注重载体传播特性和影响效果。

整体上看，文化“濡化”的纵向传播，是一种文化被完全吸收后形成的新的文化形态，而文化“涵化”的横向传播，则是不同文化的交流、渗透、影响的结果。在文化全球化的发展进程中，文化“濡化”“涵化”传播是相辅相成的，往往是两种传播方式相互融合、相互交叉的共同作用的效果。我国传统文化的跨文化传播，也需要借助文化全球化传播的力量，来不断地“濡化”“涵化”其他文化体系下的受众，并且要持有开放的态度不断学习和吸收其他文化体系的优点，从而真正实现文化全球化传播的效果。

三、跨文化传播理论

作为文化传播的一部分，跨文化传播学是一个理论体系颇为庞杂的学科，基于文化传播学的理论研究，涉及文化传播的主题、概念、范式、话语等方面的内容建设。

从开始之初，跨文化传播理论是在文化传播的基础之上进行了拓展和丰富，这也算是较为常见的，当然也有学者通过对其他学科的理论进行引用和创新作为跨文化传播理论，当前最常用的跨文化传播理论，是从 20 世纪 80 年代开始单独发展起来的理论，主要分为两大类：一是文化传播和差异理论，二是跨文化适应和调整理论。

（一）文化传播和差异理论

在文化传播理论层面，常见的能够代表文化差异性传播的有传播与文化的构建、文化协同管理等，在文化差异层面，常见的能够代表文化差异性传播的面子协商理论、高语境文化理论与低语境文化理论等，这些理论知识都为跨文化传播理论体系奠定了理论基础。国外语言学家在 1988 年就开始深入文化传播领域的研究，借助于建构主义理论作为切入点，来研究文化与传播之间的不同视角下的相互作用和关系。认为传播本身是信息分享、交换的过程，需要有目标驱使，实施主体会根据自己的目标来达到信息交互和识别的过程。也有学者从文化传播的协同管理中起到的角色作用进行分析，并提出了文化意义的协同管理理论，认为所有的文化传播是社会性的传播，不同的传播链条之间各不相同，而道德秩序对于社会性和多样性、对于传播来说具有信息传播和信息解析的作用。

随着跨文化理论研究的不断深入，对于不同文化体系自身差异性而产生的传播差异性的理论研究也逐渐开展起来，其中面子协商理论就是从东西方文化的差异性入手来研究传播差异性的相关理论，根据面子协商理论内容，每个文化体系下的成员自身具有自己的“面子”，而如何管理自己的“面子”则由其内在的文化价值观来决定，尤其是面对冲突情景或对“面子”有影响的事情的处理方式，也都由不同文化体系下的文化价值观影响。

此外，高语境文化理论和低语境文化理论，也对文化差异性下的文化交流进行了解释。有学者从文化语境的角度将其分为高语境和低语境，并认为高语境文化中的语言意义相对模糊，因为在高语境当中，陈述者的表达会更加的模糊，会出现很多含蓄的词语，其中也带有许多隐含意义，需要人推理。高语境文化中的语言不能代表所有意义，低语境文化相对清晰、明确，语言本身可以解释其基本含义。根据高语境文化和低语境文化理论，该学者分享了当今世界的文化体系。例如，在高语境文化系统中，中国、日本等国家的隐性文化形式中存在文化系统，而在低语境文化系统中，欧洲、美国等国家的显性文化形式中存在文化系统。高语境文化的问题体系必须通过民族习惯和思维方式来解释，而低语境文化由于语言本身的直接性，易被其他文化体系下的受众理解。对于高语境文化和低语境文化，这两种文化从语言和文化形式的角度解释了跨文化交际的行为特征，也表明跨文化交际中的不同文化系统，尤其是不同语境文化系统下的受众，由于自身文化的影响，表现出心态和文化接受行为的差异。这也是跨文化交际的一个主观障碍，跨文化交际必须加以考虑和解决。

（二）跨文化适应和调整理论

跨文化适应和调整理论是指文化交流的实施主体之间的相互调整与适应，常见的具有代表性的理论有跨文化适应理论、传播调整理论等。

传播主体下的不同传播活动都会受到文化差异性的影响，要面对不同的受体，需要考虑文化相关要素来不断适应。基于跨文化回应理论，有学者对跨文化传播的理论体系建设提出了各种假设，该学者指出只有在传播过程中实现功能性的适应以及适应中的公平，文化跨文化传播才能更具有效性，而非功能性的适应则会激发文化冲突和矛盾，阻碍或延缓任务的完成；跨文化的功能性适应，需要传播主体之间相互合作，这样才能出现适应中的公平。

跨文化调整理论，则是侧重于在跨文化传播过程中面对不同的社会语境，传播主体的行为需要进行对应的调整。在跨文化调整理论方面，具有代表性的是会话调整理论、传播调整理论。20 世纪 70 年代，国外学者们通过对人们在交往过程中的会话策略进行研究，发现在受体所在的社会语境中语言会发生变化，其中口音变化最为明显。根据会话调整理论，他们提出了信息表达主体在与受体的沟通交流中，主体会调整自己的会话策略，如“趋同”策略或“分化策略”等，来实现与受体之间的传播距离的调整，从而实现不同的传播效果。基于会话调整理论，有学者还将传播影响因素从语言因素扩展到非语言因素，认为主体与受体之间可以使用会话策略、行为策略等来表明自己的态度，从而获取受体的赞同与好感。所以，跨文化调整理论是在传播范围扩大到不同文化体系下的传播主体与受体之间而言的，而且传播主体的语言、行为策略甚至是传播动机都会影响受体的接收效果和质量。

第二节 跨文化交际背景下中国传统文化传播的目标与意义

一、跨文化交际背景下中国传统文化传播目标的确立

中国传统文化走向世界的目标，要从国家战略的角度出发，以当前复杂多变的国际形势为基础，以我国当前在国际中的政治、经济、军事等综合因素作为影响因素，从多个维度出发来制定中国传统文化走向全世界的战略目标及相关策略等。中国传统文化走向全世界，不同于传统的文化交流——其本身具有更强的政治目的，所以明确我国传统文化在不同文化体系下向全世界范围内的传播，设定战略目标是第一步，也是关键的一步。虽然说将文化传播提升到国家的战略层最终的目标仍然是以维护国家的根本利益为出发点，但是在不同国家性质中由于国家战略目标的不同，文化传播的目标也会存在差异性。一般来说，文化交流战略对于国家的文化意识形态以及市场经济效益都具有非常重大的意义，从社会意识形态上看，文化输出让输出国的私有理念的文化逐渐被国际社会所认可，形成一种共有意识和观念，可以让国外民众的情感和认知更加具有专注性，无论是在情感角度还是在理性分析方面都会对文化输出国具有一定的倾向性，使得文化输出国的文化效应良好。从经济效益方面来说，文化在以市场商品为载体的基础上，通过文化对受众的心理和情感影响来让商品占据更大的市场份额，进而提高商业利益。

对于中国来说，文化输出的战略目标是增强其他文化体系下的民众对我国传统文化以及现代社会主义文化价值观的认识和了解，尽量消除由于当前复杂的国

际形势和西方媒体不实言论造成的国外民众对中国的误解。从而为中国在国际舞台上争取更多话语权，让中国逐渐发展的国际形势更加良好，为经济健康发展奠定良好的基础。中国文化博大精深，中国力求通过文化来实现强国梦，并且将文化传播提升到国家战略层面，希望通过传播中国文化来让国际上更多的国家对中国有正确的认识和了解，能够对社会主义政治理解和认可，并且能够借助传统文化的思想认识到中国不会欺凌、霸凌任何其他国家，而是期望能够通过和平共处的态度和合作的思想稳定发展和崛起，同时借助文化传播能够展现中国的软实力，让中国这个古老而又充满了现代活力的国家能够在国际上展现自己的大国责任，从而赢得国际上其他国家的尊重，树立自己的大国形象。所以，中国传统文化在不同文化体系下向全世界传播，是以传统文化为基础，挖掘并传承优秀文化，同时实现传统文化的现代意义和价值，最终形成中国现代的核心价值观，而向不同文化体系的全世界传播则更是以维护自身国家安全和形象、提高中国国际地位和话语权、促进世界人类文明发展和繁荣为主要目标。所以，对于我国传统文化走向全世界的战略目标确立，可以从以下两个方面来诠释：第一，中国传统文化对人类文明史的贡献和影响。中国传统文化是中华民族的精神和价值观的具体体现，是中国人民传承和发展的主要核心，借助传统文化对不同文化体系的民众的影响力，可以让世界民众更好地了解中华民族思想、认识中国人民美好愿望，也为中国在国际地位和话语权的提升奠定良好的基础。第二，中国传统文化提升中国的国际形象和话语权。中国传统文化走出去并且与不同文化进行交流融合，不仅对中国传统文化来说能够吸收和优化中国文化，而且能够对全世界的文化做出贡献，为丰富他国文化、促进双方合作与发展奠定了良好基础，受中国传统文化的思想，他国民众和领导人能够认识到中国爱好和平的愿望，愿意与中国进行多方合作，愿意支持中国，让中国能够在国际地位上具有更高的地位和话语权，对于中国来说，增加了更多合作机会的同时，也能够在国际舞台上展现自己的大国担当，为全世界的发展起到极大的促进作用。

二、跨文化交际背景下中国传统文化传播的意义

（一）应对文化竞争，维护国家文化安全

中国传统文化的跨文化传播，可以有效应对国内外市场上同质和异质文化的竞争，实现维护国家文化安全的目标。在人类文明发展的过程中，地域限制和人为的社会限制逐渐使世界文化呈现出不同的文化体系，这是自然而然的现象。文

化本身没有腐蚀性和威胁性，但如果文化被人为地与国家的发展和国家利益联系起来，它往往会具有侵略性和挑衅性。正如爱德华在《文化与帝国主义》中所说，"文化逐渐与一个民族或国家联系在一起，具有挑衅性，这使我们与他们'区别开来'，而这种差异几乎总是带有对他人的仇恨。"[①] 从这个意义上说，文化是身份形成的源泉，也是从最近的"回归"现象中衍生出来的一种非常具有侵略性的源泉，这样的差异让各个文化之间带有敌对情绪。论文化传统文化竞争的出现是文化输出过程中不可避免的结果，对于我国来说，文化不仅是民族和国家自我塑造的基础，也是各种文化体系挖掘的原因。通过文化输出，我们可以实现中国文化的国际文化竞争，维护国家文化安全。

第一，应对同类文化体系的竞争。东亚文化的核心是中国的汉文化，汉文化不仅是对中国，对韩国、日本等国家也都有非常重大的影响。在汉文化的传承与输出方面，相对于日本、韩国，我国仍然处于落后地位，日本、韩国等国家在世界文化舞台上一直在努力成为文化强国，并且对我国传统文化的对外输出形成了非常强烈的竞争态势。以韩国为例，韩国成功将江陵端午祭申请为世界文化遗产，又开始在世界上宣扬中医、甲骨文、《兰亭序》等中华瑰宝为韩国人所发明。日本与中国在汉文化的竞争也非常多，比如茶道等，这些国家对中国传统文化的竞争现象不一而足，对于我国传统文化走向世界来说也是非常大的挑战。此外，国外研究东西方文化的机构也对我国汉文化，尤其是"儒家文化"在东亚产生的影响进行了深入的研究，并且发现韩国是受"儒家文化"影响最大的国家，其首都首尔是与"儒家文化"核心价值观最为贴切的城市，而有些传统文化在我国反而未受到足够重视。面对同类文化体系的其他国家或民族的文化竞争，我们要坚持文化自信，并且要对我国传统文化进行保护和传承，将传统文化的核心价值继承、发扬并传承，并且借助当前的文化战略将我国传统文化传播出去，只有这样才能赢得同类文化的国家竞争。

第二，应对异类文化体系的竞争。我国传统文化不仅要应对东亚文化的同类文化体系的竞争，还要在当前文化全球化进程中，与全球不同的文化体系进行竞争，以维护国家的文化安全。在当前人类文明空前发达，经济、技术、人员等已经在经济全球化的格局下出现了全世界范围内的流动，使得不同的文化都在经济活动的交流下被带入了全面交流中，并且出现了文化冲突和摩擦，文化全球化的进程也已经逐渐开展起来。在文化全球化的进程中，西方国家由于在经济发展中占据了有利地位，所以西方文化的扩张在全世界范围内都产生了巨大的影响。西

① 爱德华·W·萨义德．文化与帝国主义 [M]. 李琨，译．北京：生活·读书·新知三联书店，2003.

方文化已经成为资本主义侵蚀第三世界国家的工具，正如马克思所说，资本主义社会正在带着温柔的面纱，展现帝国主义高雅的绅士风度，呈现给第三世界国家受众的精神世界和内心。当前，很多国家和民族都已经意识到了西方文化在西方国家强烈的攻势下咄咄逼人，一些西方国家，凭借着自身强大的经济实力和技术力量，向全世界灌输其自身的价值观念，影响着全世界受众的意识形态，严重地给他国文化安全造成了威胁，所以很多国家或民族都意识到自己国家在现代化发展进程中文化已经受到西方文化的侵蚀和渗透，尤其是西方文化中的糟粕思想对本民族的年轻一代的思想伤害和价值观的扭曲，让越来越多的国家开始有了强烈的民族意识形态，对于自己民族性和区域性的文化都有了保护心理，所以使得不同文化体系下的自我保护更加强烈。

对国际关系的发展和国家竞争来说，文化领域的竞争可以维护本国的基本利益和主权，并且可以推动文化产业发展继而带来更多的经济效益和国际认可度，所以不同文化体系之间的文化输出竞争异常强烈，尤其是在当前西方发达国家借助先进的科学技术和雄厚的经济实力，对第三世界的国家开始疯狂的文化侵蚀和渗透，不同文化体系自身的抗性更是让文化的冲突更加激烈化，而由于文化被人为地加上了经济、政治的意义，往往在冲突过程中呈现出了不平等的特点。正如马克思和恩格斯对资产阶级文化的评价所言，资产阶级的文化为全世界多民族的文化产生了巨大的威胁，资产阶级加快了生产工具和交通工具的革新和使用，让更多的野蛮民族参与到文明中来，而资产阶级靠着低价的商品来为自己筑起了坚强的壁垒，消除了野蛮民族的仇外心理，但是却采用资产的方式按照资产阶级的期望和面貌来改造这个民族，所以加速了民族的灭亡或者使其成为资产的一部分。对于异类文化的竞争，不少现代学者也做了深入研究，美国有学者就曾经发表文章称，当前世界的文化输出主导权在第一世界的国家手中，其野蛮地将自己的文化思想、正式意识形态、思想价值观念输出到第三世界国家并迫使其接受，而第三世界国家自身的民族信仰、思想价值观、政治意识形态甚至是母语都在逐渐消失并灭亡。所以，对于全世界来说，尤其是第三世界国家来说，由于自身在国际地位、经济市场等国际舞台上处在边缘地位，在文化竞争中本身就处于一种不平等的状态，导致自己国家的文化发展仍然处在一种被殖民的状态，自己民族和国民的意识形态、价值观等都在逐渐被影响、改变，自己的优秀文化也在逐渐消亡。

所以，在当前文化全球化发展过程中，文化安全是头等大事，谁能够主动占有先机并创新地设计发展更多文化产品或服务，谁就能够在国际文化市场上占据更多的资源，进而在文化竞争中取得最终的胜利。

文化安全不仅是文化领域的竞争，更多的是与国家主权、民众的价值观念、思维意识形态相关联，在对应国际上同类或异类的文化竞争，我国要强而有力、积极主动地迎面而上、知难而进，不断地加强本国文化产业的发展和建设，构建抵御外来文化侵蚀和渗透的软实力屏障，从而维护我国民众的优秀思想意识，树立正确的思想价值观念，养成良好的行为方式和思想观念，从而保证我国在国际文化竞争中能赢取最终的胜利，真正维护我国传统文化的安全，维护国家主权的安全。

（二）增强文化软实力，提升国家形象

我国传统文化跨文化的对外传播，可以有效增强我国文化软实力的构建与发展，从而提升我国在国际舞台上的大国形象。一个国家的文化力量，不仅彰显了国家的综合实力以及在国际关系上的竞争力，更是体现一个民族的精神结晶和集体纽带。"软实力"是一个民族精神结晶的具象，是一个国家彰显综合实力、在国际关系中获取更多话语权的关键，我国已经将文化提升到国家战略的层面，通过增强我国文化软实力，来维护我国在国际舞台上的形象和地位，提升我国在国际关系中的话语权。对于构建文化软实力，我国在古代灿烂的传统文化就有所体现，《论语·子路》篇有云"远人不服，则修文德以来之"，《易经》中也曾说道"观乎人文，以化成天下"，这些都是我国古代以"文德"服人，以"人文"来构建国家的文化软实力建设的思想。在当前激烈的国际竞争中，我们只有脚踏实地地提升我国的文化软实力以增强综合国力，从而不断地在国际舞台和国际文化市场上占据有利地位，这样才能够真正地在国际竞争中提升自己的地位。

何谓文化软实力？对于这一疑问我国很多专家学者不断地深入研究发现，文化软实力是我国以文化因素为核心形成的民族和国家凝聚力、民族生存的创造力和生命力，并且对其他同质文化或异质文化的民众而产生的中亚影响力。所以，在当前仍然以和平发展为主体的国际形势下，紧紧围绕文化为核心积极实现文化软实力的构建与提升将会为我国的稳定发展和经济提升打造良好的环境，也为我国在国际竞争中维护良好的大国形象、提升国际舞台地位来说具有非常重要的现实意义。知识的力量不仅取决于其本身价值的大小，更取决于它是否被传播，以及传播的深度和广度，所以在增强我国文化软实力，维护国家形象的过程中，文化的开放与输出是重中之重，如果我们对自己的传统文化秘籍自珍，那么其在国际的知名度和影响力微乎其微，只有不断地在我国改革开放的政策下，坚持我国传统文化的对外输出，才能够充分发挥我国传统文化在现代文明建设过程中的价值和意义，才能在国际舞台中获取更高的认可度和影响力，只有这样才能让中国在国际舞台上掌握更大的主动权。

就目前的状况来看，我国文化软实力的建设和发展远远跟不上当前日益激烈的国际形势变化，我国传统文化和思想不断地被西方文化所侵蚀，尤其是当代很多年轻人的思想越来越西方化，这对于我国传统文化思想的传承以及国家文化软实力的构建来说非常具有威胁性。再加上，在我国快速崛起过程中，西方国家对我国有很多不实宣传，使得很多国家对我国的快速崛起产生疑虑，也有不少外国民众在西方不实报道和恶意言论的影响下对我国产生了诸多误解，认为我国的社会主义制度存在缺陷，认为我国存在人权问题等，这些给其他国家民众造成的错误认识都是西方从文化竞争的角度来损害我国在国际上的良好形象，阻碍我国和平发展和崛起的社会主义现代化进程。

因此，在文化软实力建设方面，中国不仅在实力上远离西方工业化国家，而且还有另一个方面就是，无法应对西方国家当前对中国和平发展与崛起的诽谤和诋毁。这样的污蔑虽然看起来可笑至极，但是“三人成虎”，这对中国在国际上的形象有着很大的影响。这与中国快速发展的经济形势和社会主义和谐国家的建设也非常不适配，中国应该积极开展文化产业和文化教育宣传，把文化推广和传统文化思想传承作为文化软件建设的一部分，使之与政治、经济、社会、环境的发展成为一个和谐统一的整体，不断推进我国文化软实力和综合实力建设，确保我国在国际舞台上的大国地位和形象。在建设文化软实力的同时，还应采取多种途径，如中国文化、艺术和社会科学的沉淀、文化元素的建设、文化产业的发展等。一位科学家曾经对外国舆论领袖进行过一次调查。研究发现，在中国举办奥运会期间，外国人最想感受到的是中国的文化元素，这远远高于社会、经济和政治的基本元素。这说明，为了展现良好的国家形象，文化元素的建设非常重要，而不仅仅是国家软实力的具体体现。是中华民族精神文明和文化思想的凝聚和体现。要坚定不移地实施文化发展战略，坚持文化输出的战略要求，使中国传统文化成为中国文化软实力建设的核心，通过不断输出，不断渗透人们对其他文化体系的思想，以文明和谐的方式维护中国的国家形象，加强中国在国际舞台上的地位。

（三）推动产业结构升级，促进发展方式转变

我国传统文化跨文化的对外传播，还可以促进我国文化产业的构建，促进我国经济结构的优化升级，加强我国供需结构改革，继而为我国拓宽更大的国内和国际贸易市场，促进我国经济的进一步发展。对于现代文明来说，第三产业的结

构和比例在现代化建设中越来越重要，文化作为第三产业以及第一、第二产业的支柱性产业，可以极大地促进我国经济发展的模式，使文化产业成为我国经济结构中越来越重要的组成部分，从而促进我国的经济发展。在很多发达国家，文化产业非常强大，文化贸易所占比例较高，从而成为宣传西方文化价值观和思想理念的主要手段之一。所以，现在很多发达国家都在积极发展自己的文化产业，以获取更多的经济收益。以美国的文化产业发展为例，美国在影视作品方面的对外输出非常强大，各种好莱坞影视作品都会成为每年的收视强档，漫威系列、变形金刚系列等各种美国影视作品层出不穷，并且在影视作品的技术上也是不断创新，像当年作为第一部 3D 电影《阿凡达》创造了影视界的收视传奇，而即将推出的《阿凡达 2》更是号称使用了“裸眼 3D”技术，让观众摆脱 3D 眼镜的束缚和困扰。也正是技术上的不断创新，让文化输出更具吸引力和感染力，更是促进了文化产业的发展和经济的提升，也为文化周边产业带来了新的发展机遇和动力。

当前，我国已经成为全球的第二大经济体，但是在文化贸易方面，我国仍然属于文化输出弱国，并且“文化入超”的现象非常严重。我国虽然有上下五千年的文明历史，却在文化产业的发展方面，面临着巨大的“文化逆差”现象，可见我国的文化产业仍然处在非常弱小的状态。并且，我国产能过剩、经济增长速度放缓等也说明我国的经济结构需持续调整，而文化产业正是我国未来的发展重点，从国家的战略层面来提升各级政府、企业对文化产业建设和发展的重视度，让文化深入社会的各个领域，从而为我国社会和谐文明建设、国家经济发展带来新鲜血液。在促进经济结构调整的过程中，尤其是在当前国际经济形势下，我国加大了经济内循环的力度，期望能够实现经济内外双循环来促进我国经济发展。文化产业在我国经济结构中仍然没有体现出其应有的优势，在当前我国加大经济内循环的着力点调整下，在没有文化障碍的前提下，要积极地加大我国文化产业的发展，借助经济贸易行为来让中华民族的传统文化思想逐渐融入文化市场中，为我国传统文化的跨文化输出奠定良好的产业基础，也为我国经济发展提供新的转变方向和机遇。不仅如此，当前的世界格局风云变幻，经济发展下的国际分工也在悄无声息地发生着变化，这种国际贸易结构的变化，不仅给我国经济产业结构调整和创新提出了巨大的挑战，更为我国文化产业的发展带来了新的机遇和动力。在传统的国际贸易结构中，西方发达国家强势地行使着自己的文化霸权，在文化领域表现着文化“帝国主义”的特征，当前的国际文化贸易在新技术不断出现的背景下，西方发达国家一直占据着更大的国际文化市场份额，也推动了其自己文化支柱产业的发展。

我国文化产业的发展，正如最初我国的经济发展一样，同样面临着巨大的压力，而且在当前的国际文化市场上仍然处在一个非常弱势、不平等竞争的地位。在我国的出口贸易中，文化贸易仍然是入超的局面，这与经济出超完全不匹配。所以，我国要在坚持经济改革开放的发展进程中，通过文化输出的战略实施，来建立完善的文化产业，并且逐渐从国内市场向国际市场过渡，从而扩大我国文化输出的影响力，提高文化贸易的份额占比，为促进我国经济结构调整创新、提高国民经济发展而不懈努力。

（四）赢得国际话语权，维护文化多样性

我国传统文化跨文化的对外传播，可以提升我国在全球范围内的影响力，从而在国际舞台上赢得话语权和主动权，并且为维护世界文化多样性贡献力量。

对于一个国家来说，民族文化是民族精神凝聚和具象的体现，如果民族文化在文化全球化发展过程中逐渐被丢弃而消亡，说明这个民族的凝聚力和民族个性存在缺陷，这样的民族是可悲的，而且不会长久存在，更不会在国际舞台上拥有影响力和话语权。所以，我国坚持走传统文化跨文化传播的路线，可以有效地提升我国的文化软实力，从而在国际竞争中提升综合国力，扭转被污蔑、造谣的被动局面，在遵守世界文化结构规则的过程中获取正当性、普遍性的发言资格，从而真正展现一个国际大国形象，赢得国际话语权。

国际事务的话语权是对国际上各种事务的评价权和裁决权，以及对国际规则、国际法等国际规范的制定权。当前，随着我国经济实力的不断攀升，在国际关系的处理以及国际事务的抉择方面已经具备了一定的话语权，但与我国作为一个国际大国的地位不相匹配，国际事务的主要话语权仍然在西方国家手中。当然，在当前瞬息万变的国际形势上，西方话语权也受到了挑战和威胁，越来越多的话语权被新兴的国家所占有。在新的世界秩序变化过程中，我国要贡献中国理想图景，并且要从提升文化软实力的角度来加大我国文化输出，提高我国的文化影响力，从而让世界受众从内心对中国文化折服，对中国作为国际大国来主持国际事务所折服，只有这样才能弥补西方话语体系的不足，才能赢得更多的国际话语权。

此外，文化国际化的最终状态是文化多样化，所以文化多元性是世界文化自然发展的客观规律。我国传统文化跨文化传播，要尊重文化的异质性的客观规律，只有对其他文化本着尊重、包容、求同存异的思想和态度，才能够真正保持世界文化的多样性，推动人类文明的快速发展。世界文化思想长期被西方文化所霸凌，利益中心论、消费主义、价值虚无主义等让越来越多的青少年的思想价值观出现了偏差，各种现代思想病症日益严重。所以，很多国家对西方“后现代社会”的思想和“西方中心论”产生了质疑，并且开始倾向于世界文化多元化发展的理念。世界文化的多样性，是推动人类文明持续发展的动力，也是让人类文明在地球不断延续的根本所在。每个民族的文化正是与该民族的思想秉性、地域影响等息息相关，每个文明都拥有自己的精神和人文传承。所以，维护世界文化多样性是人类文明发展过程中必须坚持的，对于任何一种文化企图霸凌、侵蚀和消亡其他文化的想法和做法都是应该坚决摒弃的，我们要不断地警惕文化侵蚀的现象，坚决维护世界文化的多样性。

但就目前的人类文明发展过程中的世界文化多样性现状并不令人满意，从语言方面来说，英语成为全世界范围内使用最为广泛的语言，这也使得越来越多的民族放弃了自己原有的母语而将英语作为母语，从而使得自己民族的文化传承和精神展现遭到了侵蚀和破坏。当前，世界上民众使用的英语语言的数量非常大，但是随着经济全球化的发展，民族语言体系遭到了无情的破坏，随着英语的广泛应用和普及，世界上超过 3000 种语言正在逐渐消亡，这也就意味着越来越多的民族文化传承将出现断层或曲解的现象，文化多样性正遭受着前所未有的破坏。以美国为首的西方发达国家，长期以经济利益为首要目标，对于非西方国家的文化肆意践踏和破坏，联合国教科文组织曾一度坚持对世界文化多样性的保护，倡导各个国家维护自己的民族文化、推动世界文化多元化发展，但是由于美国等发达国家放弃自己应有的大国责任，甚至又退出联合国教科文组织，可见其在世界文化多元化保护方面是持不支持的意见。

由于西方国家的文化侵蚀，世界各地的文化产品出现了严重的简化，越来越多的“文化基因”逐渐消失，这无疑是对人类文明发展的致命打击，如果世界上的文化越来越单一化的话，人类的文明也会遭到巨大的侵害。为了保护世界文化多样性，教科文组织于 2001 年通过了《世界文化多样性宣言》。其目的是在不同的时代和地区保持不同的表现形式，保护人类群体和社会的独特性及其独特性创造的多样性，积极促进文化多样性的和谐共存。相互促进和发展。作为一个国际大国，中国积极加入该公约，并始终坚持为世界文化多样性的发展做出贡献。因此，中国传统文化的跨文化传播不仅可以为中国赢得更多的世界话语权，而且可以让世界各国人民看到中国作为一个和平崛起的大国的责任和义务。为维护世界文化多样性，中国将继续努力促进不同文明、不同文化制度、不同社会制度的国家平等交流、相互学习，最终实现宽容共存。当然，这也是中国传统文化和思想的体现。

第三节　跨文化交际背景下中国传统文化传播的实施主体

一、政府部门

在我国传统文化对外输出的实施主体中，政府部门担任着非常重要的角色，在主导文化输出、搭建文化输出平台、支持其他主体和维护国家基本权益等方面起到非常重要的作用。从广义的角度来看，我国的政府部门包含了所有能够行使国家权力机关部门，例如立法机关、司法部门、行政机关等，不同的政府部门行使不同的国家职责，例如立法机关则是制定法律，而行政机关则是执行法律、司法部门则是依据当前的法律体系来审判民事或刑事案件等。从狭义的角度来看，政府部门仅包含了国家的行政机构，即依法而建的行使行政权力和职能、管理公共事务和政务的机关体系。对于我国传统文化来说，负责我国文化输出的政府部门隶属于国家的行政机关，在文化输出方面起到了非常大的带头和引导作用。但是，在文化输出的过程中，离不开立法机关、司法部门的支持，尤其是在约束和管理文化输出行为和规范方面，都起到了非常重要的作用。

二、非政府组织

非政府组织主要是指民间团体或机构，不属于政府部门的所有第三方组织的统称。对于我国传统文化在不同文化体系下的对外输出，非政府组织的作用相对于其他部门来说比较柔和且有韧性，由于没有政治意图和市场利益需求，与政府部门、企业等相比具有非常独特的优势。因为不属于政府官方行为，且没有明显的利益需求，所以在其他文化体系下对外输出更容易被接受，也不会存在被其他受众排斥或抵触的现象。所以，非政府组织能够为我国传统文化的传播开辟一条新的途径，也是我国文化交流开展的非常重要的组成部分之一，尤其是非政府组织在文化输出过程中采取的形式大都属于公益或志愿性，例如扶贫慈善、环保教育等，所以对于其他受众来说，内心原始的抵触和排斥心理就会非常薄弱，这相对于政府部门主导的或企业以市场利益而开展的文化交流活动来说更容易让受众接受。

三、文化企业

文化企业是从市场需求的角度出发来推动我国传统文化的对外输出进程，而且由于文化企业自身的专业性，相对于政府部门或非政府组织来说，在文化对外传播过程中，传播收益和传播影响力要比其他的实施主体高，所以在我国传统文化对外输出的实施主体架构层内，要以政府为主导、文化企业为主体，将更多的文化输出工作交由文化企业来实施，从而让我国的文化产品或服务质量在国际市场上都能够享有盛名。以俏佳人传媒公司为例，该企业为我国传统文化走在北美文化区域的传播树立了榜样。俏佳人传媒公司为了能够拓展北美业务，在2009年受够了美国的国际卫视公司，并更名为“美国ICN电视联播网”，当前美国ICN电视联播网已经覆盖了美国包括纽约、洛杉矶、休斯敦等多个城市以及加拿大的多伦多、温哥华等，并设立了中英文频道，传播内容包括了时事新闻、娱乐、教育文化等多种内容，传播载体也有互联网络、有线和无线、卫星、手机等，基本上覆盖了当前主流的传播载体和热门内容，辐射用户高达1亿人。俏佳人传媒企业在北美市场上已经占据了稳定的地位，也为我国文化输出奠定了良好的基础。所以，我国要加大文化企业的支持力度，从政策、资金、服务等多方面给予支持，从而为我国传统文化跨文化传播构建强而有力的中坚力量。

四、文化界和学术界知识分子

传统文化的对外传播，知识分子作为一个特色而又重要的组成部分在为我国文化传播起到特殊的作用，可以说知识分子决定着我国传统文化内容的质量，也是我国传统文化对外输出的核心部分。所以，我国传统文化对外传播，要积极鼓励知识分子参与进来，要鼓励他们设计和创造更高质量的文化产品、设计和保障更加优质的文化服务，从而提升我国文化产品和服务在国际市场的知名度和影响力，并且要积极鼓励知识分子能够参与到各种文化交流活动中，促进国际文化交流与合作，并且为高端学术和文化的阐释起到一锤定音的效果，确保我国传统文化内容的正确性和优质性。

五、普通民众

普通民众逐渐在我国传统文化对外输出方面扮演着越来越重要的角色，尤其是当今互联网时代，更是加大了普通民众之间的沟通与交流，并且国际关系民主化进程的发展更是让普通民众逐渐成为我国传统文化跨文化传播的有效组成部分。在当前很多国际活动中，参与的人员不仅有国家管理层和社会精英层，普通大众也逐渐参与进来，参与方式除了常规的学术沟通和交流，还有更多的国际性大众活动、国外旅游等，而且互联网时代更是联通了全球范围内的每一个普通人，所以经济文化全球一体化的今天，普通民众之间的沟通机会和交流频率越来越大，越来越多的普通民众参与到文化、艺术、体育等交流活动中，并且由于越来越多的普通民众参与，文化交流的影响力也越来越大，所以普通民众已逐渐成为我国传统文化对外传播不可或缺的一部分。

第四节 跨文化交际背景下中国传统文化传播的路径

一、政府层面的传统文化传播路径

政府层面对我国传统文化跨文化传播做出了非常重要的贡献，首先政府部门主导着我国传统文化的对外输出，从战略、策略以及对其他实施主体的支持等方面起到了非常关键的作用，也正是有了我国政府部门的保障才让我国传统文化对外输出更加强劲。

一般来说，我国传统文化跨文化传播从政府层面上讲，包含了三级结构，分别是中央政府，省、自治区、直辖市等省级政府以及各地政府，三级政府通过垂直领导、细致分工将我国传统文化在不同文化体系下的传输工作形成了上有领导、下有实施、中间有监督的协同工作方式。也正是在政府部门的领导下，我国传统文化才会开展文化交流、文艺会演、文化展览、文化论坛、建立海外文化中心、开展文化贸易等多样化的文化走向世界的输出方式，从而推动我国传统文化对外输出的进程。

（一）文化交流

文化交流活动形式多种多样，对于我国传统文化来说，借助传统节日来宣传我国传统文化已经成为一种成功的模式，例如比较流行的“中国文化年”，各种文化节等，这种模式可以在全球范围内进行推广。在我国传统盛大节日的时候，全国人民和全世界的华人华侨都会聚在一起度过，随着我国经济高速发展，国际影响力也越来越大，所以很多传统盛大节日，比如春节在国外也逐渐产生了影响力，越来越多的受众开始关注中国，并且把春节这一盛大节日作为窗口开始了解中国。为了进一步推动我国传统文化的传播和影响，我国也开始了“中国文化年”的项目活动，从国家文化的角度来向全世界展示中国传统文化的魅力，展示中华民族优秀的精神思想形成的当代文化价值观，并且展示当代中国的政治思想和经济策略，从而让中国传统文化在世界上走得更远。从 2002 年我国与日本、韩国开展的文化交流年开始，“中国文化年”就有了基本的雏形，而后该项目在全世界遍地开花，2003 年在法国、2006 年在俄罗斯、2010 年在意大利、2011 年在土耳其、2012 年在德国、2015 年在非洲 20 多个国家和地区、2016 年在埃塞俄比亚，等等，在不同的国家和地区、不同主体的中国文化年项目有序推进，各种文化交流活动顺次开展，涉及文艺演出、文化展览、学术研讨会、影视交流等多个文化层面的多样化的交流活动，为中国传统文化与其他文化体系的沟通交流、相互融合起到了极大的推动作用。

“中国文化年”项目的实施，是从国家层面推动我国传统文化的对外传播，站位比较高、涉及范围比较广、影响力比较大，相比于其他形式的文化交流，获得的效益更高。另外，“中国文化年”项目不仅是单纯的文化领域，更是以文化为出发点，辐射到其他领域的活动，例如教育、科技、环保等，对于文化产业发展很容易形成产业集群效应而推动更大的文化产业的发展。不仅如此，由于国家与国家之间的文化交流活动，为地方政府以及文化企业提供了更多的发展机会和平台，让地方政府或文化企业也能够参与到“中国文化年”项目中来，使地方政府可以顺利开展文化节、文化周、文化月等文化交流活动，文化企业可以搭载国家的文化交流顺风车，开展文化贸易，进一步促进我国传统文化在不同文化体系之间的传播与交流。与此同时，政府层面开展的文化交流活动，也让越来越多的民众参与进来，尤其是地方政府开展的文化节、文化周等文化交流活动，更是让具有民族和地方特色的文化形成了输出内容，普通民众也有了参与文化宣传的机会，也能让海外的华人华侨因为中华传统文化的影响而产生自豪感，主动参与到文化交流中来，延续了“中国文化年”活动的影响力，让中国传统文化产生的影响更加深远。

所以，整体来看，政府部门组织的文化交流活动，可谓是“一点带动全身”，不仅调动了国家的优秀文化资源从而促进我国传统文化的对外传播，并且能够产生集群影响效应，让更多的主体参与进来，开展更加多元化的交流活动。此外，政府部门开展的国家层面的文化交流活动而产生的影响力要远远高于其他实施主体所带来的效应，其辐射之广、影响之大、合作之深、领域之多都充分展现了国家在文化输出的战略意图，对于我国传统文化在不同文化体系的对外传播都具有非常重要的意义。

（二）文艺会演

相对于文化交流来说，文艺会演更具有普适性和观赏性，可以在短时间内使被输出国的受众感受到我国传统文化的魅力，从而了解我国的文化知识，促进文化传播。当前，文艺会演是国家层面采用比较多的文化交流方式，在文化输出效果上也非常明显，我国自中华人民共和国成立以来就让文化艺术团出访到世界各地进行演出，通过专业的文艺会演可以将直观的、形象的文化内容展示给国外受众，而且现场的表演更是以动态的方式让其更具魅力，文化传播的效果更好。文艺会演的组织形式上，或者作为文化交流的方式，由政府安排文化艺术团出访演出，这种形式一般会出现在外事访问或者国家组织的国与国之间的文化交流活动中，或者在政府搭建的文化交流平台上，由企业安排或民间组织的形式出访演出。不论是何种形式，文化会演都充分展现了我国传统文化的魅力，通过直观动态的表演让国外能够短时间内了解到中国传统文化，并逐渐产生影响。

（三）文化展览

举办文化展览是我国自中华人民共和国成立以来长时间使用的较为普遍的一种模式，也是我国传统文化对外输出的多内容、多层次的文化输出方式，对于我国传播载体不健全、对外输出技巧不成熟的年代，文化展览是最为常见的一种模式。一般来说，文化展览都是在国家政府搭建的文化沟通交流的机会下，由各个省市政府主要承办的大型的综合性强的文化展览活动，而专业性强的文化展览则一般交由外贸公司或专业联合会来承办，所以在文化展览方面，主要承办的主体是政府或文化企业商会等。文化展览的内容也是偏向艺术性，一般展示的是文物、艺术品或书法绘画作品等，所以举办文化展览对于受众的要求相对较高，对于普通民众的吸引力度不是很大。当前，我国传统文化大规模在跨文化视角下对外传播，文化展览也不失为一种高端、个性化文化输出的手段和措施，对于我国文化传播的效果也是非常好的。

（四）文化论坛

文化论坛是一种聚集文化知识分子的专家学者或者社会经营层的一种文化交流活动，相对于文化展览层次更高，对于体现我国传统文化的价值观和核心文化理论来说，具有非常重大的意义和促进作用。在我国传统文化跨文化对外传播的过程中，中外文化论坛让全世界范围内的各个国家和地区的高层次的专家学者本着求同存异的态度，针对各种国际性的问题进行交流，本着合作共赢、和平发展的目标在诸多问题和争议上达成了共识。作为较好的文化交流机制的方式，文化论坛让各个领域的精英人才能够抛弃其他问题的影响，针对学术问题、文化问题进行交流和沟通，而其自身在国际上的影响力更是吸引了更多受众对其的关注，并且号召了越来越多的人才参与到这种对话机制的文化艺术讨论中来，从而了解和认可彼此、促进更深层次的文化合作。

（五）建立海外文化中心

海外文化中心是立足于我国文化对外输出战略设立于国外的文化交流中心，是我国传统文化走向全世界的有效组成部分。自 2002 年开始，我国先后在欧洲、美洲、亚洲等区域的不同国家签署了设立我国海外文化中心的政府文件，并且在海外文化中心的建设上也加大了投资力度，从而为我国传统文化对外输出搭建了新的窗口和平台。

海外文化中心的设立，在文化形式上多种多样，例如举办文艺演出和文化展览、开展影视周或文化节、举行体育赛事或旅游推介会，等等，同时还会根据所在国的需求，定期开展标准化的中国语言、文字、文化的教学培训项目，并且针对专业的问题开展文化沙龙、讨论会、研讨会等。

为弘扬我国传统文化、推动我国文化对外输出做出了巨大贡献。海外文化中心的建立，让中国传统文化对外输出成为日常，对所在国家能够充分展示中国传统文化的魅力，提供全面详细的信息化服务，促进国家文化交流与培训、人才培养和深度交流，增强了所在国的受众对中国文化的了解，更是培养了更丰富的人才来促进中国传统文化在不同文化体系下的全世界范围的传播。

（六）开展文化贸易

开展文化贸易是从市场的角度出发来加速我国传统文化对外传播的进程，对于我国构建完善强大的文化产业、促进我国经济结构调整升级、提高我国文化产品和服务的国际知名度等方面来说，具有很重要的实践价值。在当前国际形势下，全球经济形势收紧，我国开展文化贸易不仅创新了传统文化跨文化视角的传播方式，更是丰富了我国经济贸易市场，让文化产品和服务走向全球的市场，从而为实现我国文化输出战略跨上一个新的台阶。

二、非政府组织层面的对外文化交流

在我国传统文化在不同文化体系下对外传播的实施主体架构中，非政府组织

扮演着非常重要的角色，由于实施主体的政治意图和经济意图不同于政府部门，其在政府部门的引导和支持下开展的各种对外文化交流活动，取得的影响效果更加深远。

现如今，非政府组织的作用越来越重要，这是因为中国传统文化在不同文化体系中对外传播的逐步深入。在政府的领导和支持下，它已成为弘扬中国传统文化、促进中外文化交流的又一特殊渠道。世界各地越来越多的非政府组织和社会团体蓬勃发展，开展了一系列文化交流活动，并不断努力促进中国传统文化的跨文化传播。特别是非政府组织自身的目的性非常单纯，功利性和利益性非常低，往往起到了政府部门难以实现的作用。在很多发达国家，在中国传统文化对外输出方面，非政府组织起到了很大的作用。法国在非政府组织中树立了一个典范，促进向外部世界传播其民族文化。目前，“法国联盟”覆盖全球 136 个国家和地区，拥有 1070 多个分支机构。他们的参与人数和覆盖面远远超过其他国家。由于“法国联盟”没有政府的政治意图，它非常灵活和专业。中国传统文化的跨文化传播在非政府组织中起步较晚，但发展很快。此外，世界上许多国家和地区由文化部管理和注册的非政府组织的数量也在逐年增加，这对中国传统文化的对外传播做出了巨大贡献。

非政府组织与政府部门相比，操作流程和审批流程等相对简化，而且由于长期如一地坚持对外文化传播，与国际上很多文化交流组织交流甚密，所以其在专业性上也达到了国际水准，能够与国际上很多非政府组织相媲美，所以其专业性、灵活性也都比政府部门要高。再加上非政府组织的意图比较单纯，没有很强的功利性和利益性，政治意图也非常少，对于很多国外民众来说，由于政治意识形态的表现非常少，政府宣传意图非常弱，很容易引起当地民众的响应，从宣传效果和持续性的影响力等方面来说也会高于政府部门组织的文化交流活动。为了加强非政府组织在我国传统文化跨文化对外传播的作用，1986 年我国成立了最大的对外文化交流的非政府组织——中国对外文化交流协会，旨在促进我国文化与全世界的民间交流与沟通，从而借助第三方的非政府组织来促进全世界人民对中国文化的了解和认知，增强全世界民众与我国的友谊和感情。

三、文化企业层面的对外文化输出

从文化市场的角度上看，文化企业层面的对外文化输出通过市场经济的作用，为我国传统文化跨文化输出构建了新的传播渠道，促进我国文化的对外传播。通过文化企业开展的各种市场行为，我国传统文化跨文化传播的内容更加丰富，形式上也不再单纯地通过文化形式，而是更多地将文化产品或者文化服务作为对外传播的载体。全球经济贸易大发展的形势下，文化贸易也在各个国家之间变得越来越频繁，文化企业通过文化贸易行为来促进我国文化对外传播已经成为一种全新的传播形式和渠道，让我国文化产业变得越来越成熟，文化产品和服务变得越来越知名，再加上文化企业自身的专业性，在国际市场上文化贸易行为非常成熟，其也自然而然地成为我国传统文化跨文化传播实施主体架构中非常重要的中坚力量。

我国文化企业层面上实施传统文化的对外传播，主要提供的输出方式有两种，即文化产品和文化服务。其中，文化产品是以实际市场产品，通过以文化产品为载体来进行经济贸易行为实现文化产品的外销，继而实现我国传统文化的对外传播，常见的文化产品有图书、影视文学作品以及各种雕塑、手工艺术品，等等，文化产品是一种表现我国传统文化的主要载体，实现了文化与经济的有效融合，借助特殊的市场产品来形成特殊的文化符号、文化信息等来传播我国的传统文化价值理念。文化服务则是满足对方市场需求来获取文化或经济利益的一种特殊市场活动，是将非物质的文化产品体现市场经济价值，比如文化咨询、培训教育、产品设计、文艺表演，等等。与文化产品不同，文化服务在当前文化市场需求不断多样化、高端化和个性化的时代所占的比重越来越大，且有超过文化产品的势头，这也是当前国际形势发展下市场对高端文化服务需求所决定的。不仅如此，文化企业还有合作投资、战略包括合作研发、国外直接投资、战略合作、委托代理等多种形式的文化贸易行为，一般在企业文化学习、咨询和移植的活动中比较常见，也是大型跨国公司常见的市场行为。随着我国全球贸易的不断推进，文化企业的文化贸易输出在对外贸易结构中的比例也越来越大，这不仅是我国将文化输出作为国家战略的具体表现，更是由国际市场上对高端文化市场需求所决定。我国传统文化跨文化传播，要乘知识经济的东风，不断加强和优化文化产业的建设，改革文化企业的市场供给结构，从而在我国的文化贸易中使文化产品和服务的质量越来越高，以满足当前国际市场上高端化、个性化的文化需求，进一步推动我国传统文化的对外传播。

当前，我国大型的文化企业也逐渐朝着国际化方向发展，国际市场的竞争实力也越来越强，我国要充分发挥各个大型文化企业在我国文化输出的主体力量，使其能够通过文化产品、文化服务的外贸输出，来增强我国传统文化跨文化传播的沟通与交流，让我国优秀的传统文化走得更远。

四、知识分子层面的对外文化交往

当前，我国已经成为全球第二大经济体，尤其是在面对2020年突如其来的新冠肺炎疫情，在全球经济遭受重大打击的情况下，我国较快走出疫情困扰，实现了经济正增长。所以，我国强大的综合国力在全球范围内已经产生了重大影响，国际地位也有明显提升，很多国家都向中国抛出了橄榄枝，期望能够与我国在众多领域有深入合作。随着与全球范围内的各个国家和地区的交往越来越频繁，我国的母语——汉语也受到越来越多。

国家的重视，国外很多培训机构甚至教育机构都开始将汉语纳入学习中，全球的“汉语热”正在流行。随着汉语热度的不断提升，知识分子在我国传统文化对外输出中的作用也就越来越明显，例如孔子学院这样的海外中国传统文化机构也应运而生，为传播我国传统文化开辟了全新的渠道。世界上第一所孔子学院是2004年韩国首尔的孔子学院，截至2019年12月，中国已在全球162个国家（地区）建立550所孔子学院和1172个中小学孔子课堂。孔子学院自创办以来，累计为数千万各国学员学习中文、了解中国文化提供服务，在推动国际中文教育发展方面发挥了重要作用，成为世界认识中国的一个重要平台。汉语的流行为我国传统文化的传播带来了新的机遇，也让知识分子在文化输出中的作用越来越明显，通过类似于孔子学院这样的海外中国文化中心的成立，让知识分子不再是辅助其他的实施主体，更多的机会是直接担任我国传统文化跨文化传播的主体，让越来越多的国外受众来学习中国语言、了解中国文化，也为其他国家和地区的社会精英层深度讨论和学习中国传统文化以及寻求更多更深层的文化交流与合作奠定了良好的基础。

五、民间层面的对外文化交际

作为非政府机构的补充，民间层面延续了非政府机构在我国传统文化跨文化传播的功能和功效，但是民间层面与非政府机构相比，目的性更单纯，几乎不带有任何政治意图和经济功利。民间层面的文化输出机构，也是我国传统文化跨文化传播实施主体的重要组成部分，能够在文化输出发展中起到意想不到的作用，相较于其他实施主体，民间层面的实施主体受到的限制和约束更少，更加灵活多变，接触面更加广泛。

第一，民间层面的文化输出实施主体，由于是来自于普通民众，所以在普通民众之间的信任度比较高，而且不受某个国家或企业的约束，在形式上更加灵活多变，更贴近于当地人的生活和接受习惯，这种接地气的交流方式让国外受众能够快速提升兴趣并建立信任感，而且由于实施主体与受众之间的平等关系，能够与参与其中的国外民众建立相互信任、相互尊重的友谊，所以这种民间的实施主体所带来的效应往往比其他的实施主体所产生的效应更加亲切，效果更高。

第二，民间机构相对于其他实施主体来说，本身就是来自于输出国的普通民众或长期在此地生活或工作，不属于外来的单位、组织或企业，所以受到国际要求、国家关系的影响和约束比较少，受国际形势变化所带来的影响也相对较低，并且民间的私人关系相对来说可信度更高、关系更加稳定，即便是国家关系发生了不好的变化，民间实施主体仍然可以保持良好的沟通，甚至可以为国与国之间的关系转变提供新的可能。

第三，接触面比较广泛。由于民间实施主体包含的类型比较多，如非执政党、国际友人、民间组织、个人等，形形色色的受众都会有所接触，所以民间实施主体的交往对象也非常广泛。

我国正在大力推动传统文化跨文化传播的过程中，也要注重民间层面的实施主体的鼓励和支持，要让越来越多的民间组织加入到我国文化输出的实施体系中来，成为对外文化传播的一分子，以推动我国传统文化走得更远。

第六章　跨文化交际背景下中国传统文化的英语翻译

本章为跨文化交际背景下中国传统文化的英语翻译，主要介绍了四个方面的内容，依次是汉语文化在英语翻译过程中文化空缺现象及对策、跨文化交际背景下习语和典故文化英语翻译、跨文化交际背景下饮食和服饰文化英语翻译、跨文化交际背景下节日和称谓文化英语翻译。

第一节　汉语文化在英语翻译过程中文化空缺现象及对策

一、汉语文化在英语翻译过程中文化空缺现象

（一）翻译活动中研究文化空缺现象的必要性

翻译是一种语言信息转换成另一种语言信息的过程。在这个过程当中，通过交流我们可以达到交际的目的，在交流的过程当中，语言是文化的载体。在翻译过程中，了解与两种语言相关的文化背景知识，就像是弹琴时候的指法一样，是很基础又非常重要的。而解决翻译中文化差异带来的问题是准确转换语言的关键，这是因为在翻译中，最大的困难是两种文化的差异。汉语和英语是中西文化的代表和反映，也是世界文化的典型代表。

中西方文化在现如今存在很大的差异，这是因为地理环境，文化背景，饮食习惯，宗教信仰等等因素的不同而导致的。在翻译过程中，译者会遇到无法直接用英语词汇表达汉语所要表达的意思的问题。这种文化内涵下的表达不对等会导致很多问题，也让不同文化背景下的人交流困难，从而造成不同语言之间的文化空缺现象。在出现这种文化差异的情况下，译者要向目的语读者传达原文的文化信息，应运用适当的翻译策略，准确捕捉源语和目的语之间的文化特征，并明确

向目的语读者传达文中的思想、情感、观点和其他信息。使目标语言的读者能够理解源语言中真实的文化特征。

（二）文化空缺现象的特点

1. 陌生性

不同语言中的表达习惯、词语搭配、修辞特点等均能引发不同的感悟和联想。例如：

她的脸上瘦削不堪，黄中带黑，而且消尽了先前悲哀的神色，仿佛木刻似的；只有那眼珠间或一轮，还可以表示她是一个活物。

该例选自鲁迅的《祝福》一文，其中某些部分使用了比喻修辞，通过喻体对本体进行说明，叫我们中国人看起来只觉得刻画得入木三分、栩栩如生，但让外国人看，会让他们有新奇、陌生之感。

2. 不习惯性

“异域性”是指两种语言在词汇和语法系统上存在明显差异，在区分事物和触发联想方面也存在差异，因此也被称为“异国情调”。这种品质首先体现在对事物的感知和表达、合成和分割上。

例如，英语中的uncle既可以表示汉语中的“叔叔”，也可以表示“伯伯”“舅舅”等，这会使中国人感觉到等级不够分明，划分过于草率。同样，英语国家的人看到汉族称谓划分得如此清晰也感到不解。

3. 误读性

当不同的文化接触并摩擦在一起时，他们往往会误解。一种语言中的一种非常普遍的现象，可以由使用另一种语言的人以自己的思维方式来解释，也就是说，如果他们使用自己的文化认知和文化分割来理解不同民族的文化，可能会出现“误解”或“不确定性”。

例如，袋鼠是澳大利亚常见的一种动物。18世纪，探险家刚到澳大利亚就碰到了这种动物，便问当地的居民“这是什么？”当地居民只回答了Kangaroo一词，于是探险家就以为Kangaroo是“袋鼠”的意思，实际上，Kangaroo一词在澳大利亚语言中表示“我不知道”。

4. 不理解性

文化空缺还有一个显著的特征，那就是不理解。例如，屈折变化语言是俄语的一个典型特征。在俄语中，名词的数量、性别和大小写、动词的体、时间和状态，以及语法意义上的介词，都有着深刻的意义，这是其他民族难以理解的。对于时间的规定，俄语认为周二是阳性，周三是阴性，周日是中性的。这些特殊现象很难理解，也是翻译过程中的主要障碍。

（三）文化空缺现象产生的原因

1. 社会习俗引起的文化空缺现象

一个地区独特的文化习俗是社会习俗。社会习俗是一种特殊的交际语言，是人们在日常生活中的社会共识、认知和行为。中国和西方的社会习俗有着巨大的差异，因此由社会习俗造成的英汉语言隔阂不胜枚举。

例如，社会习俗都是中华民族的文化遗产，在英语中找不到完全对应的词。就像是，中国春节吃团圆饭、元宵节猜灯谜、清明节扫墓、重阳节登高等，均是中国传统的社会习俗。另外，坐月子是中华民族特有的风俗，在国外根本没有这个规矩，国外女性生产完就能喝冰水，而中国女性则是一个月内不能见风不能碰凉水，这个习俗在中国到今天已经有两千多年的历史。

2. 不同的政治制度导致的文化空缺现象

所谓政治制度是指社会政策领域的政治实体必须遵守的各种规范和准则。国家体制与政权之间的差异也会导致文化空虚现象。例如：五品四美、希望工程、计划生育。

对于上述这些我国的精神文明词语，外国人没有了解我国的文化背景的时候，就会觉得这些词不知所以。这就是政治制度导致的文化空缺，一个人生活在什么样的政治制度当中，就会产生什么样的政治文化背景，而没有政治文化背景，就很容易导致文化空缺。

3. 不同的历史背景带来的文化空缺现象

中华民族有着悠久的历史，不同时期的历史人物与事件也会体现在语言词汇表达上，从中就能看出浓厚的民族色彩和鲜明的文化个性。例如：桃园结义、梁上君子、完璧归赵、卧薪尝胆、竹林七贤、焚书坑儒、投鞭断流、纸上谈兵、草木皆兵。

这些词均是中华民族文化在不同历史时期的具体表现，是英语语言文化中所没有的。

4. 生活环境差异造成的文化空缺现象

众所周知，中国是一个农业大国，在整个中国的国土上，农业一直是主旋律。从最初的社会到资本主义社会和社会主义社会，始终坚持以农业为基础，以农业生产和农业水文改良为重点，因此汉语中出现了许多与农业有关的表达方式。例如：背本趋末、精耕细作、小试牛刀、岁比不登、岁稔年丰、拽耙扶犁。

相反，英国是一个濒临海洋的国家，所以语言中与海洋相关的表达非常多。

5. 中西方价值观差异带来的文化空缺现象

自古以来，中国人就强调集体主义，个人利益必须服从集体，坚定地坚持“团结就是力量”的口号。这种想法对西方民族来说似乎难以理解。西方强调个性，强调个性在集体中的作用，如欧美电影中经常可以看到主人公以个人力量拯救世界，塑造了一个个英雄形象。

二、汉语文化在英语翻译过程中空缺的对策

（一）汉译英中文化空缺的表现

纵观我国的英译汉历史，在相当长一段时间里，我们舍本逐末，好像把英文翻译得像外国人写的才算是厉害，一直都在“保留洋气”，即英译汉的译文倾向于西方的模式，按照西方的文化传统来翻译。

对于汉语翻译和英语，由于英语文化一直处于主导地位，汉语翻译中也能处处看到英语的痕迹。例如，林语堂在翻译中国民族文化时，不是按照中国人的阅读习惯来翻译，而是从西方文化的角度进行翻译，满足西方民族的文化心理。翻译成语言学的作品中发生了过度的归化现象，造成了中国人民文化的空白。例如：

亩译为：acre

尺译为：foot

天译为：the gods

寸译为：inch

十金译为：ten dollars

里译为：mile

显然，这样的翻译过于倾向于西方的文化。尽管林语堂也解释了中欧文化的发展和中欧文化的对立性，但从其翻译中可以发现“欧洲化”的趋势。当然，许多翻译人员在翻译时使用的方法与林语堂相同。

总的来说，在文化转变这一块都存在很多问题，在英译汉和汉译英当中，不管文化交流的形式如何，它们本身是不平等的。其他弱势文化容易被强势的文化轻视，这是因为强势的文化较为自信，其很难接受这些弱势文化，特别是弱势文化中一些与自身价值观相悖的地方。而处于弱势文化的一方常常受文化差异的影响，为了顺应文化霸权的思想，在翻译时也存在文化错位的情况。

我们应该重新审视汉英翻译中的文化翻译问题，从历史的角度上来思考或许更有成效。译者在理解西方文化的基础上，把吸收欧美文化作为英汉翻译的追求；同时，在汉英翻译中，我们应该尽可能地保留中国本土文化的气息，以中国文化为指导，让西方国家更好地理解中国文化。在翻译过程中，译者不能仅仅为了避免文化冲突而“取悦”或“迎合”西方读者。而是应该将中国文化传达到西方国家，逐步让世界文化集团接受中国文化。

（二）汉译英过程中处理文化空缺的方法

1. 直译法

直译就是用目标语根据字面意思翻译文章的内容。然而，直译中的一些词语无法反映在目标语中，这给读者理解造成了很大困难。通常情况下，译者在选择直译词时，会从字面意思中得出文章的意思。

例如：

《四书》译为：Four Books

《五经》译为：Five Classics

龙舟译为：dragon boat

墨盒译为：ink-box

剪纸译为：paper-cut

书法译为：Calligraphy

春节译为：Spring Festival

糖醋排骨译为：sweet and sour spare-ribs

北京烤鸭译为：Beijing roast duck

战国译为：Warring States

铁饭碗译为：Iron Bowl

重阳节译为：Double Ninth Festival

唐三彩译为：Tri-color Pottery of the Tang Dynasty

井底之蛙译为：to be like a frog at the bottom of a well

明枪易躲，暗箭难防。译为：

It is easy to dodge a spear in the open，but hard to guard a- gainst an arrow shot from hiding.

跑得了和尚，跑不了庙。译为：

The monk may run away，but the temple can’ t run with him.

2. 意译法

意译法与直译法大不相同，其往往不能将每个字的意思翻译出来，而是将其抽象化，抓住这个事物的核心意义，再通过文化背景的融合，将其中的意思完整的表达出来。例如：

牌楼译为：memorial arch

元宵译为：sweet dumplings made of glutinous rice flour

锅贴译为：pan-fried dumpling

盲流译为：jobless migrants from rural areas to cities

二胡译为：two-stringed fiddle

砚台译为：ink stone

粽子译为：a pyramid shaped dumpling made of glutinous rice wrapped in bamboo or reed leaves

花卷译为：steamed twisted roll

拜堂译为：perform the marriage ceremony

桃符译为：peach wood charms against evil，hung on the gate on the New Year’s Eve in ancient times

三八红旗手译为：a woman pace-setter

特困生译为：the most needy students

清明节译为：The Tomb-sweeping Festival

端午节译为：The Dragon Boat Festival

走后门译为：under-the-counter deals

此地无银三百两。译为：The more is concealed，the more is revealed.

种瓜得瓜，种豆得豆。译为：As a man sows，so he shall reap.

三生有幸译为：be the most supreme

愁眉苦脸译为：wear a glum countenance

大器晚成译为：great minds mature slowly

上善若水译为：The highest good is like water

魔高一尺，道高一丈。译为：While the priest climbs a post，the devil climbs ten.

狗咬吕洞宾，不识好人心。译为：Bite the hand that feeds you.

一人得道，鸡犬升天。译为：

When a man attains enlightenment，even his pets ascend to heaven.

3. 转换法

有时，为了在这些差距较大的不同文化中实现接受者的认同，抚平源语与目的语之间存在的较大差异，需要对译文进行一定的调整。此时，译者可以运用转换法进行翻译，即对源语的信息进行改写，使其与目的语的文化背景或者句式习惯相契合，让不同文化之间的人都能够读懂。例如：

精神文明译为：cultural and ethical progress

挥金如土译为：to spend money like water

一刀切译为：to impose uniformity in all cases

勇猛如狮译为：as brave as a lion

名人，名流译为：great lion

非常勇敢的译为：lion-hearted

勇敢地战斗译为：fight like a lion

虎胆英雄译为：hero as brave as a lion

4. 音译法

音译法在国际文化交流的过程中，是一种常见的方法。在过去的二十多年中，一些中国文化在西方文化中空缺的概念，随着中西文化交流的日益频繁而西方受众被认知与接受，中西交流逐渐朝着深度和广度的方向发展。英语中的音译词汇也在不断增加，一些中国词汇最终以拼音的形式，变成了英语中的外来词。例如：

四合院译为：Siheyuan

枸杞译为：Goji

饺子译为：jiaozi

普通话译为：Putonghua

风水译为：fengshui

气功译为：qikong

混沌译为：wonton

阴阳译为：yinyang

康乃馨译为：carnation

总而言之，翻译过程中的文化空缺现象的研究极为重要。译者在遇到一些文化空缺词汇时，为了避免读者产生理解上的误解，要采取适当的翻译方法进行翻译，这也是一种负责任的翻译行为。因此，在文化交流过程中，译者扮演着重要角色。译者在翻译的过程当中，不仅要对不同文化有基本的了解，而且要充分了解受众的需求，进而弥补文化空缺，以便符合读者的阅读目标，从而更好地服务于大众。

5. 加注法

加注法是指和上面的几种方法又不一样了，需要译者加入自己的理解，也就是除了原词句的翻译，还要有引申意义，让读者准确地理解语言的特殊文化。例如：

八股文译为：eight-part essay（a literary composition prescribed for the imperial civil service examinations，known for its rigidity of form and poverty of ideas）

元宵节译为：the Lantern Festival（the 15th of the first lunar month）满月酒 One-Month-Old Birthday Feast（a special ceremony held after a baby has been one month old）

文房四宝译为：the four treasures of the study（writing brush，inkstick，ink stone and paper）

牛良织女译为：the Cowherd and the Girl Weaver——two figures in an ancient Chinese fairy tale（Later it also refers to husband and wife who live far apart）

铁饭碗译为：Iron-rice bowlCby which everyone gets the usual pay and benefits irrespective of his performance）

希望工程译为：Hope Project（a program to collect money from all sectors of society to support education in poor areas）

6. 套译法

套译法也称“套用”“借用”或“借译”。汉语和英语中有的习语、短语在内容、形式上均相符，双方不仅有相同的意思和修辞色彩，而且有相同或基本相同的形象和比喻，此时可以使用套译法。例如：

隔墙有耳译为：walls have ears

破釜沉舟译为：to burn one's boats

空中楼阁译为：castle in the air

随波逐流译为：to go with the tide

知识就是力量译为：Knowledge is power

充耳不闻译为：turn a deaf ear to

第二节　跨文化交际背景下习语和典故文化英语翻译

一、跨文化交际背景下习语文化英语翻译

习语是语言使用者长期使用提取的固定短语，可以说是一种语言的结晶。习语不仅语言简洁，意义丰富，而且具有多种文化内涵。它们就像一面镜子，反映了一个国家的悠久历史。也正是基于这些内涵，良好的习语翻译可以展现习语的文化内涵，可以更好地传播文化，使人们能够在深入了解不同民族文化背景的情况下进行交流和沟通。

（一）习语文化解析

1. 习语的概念

习语是语言发展过程中凝结的精华，可以让语言变得更加生动形象，同时又更加简练。它的地域色彩和民族特色异常鲜明，文化内涵丰富，包括了语言的文化特征与背景，反映了高度集中的民族文化精髓和价值取向。我们可以通过习语看到一个民族对文化传统的继承和发展，对客观事物的情感评价和认知习惯。

2. 习语的特征

习语包含以下几个鲜明的特点。

（1）民族性

习语是从人们不断地劳动创造中总结出来的。与一个国家的风俗习惯、价值观、地理环境和历史背景密不可分。习语可以体现一个地域、一个国家、一个民族的文化特征，可以清晰地表现其民族特色。

习语反映了不同地区真实的人文环境。不同国家和民族的人生活在同一个地球上，难免会有一些相似的经历和意识。例如，古代的人会把“心脏”（heart）当作各种维度包括思维、灵魂和情感的中心。于是许多与“心脏”有关的习语就诞生了，像“全心全意”（heart and soul）、“心有灵犀”（mind acts upon mind）等。

不管是英语还是汉语，其中的习语都是丰富多样的，其表达方式会因不同民族生活的不同地域而产生区别。民族性习语的另一个特点就是形象不同但寓意相同。比如汉语在描写绝境时会用到习语“山穷水尽”，在英语中则是 to be at the end of one's rope（在绳子的末端）；而汉语中如果描写一个人脾气很倔会说“他脾气犟得像头牛”，在英语的习语中则说 as stubborn as a mule（犟得像头驴子）。

（2）地域性

地域性也是习语的一个显著特点，一个地域里采用某种形式来表达的习语，在另一种语言中可能会用更为熟悉或惯用的其他事物来表达相同的含义。如，英语中的 as red as a rose，在汉语中则习惯表达为“红彤彤”。

（3）民间性

不同文化环境下的民间生活产生了多种多样的习语，习语是生活中反复的经验形成的。不同的劳动者会寻找不同的自然规律、经验技巧，将其创造成简洁的短语，就构成了习语。其中有人们的感悟，经验的总结，因此广受认可。经过广泛应用和锤炼，逐渐发展成为在民间传播流通的习语。

习语因其民间性，所以内容上体现出来的就是劳动人民的生活场景，或者日常总结。下面的例子就是人们根据不同地域、气象、气候对农耕影响而总结成的。

例如：

朝霞不出门，暮霞行千里。

今晨日未出，晓气散如绮。

心疑雨再作，眼转云四起。

我岂知天道，吴农谚云尔。

（范成大《范石湖集》）

（4）比喻性

习语还经常会用到运用比喻这一应用广泛的修辞手法。因此习语具有比喻性，例如：

三个臭皮匠，顶个诸葛亮。

五十步笑百步。

3. 习语的分类

汉语习语可以根据结构搭配关系、音节数量进行分类。

（1）汉语习语中包含不同字数的习语，因此可以按字数对其进行划分。其中最常见的就是四音节习语。如：行尸走肉、金蝉脱壳、百里挑一、金玉满堂。

除了常见的四字习语意外，还有很多不是四字的习语，如：

五字习语：擒贼先擒王

六字习语：井水不犯河水

七字习语：君子之交淡如水

八字短语：燕雀安知鸿鹄之志

九字短语：不吃羊肉空惹一身膻

十字短语：知其然不知其所以然

（2）习语还可以按结构进行划分，平行习语与修饰习语就是两种按结构搭配关系进行划分的习语类型。其中，修饰关系习语包含主谓动宾关系习语、动宾关系习语、偏正关系习语等；而平行习语包含并列关系习语、承接关系习语、因果关系习语等。例如：

主谓关系习语：苦尽甘来

动宾关系习语：移风易俗

承接关系习语：瓜熟蒂落

并列关系习语：承上启下

因果关系习语：有恃无恐

偏正关系习语：难言之隐

（二）习语文化翻译

无论是英语还是汉语中都存在大量习语，可以看出习语不止是一种语言的精粹，更包含了各种的文化底蕴，同时将不同民族的独特文化内置其中。翻译作为了解国外习语文化的重要途径，要精准地进行翻译并不容易。我们在充分了解其文化内涵的同时翻译的方法也要合适。以下是习语文化翻译的常用方法。

1. 直译法

直译是一种根据目的语的语言规则保持原文内容和形式的翻译方法。

直译法可以将原语言的风格、形象以及民族特点有效地保留下来，同时还可以让读者进行丰富的联想。直译法的翻译适用范围包括形式和意义都基本相同的习语，考虑了“功能对等”和“形式相当”。例如：

笑里藏刀译为：hide a dagger in a smile

火上浇油译为：put oil on the flame

无可救药 译为：beyond cure

患难见真情。译为：A friend indeed is a friend in need.

2. 意译法

许多的汉语习语与英语习语因各自不同的文化背景，而使得形式和意义并不完全是对等的。这时就不应该再继续使用直译法而是应采用意译法来进行翻译。这是一种不局限于原文结构与修辞手法但却可以还原原语语义和风格的翻译方法。例如：

如鱼得水译为：like duck to water

羊肠小道译为：narrow winding trail

不辞而别译为：take a French leave

3. 直译加注法

不同特色下的民族可以产生不同的习语，直译会产生不利于读者阅读的错误，而意译则可能会损坏习语的民族特色和传统形象，对文化传播造成影响。因此，当两种翻译方法都不合适的情况下我们选择直译注释法。通过在直译的基础上加上注释，可以兼顾传达原文语义和内涵的要求。例如：

班门弄斧译为：show off ones skill with the axe before LuBan the master carpenter，LuBan：a master craftsman of the Spring and Autumn period in ancient China

4. 直译意译结合法

在翻译习语时，为了发挥各自优势，会通过将直译和意译结合的方法来进行翻译使得习语内涵得到有效传递。例如：

三十六计走为上计译为：of the thirty-six strategies，the best is running away as you have no better choice

5. 套译法

我们遇到英汉语言中在内容形式上彼此相似的习语翻译时可以使用套译法进行翻译。例如：

说曹操，曹操到。

Talk of the devil and he is sure to appear.

得寸进尺。

Give him an inch and he’ll take an ell.

二、跨文化交际背景下典故文化英语翻译

（一）典故文化解析

英汉典故只在某些意义上有所重叠，虽然两者的内容和特点上都非常丰富，但是因为文化背景的差异导致意义不完全对应，所以典故在不同语言下的本质具有隐喻性。

（二）典故的来源

1. 源于文学作品

中国典故的主要来源之一就是中国历代的文学作品。这些文学历经 3000 多

年的发展。历史中的每个时代都会发展出属于自己的文学创作形式，以下便是丰富典故中的例子。

（1）源自神话故事的典故如钻木取火，大禹治水等。

（2）源自诸子散文的典故如欲速则不达、五十步笑百步、三人行必有我师、过五关斩六将、刘姥姥进大观园等。

2. 源自历史史实

许多重大历史事件都对后世社会产生巨大影响，典故就成了人们用来记录这些事件的浓缩载体。

在中国悠久的历史长河中，每个历史朝代都会有丰富的语言财富留给后世的人。

（1）与春秋战国时期和秦赵相争有关的典故：四面楚歌、项庄舞剑、楚河汉界、破釜沉舟等。

（2）与诸葛亮有关的典故：鞠躬尽瘁、锦囊妙计、三顾茅庐、草船借箭等。

3. 源自寓言故事

汉语中有很多散步于古代典籍中的寓言童话典故，这其中有许多都来自先秦时期。例如：守株待兔、、愚公移山、画蛇添足、一曝十寒、东郭先生、拔苗助长等。

（二）典故文化翻译

在翻译英汉的典故文化时，要尽可能地灵活使用翻译方法，这样才能将典故的文化内涵准确展示出来。可采用以下几种方法。

1. 直译法

直译法可以用于翻译不同语言中喻体喻意相互对应的典故，这样可以充分地将典故形象与民族文化特色进行展示。例如：

披着羊皮的狼译为：wolf in sheep s clothing

2. 意译法

当直译法无法令读者理解原文意思时，就要考虑使用意译法来进行翻译，这样虽然会在一定程度上不能保留原文的文化形象，但是对于传达原文的含义是非常有帮助的。例如：

不露锋芒译为：hide ones candle under a bushel

进退维谷译为：between Scylla and Charybdis

3. 直译加注法

一些通过直译法翻译的典故不利于读者理解，而采用意译法又有损原文的风格与形象。所以为了同时满足便于读者理解与保留原文化特色的条件，就可以采用直译加注释的方法来进行翻译。例如：

百步穿杨

To shoot an arrow through a willow leaf at the distance of 100 steps, which means one is extremely good at shooting.

Note: this allusion goer back Yang Youji, an excellent shooter in the Chinese Zhou Dynasty, who could shoot an arrow at a willow leaf one hundred steps away and never missed the target.

4. 套译法

套译法适用于文化的内涵与表达方式上都大致相同的典故。例如：

过河拆桥译为：kick down the ladder

隔墙有耳译为：Walls have ears

5. 多种译法相结合

从上文可以看出，仅仅使用一种翻译方法进行英汉典故的翻译很难将其蕴含的文化内涵翻译到位，因此需要采用多种方法相结合，才能生动形象地将其翻译出来。总体来说，为了在翻译过程中避免望文生义，准确地将英汉习语和典故中的文化与特色翻译出来，必须要选择恰当的翻译方法。

第三节　跨文化交际背景下饮食和服饰文化英语翻译

一、跨文化交际背景下饮食文化英语翻译

（一）饮食文化解析

1. 中国饮食理念

中国人自古便注重“食”，体现在方方面面，因为受中医养生、儒家伦理道德观念以及饮食风尚的影响，在长期的发展中形成了“民以食为天，食以味为先”的饮食习惯。

中国人总会找到适合吃的理由与场合，大大小小的节日，以及各种值得庆祝

的事件都是吃的理由，如婴儿出生及满月，出门的告别宴，归乡的接风宴等等。而小吃街、大酒店、农家乐等等不同场合也是体验不同食物的最佳机会，这些场合的差别也会使同种食材的口味变得天差地别。这就是中国人独特的饮食理念。

2. 中国饮食对象

中国人饮食资源的类型是由其所能获取的食物决定的，而这源自于生活环境的不同，早期的中国人的饮食对象主要是素食，辅以少量肉类。而随着时代发展，无论是农业还是畜牧业都有了长足进步，因此现代的饮食类型逐渐增多，不止食材种类，还有食材的烹饪方法等等变得丰富多样。

3. 中国饮食习惯

中国人不论在什么样的宴席上都喜欢围绕圆桌而坐，各种各样的食物全部放在桌子中间，同时还会根据不同人的身份年龄和地位来分配不同的座位。包括餐桌上人们往来让菜，相互敬酒的场面都体现了中国餐桌上安静祥和。

这样的饮食习惯既源自中国人团圆的理念，也是中国人饮食的礼仪所在，还包括了重视团结、大家庭、全局观等等。这也是中国人重视集体观念，强调全局观的表现。

（二）中国饮食文化的翻译

如果遇到西方友人来中国做客，在品尝中国佳肴时，由于中西饮食文化存在明显的差异，在介绍名字时，为了使外国友人能够对菜肴有清晰的了解，并借以学习菜肴文化的内涵，译者掌握一定的翻译技巧。

1. 直译法

通过直接翻译便可就可以令国外友人了解含义的方法就是直译法。例如：

脆皮鱼译为：crisp fish

板鸭译为：flat duck

白面包译为：white bread

蛋花译为：egg floss

译者采用直译法将食物名称一一翻译，可以让译入语读者对食物有一个直观的了解。

2. 拼音加注法

拼音加注法就是在拼音的基础上增添一些英文释义。例如：

北京烤鸭译为：Beijing roast duck

山东烧笋鸡译为：Shandong roast spring chicken

怪味牛百叶译为：Ox tripe，Sichuan style

苏州豆腐汤译为：Bean curd soup，Suzhou style

岭南酥鸭译为：crispy duck，Lingnan style

狗不理包子译为：the Goubule steamed stuffed bun

湖南羊皮译为：Hunan lamb

盐卤信丰鸡译为：salt-baked Xingfeng chicken

太白鸭子译为：Taibai duck

拼音加注法一般会针对一些地方菜肴，而注释处便是菜肴的来源地，这样有助于读者对菜肴文化的进一步了解。

3. 意译法

有些很难从字面上看出内容的中国菜肴可以通过意译法进行翻译。例如：

金华玉树鸡译为：sliced chicken and ham with greens

发财好市译为：black moss cooked with oysters

4. 倒译法

将结构特点与汉语词序进行颠倒翻译的方法就是倒译法。例如：

八宝酿鸭译为：duck stuffed with eight delicacies

白汁鱼唇译为：fish lips in white sauce

卷筒兔译为：rabbit rolls

汤面译为：noodles in soup

芙蓉海参译为：sea cucumbers with egg white

二、跨文化交际背景下服饰文化英语翻译

（一）中国服饰造型

中国传统文化中和谐文化的侧重点在于协调与平衡。平稳和规矩是中国服装的特点，也是隐喻文化的体现。艺术倾向于传达一种抒情的感觉，这种感觉可以反映在服装的元素中，表现出中国的文化品位和精神内涵。

中国独特文化是中国服饰发展的影响因素之一，中国人是黄色人种，并且人体曲线不明显，因此服饰较为宽大，这同时也展现了中国人自尊含蓄的性格特点。同时受儒家思想的影响，中国服饰展现出封建保守的特点，表现为衣服将身体完全包裹、就连衣领、衣袖都要扣紧。

1. 结构

中国的袍、衫、褂子等传统服饰一般采用平面结构，采用直线裁剪方式，没有起肩和袖窿。将袖底缝和侧摆连接构成一条简单的直线，既让人感觉舒展，又能体现意境美。

2. 外形

纵向感是传统中国服饰所追求的感觉，自然下垂的衣领以及修饰含蓄的肩部，还有极具特色的超出臂长的衣袖。这样的特点不仅在中国国内有，许多亚洲国家也因为古代中国的影响而出现了这样特点的服饰。到了清朝，服饰的设计整体更为肥大，相反女性服饰则较为修身，加上花盆底鞋使得旗人与历代妇女相比显得十分高挑。

3. 装饰

镶、嵌、盘、滚、绣等工艺也是中国的服饰极具特色的装饰。服饰上的纹样基于这些工艺而显得五彩斑斓，刺绣也是其中常见的手法之一，这些装饰可以让服饰整体产生美感，也可以彰显中方神韵。

中国服饰很重视平面的设计，结构轮廓一般都很稳定。对服饰的审视更加注重色彩的搭配、刺绣的设计以及图案的编排等。其次设计者看中衣襟、领、袖、扣、边褶等部位的变化，会采用补子这种独有的装饰手段进行装饰。

（二）中国服饰文化的翻译

1. 传达服饰功能

服饰是有其用途和功能的一种穿戴物，因此服饰要服务于人们的生活。这就要求在翻译中传达服装的功能，也就是说，某一服装产品的用途应该告诉译入语的读者。在中国，许多传统服饰是中华民族独有的，外国人对这些服饰还不熟悉，甚至闻所未闻。对于这种服饰的翻译，最好是在音译的基础上进行解释，以便译入语读者能够理解和掌握。补充性的翻译以便译入语读者一目了然，也只有让译入语读者对该服饰的功能有清晰的把握，才能帮助其展开对该服饰后续的文化解读。

2. 传达服饰文化属性

情感因素也是服饰所传达的重要因素，不同角度审视中国服饰会发现明显不同的特点。

代表“手工艺术”译为：the magnificent hand-made folk art

代表“定情之物”译为：a token of love for male and female

3. 传达服饰的原味性

译者必须顺应译入语国家的语言习惯，深入挖掘原文。使用译入语的语言形式来表达，从而实现“意译”。这种翻译通常出现在诗词中关于的服饰表达中，旨在揭示传统文化的悠远意境。

第四节 跨文化交际背景下节日和称谓文化英语翻译

一、跨文化交际背景下节日文化英语翻译

节日文化的起源、发展与演变是一个潜移默化的过程，因此其是在历史积淀中慢慢形成的。节日文化与人们生活息息相关，通过文化的内容就可以了解特定时期人们的价值观念以及心理特征、审美情趣等等。每个国家民族都有自己特定的纪念日，如与重大历史事件挂钩，或者是起源于古老传说或神话故事中。而不同国家民族间不同的节日文化使得节日文化之间的碰撞绚烂多彩。研究节日文化的翻译与内涵，对文化的传播与发展都有重要意义。

（一）节日文化解析

周期性和群众性是节日具有的明显特征，同时节日期间还会有与之对应的稳定活动，这是一种文化积淀。因此了解一个民族的节日文化对了解这个民族的文化有极大帮助。

1. 节日的内涵

节日是一种适应生产生活需要而产生的特定民族文化，节日具有以下内涵：

第一，节日在丰富人们生活的同时也体现了人们生活的细节，不仅具有特殊的文化意义，还扩展了民族外在的政治经济和文化含义。

第二，节日经过长期的历史沉淀，已经成了构成民族文化的重要部分。

第三，传统节日因其丰富的文化内涵以及民族的精神内核已经成了重要的民族文化遗产。

民族文化包含了节日。节日是一种社会性、民族性和地域性的结合产物。风土、民俗、传统习惯等方面的差异也就反应在传统节日内容与形式的差异上，这里包含了民族的文化背景、风土人情、文明崇拜等各个方面。虽然有差异，但是因为一些人类共性的情感，如母爱，团圆等，因此有些节日的内涵是相同的，如西方与中国象征母爱的的母亲节，象征团圆的西方感恩节和中国中秋节等。

2. 中国传统节日

中国的历史文化源远流长，作为文明古国，我国的节日自古代便开始发展，常见的传统节日有春节、元宵节、清明节、端午节、中秋节等等，这些都是以农历记的节日，同时除了节日外，还有中国的二十四节气也有些特殊的含义与庆祝方法。

（二）节日的价值取向

中国文化中集体主义的价值取向是由几千年的农耕文明和宗法制度决定的。节日受到集体主义深远的影响，集体中每个人都被视为一个群体的成员，群体与个体形成了和谐统一。

西方文化的价值取向与中国文化相反，西方推崇个人为中心的文化，将个性、尊严与利益看得最重要，同时也对探索个人的价值、自由以及人与自然关系等方面更加热衷。因为西方的节日深受个人主义的影响。

1. 集体意识与个性追求

（1）集体意识在中国节日的体现

中国的传统文化看重大局，以尊重人为先，强调宗法集体。因此，在传统中国节日中，家族成员之间的团圆更重要，合家共享天伦之乐。在中国节日中，强调团圆、亲情、平安等主题，大年夜、元宵节以及中秋节都是中国人团聚的重要时间。包括“春运”在内的现象，都是这一团圆的体现。

（2）个性张扬在西方节日的体现

西方国家还是更加强调个人的享乐主义，虽然有强调团圆的感恩节，但无论圣诞节还是万圣节等都是强调张扬个性，而这种“张扬”也更容易在世界范围内传播推广，具有很强的跨文化移植能力。

2. 饮食文化与精神文化

中国的节日离不开饮食，特色食物一直是不同节日之间明显的差异，如春节的饺子，端午的粽子，中秋的月饼已经是中国节日总耳熟能详的特色食物了。

中国的节日也离不开精神的内核，在春节家家迎新、拜年、贴春联等，都是精神层面的体现。到了中秋则是所有家人团团圆圆在一起，强调了团圆的精神内核。

（三）节日名称的翻译

中国节日文化源远流长，而且风格独特，因此译者在翻译中国节日时不能太过随意，也不能采用千篇一律的方法，应根据具体情况灵活处理。具体而言，中国节日文化的翻译可采用以下几种方法。

1. 音译法

将词语转换成另一种语言里对应的字母就是音译法的体现，主要是从发音和含义等主要功能方面进行考虑。如一些常见的中国节日：

中元节译为：the Zhong Yuan Festival

清明节译为：the Qing Ming Festival

2. 直译法

直译法就是按照字面意思进行翻译，既能够保留原语特点，又方便译入语读者理解。有许多的节日都是这样翻译的。例如：

元宵节译为：the Lantern Festival

元旦译为：New Year's Day Jan.1

国际劳动节译为：International Labor Day

国际儿童节译为：International Children's Day

中国共产党诞生纪念日译为：Anniversary of the Founding of the Chinese Communist Party

重阳节译为：the Double Ninth Festival

中秋节译为：the Mid-Autumn Festival

教师节译为：Teachers' Day

国庆节译为：National Day

3. 按照农历翻译

许多节日都是农历计时的，所以不仅要翻译出节日的名称含义，还要考虑其农历时间。例如：

七夕节译为：the Double Seventh Festival（农历的七月初七）

重阳节译为：the Double Ninth Festival（农历的九月初九）

还有一些节日经过了多种方法翻译，最终得到了多个翻译结果，如中秋节既可以翻译成 the Moon Festival，又可以翻译成 the Mid Autumn Festival；清明节既可以翻译成 Tomb-Sweeping Day，也可以翻译成 the Qing Ming Festival。

4. 按照习俗翻译

在中国，不同的传统节日的庆祝方法往往都尤具独特性，因此关于节日名称的翻译也可以参考这些节日的习俗特点。

比如，按照中秋回家赏月的习俗常将中秋节翻译成 the Moon Festival。

又比如，人们在纪念爱国主义诗人屈原的端午节这一天会吃粽子，同时还会举行龙舟比赛。因此将端午节翻译为 The Dragon-Boat Festival。就是根据人们过节的习俗进行的。

二、跨文化背景下称谓文化英语翻译

（一）称谓文化解析

1. 称谓的内涵

称谓是以一种交际中的称呼，是通过人们间如亲属、朋友、同事、职业等不同的身份关系而获得的名称。称谓语和称呼语是不同的，其中称呼语是打招呼时表示关系而添加的名称，如同志、姐姐等等。而相比之下的称谓语则是体现人们社会关系和角色的系统的名称。

称谓的系统根据不同的标准可以分成复杂多样的几类：第一，根据所反映的情感态度，称谓分为敬称、蔑称、谦称和昵称等；第二，根据所体现的社会关系，称谓分为亲属称谓和非亲属称谓或社交称谓；第三，根据称谓本身的形式，称谓可分为全称和简称；第四，根据所指方向，称谓可分为自称和他称等。

因此，称谓的种类颇多，但值得注意的是，此分类并不绝对，这其中还会有重复使用的情况存在。

2. 亲属称谓与社交称谓

（1）亲属称谓

在家庭内部使用的，以血缘关系为基础的称呼就是亲属称呼，英语中的亲属称谓较少，仅有 13 个名词以及 7 个修饰词语，具体如下所示。

13 个称谓名词：father，mother，son，daughter，brother，sister，uncle，aunt，nephew，niece，cousin，husband，wife。

7 个修饰词：great，grand，step，half，first，second，in-law。

这些称谓体现了西方世界的亲属关系、血缘构成等。

相比起来，汉语中的亲属称谓可就多很多了，比如常见的近亲就有爸爸、妈妈、姐姐、妹妹、爷爷、奶奶、兄弟、姨、婶、叔、伯等，这些亲属称谓词之间具有严格的性别、年龄、辈分限制。另外，在交际的一些特殊场合，中国人对一些非亲属成员也会使用亲属称谓来称呼，如大妈、大婶、大爷、大叔、大哥、大姐等。中国的儿童通常称呼自己父母的朋友为“叔叔”“阿姨”，在西方国家则往往会用 Mr.、Mrs.、Miss 来称呼。

（2）社交称谓

社交称谓是一种与亲属称谓相对应的称谓，是非亲属成员之间所使用的称呼语，社交称谓是人们社交中相互关系的一种反映。社交称谓也会根据人们建立的不同关系而产生变化，主要保护以下几种：

①姓名称谓

姓名称谓是指直呼对方的姓名或简称。名字在英语中是很重要的。根据交际双方的年龄、身份、地位和关系的不同，人们经常使用姓氏、名、名、昵称等称呼对方。一般来说，如果交际双方的关系是平等的，那么使用最多的称谓就是first name，如果交际双方的关系比较亲密，则可以使用nick name或者pet name来称呼。

在汉语中，通过将姓名与其他称谓形式一起使用来表示尊重、客气、亲切等意思，如李立叔叔、王丹阿姨、丽丽姐姐等。

如今的文化融合非常迅速，中国人也更加适应了英语国家的称呼习惯，要注意的是，一些威望或社会地位较高的的群体，如医生、教授、律师、外交家等，出于尊敬，也不要直呼其名。

②职业、职务称谓

在中国，职场中较为重视“权势性”关系，因此各种职务、职业的称谓都能体现出这一特点。在汉语中，为了体现了个人的社会地位，只要是可以表示职称、职业、职务的词语几乎都可用于称谓。

这些头衔单独或一起使用，用以表示认可和尊重。在服务业中，如售票员、店员、服务员等在内的很多职位头衔都可以加上“同志”一词，使之成为一个受人尊敬的头衔。在社交过程中因为每个人的定位是基本不变的，所以大多数人都有其特定头衔。

英语称谓中的局限性源于西方国家的人们对“平等性”关系的重视。例如，在社交活动中，比较常见的职衔称谓有Professor，Dr.等。另外，在政治界、法律界、皇族中往往沿用以往留下的特定称谓，如Queen Mary，President Bush.Colonel Patten，Father Brown等，其中Father，Sister，General，Reverend，Colonel等可单用。

③通称、人称和不称

通称、人称和不称大量存在于英语和汉语之中。对于英语使用者而言，Mr.、Mrs.、Miss、Ms.、Madam、Sir、Lady这些称谓在平时生活交际过程中使用得非常普遍。在汉语中，通称包括同志、师傅、夫人、先生、太太、小姐、老师、女士等。

关于人称方面，当前英语中比较常用的单词为 you，以往历史中也出现过表示敬称的人称，如 thou and you。thou 相当于汉语中的“您”，这一用语现在已被弃用，仅在祈祷以及诗歌中偶尔出现。

此外，当前流行的美女、帅哥等称谓也渐渐成为一种通用称呼。

不称通常是指在交际过程中不使用任何的称谓，其根源在于两个方面，一个是不知道如何称呼对方，另一个则是因为对方的身份具有多重性。但是因不称的不礼貌性，通常会选用其他方式来代替不称的方式来进行社交。

（二）称谓文化翻译

从上面这些例子可以发现不同语言的称谓是有很大差异的，从形式到语义、语用层面都有不同。特殊场合使用的称谓也会具有不同含义，具有不同的社交功能。所以在翻译称谓时，务必要注意出现称谓的社交环境变化，分辨其中的称谓差异性，最后合适地将其翻译出来。英汉称谓语的翻译通常可以采用如下一些方法。

1. 亲属称谓的翻译

（1）等值法

可以从中西亲属文化的对比中看出，亲属称谓语在不同语言的称谓文化中，确实存在语义对等、相似甚至相同的交际价值，在翻译中可以采用语义等值法来进行翻译。例如：

女儿译为：daughter

儿子译为：son

爸爸译为：dad

妈妈译为：mom

（2）加注法

可以采用注释的方法对源语言中一些特殊称谓进行表达，使之更容易被译入语读者清晰的理解。

例如：

岳父译为：Father-in-law（wife's father）

岳母译为：mother-in-law（wife's mother）

公公译为：Father-in-law（ Husband's father）

婆婆译为：mother-in-law（ Husband s mother）

姐夫译为：brother-in-law（husband of one's elder sister）

妹夫译为：brother-in-law（husband of one's younger sister）

（3）变通法

翻译时，在英汉语言中有一些称谓没有对应的词语，这时我们就要采用变通法来进行灵活翻译。

2. 社交称谓的翻译

（1）对等法

许多社会称谓在英汉两种语言中是对等的，采用对等的方法在翻译中也很常用，这时只需直接使用这些对等词即可。例如：

刘小姐译为：Miss Liu

胡先生译为：Mr.Hu

张教授译为：Professor Zhang

王主任译为：Director Wang

杜校长译为：President Du

韩医生译为：Doctor Han

（2）改写法

在英语和汉语中，许多社会称谓都不是对应的。为了更好地向译入语读者传达原文的真实含义，译者在翻译中应采用改写方法，通过对原文的社会称谓进行一定程度的改写来符合译入语的表达习惯。例如：

刘东方的妹妹是汪处厚的拜门学生，也不时到师母家来谈谈。（钱钟书《围城》）

Liu Tung-fang's sister，a former students of Wang Ch'uhou ，also dropped in sometimes to see her，calling her Teacher's wife.（珍妮 - 凯利、茅国权译）

在本例中，对原文中的“师母家”进行翻译时，英语中并没有与之对应的词语，这时可根据上下文的内容进行分析。从文中得知“母家”是指师母，也就是老师的妻子，所以将其译为 Teacher's wife，不仅清楚地传达了原文的含义，还使师母与学生之间的关系得到了很好的再现。

第七章　跨文化交际背景下中国传统文化融入大学英语翻译教学

本章为跨文化交际背景下中国传统文化融入大学英语翻译教学，主要介绍了五个方面的内容，依次是大学英语翻译教学简述、基于跨文化交际视角的大学英语翻译教学的原则、大学英语翻译教学中跨文化交际能力的培养、大学英语翻译教学中中国传统文化渗透的途径、跨文化交际背景下的大学英语翻译教学的新发展。

第一节　大学英语翻译教学简述

翻译教学因其对英语翻译人才的高水平培养而在英语教学中占据重要地位。本节就从现状、目标与意义三个层面来分析和探讨大学英语翻译教学的基础知识。

一、大学英语翻译教学的现状

专业英语翻译人才的培养过程很复杂，要考虑到包括师资配备、翻译的专业知识讲解、相关课程的教学方法等一系列内容。而当今社会对翻译人才的需要和要求都在不断提升，这使得人才培养问题更加凸显与紧迫，具体的问题有以下几点。

（一）教师方面

1. 理论与实践脱节

想要提升翻译的质量与速度，必须要将理论结合于实践之中。在大学的翻译教学课程中，教师不仅要将基本知识技巧传授于学生，更要带领学生不断进行实践活动。目前，我国的许多大学都存在理论脱节于实践的情况，在这些院校，教师不带领学生实践而仅仅是传授了理论，从而导致学生学习的大量知识无法融会贯通、灵活运用。

2. 教师素质有待提升

师资水平也是培养英语翻译人才的重中之重。当前我国从事翻译教学的教师水平整体不高，主要体现在教师自身的翻译功底不足。在教学中，老师本身就缺乏经验，没有规范科学的教学方法和习惯，这一点对于培养翻译人才来说非常不利。

同时还有部分教师为了追求讲课的速度和效率，没有将教学工作进行深入研究，导致无法解决学生问题。部分教师所学是综合英语而非翻译专业，这就导致其专业性不足，在教学方面也存在困难。

（二）学生方面

当前，许多学生仅是把翻译当作一种赚钱谋生的手段，所以其翻译意识是薄弱的。另外有些学生没有明确的翻译理念和策略、未形成健全的翻译体系，这些学生本身的翻译能力就很一般，对翻译也是一知半解，也就更难真正运用到实践中。

二、大学英语翻译教学的目标

根据《高等学校英语专业教学大纲》的教学要求，大学英语翻译教学目标主要包含以下两个方面的内容。

对六级（相当于第六学期结束）翻译课程的单项要求如下：

（1）初步了解翻译基础理论方面的知识，了解并分析英汉语言的异同。

（2）掌握常用的翻译技巧。

（3）能够将中等难度的英语段落或篇章译成汉语，翻译的速度为每小时250—300个英文单词。译文的语言要通顺，做到忠实原文。

（4）能够将中等难度的汉语段落或篇章译成英语，速度和译文要求与英译汉相同。

（5）能够担任外宾日常生活的口译。

对八级（相当于第八学期结束）翻译课程的单项要求如下：

（1）能够运用翻译理论与技巧，将英美报纸、杂志上的文章以及文学原著译成汉语，或将我国报纸、杂志上的文章和一般文学作品译成英语，速度为每小时250—300个英文单词。

（2）需要确保译文语言流畅，忠实地传达原意。

（3）能够进行一般外事活动的口译。

三、大学英语翻译教学的意义

大学英语翻译教学是学生其他语言能力积累到一定程度之后开展的一项教学活动，其目的是培养学生的翻译能力，提高学生的综合语言技能。具体而言，大学英语翻译教学的意义表现为以下几点。

（一）有利于增加学生的文化知识

翻译本身是不同的两种语言之间的转换活动，通过翻译，也将两种语言之间的文化进行了转换。因此，学生掌握语言背后文化是保证翻译质量的基础所在。这就要求在翻译的教学中，教师不仅要将翻译知识传授给学生，而且还要将文化层面的知识整合其中。当然，文化知识不仅是译入语的文化知识，也是母语的文化知识，因此，学生可以在翻译教学中掌握方方面面与语言有关的文化知识，同时可以通过比较两种文化知识来理解语言差异的根源。

（二）有利于提高学生的英汉语言修养

翻译的时候除了要求译文完整性和语义的准确性以外，还要保证风格的一致性以及修辞手法的一致性。在翻译教学过程中，老师如果可以引导学生们完整地把握这些要点，就可以将学生的整体语言修养提升。

学生翻译的风格特征需要由教师进行正确的引导。例如，对于科学文本的翻译，教师需要告诉学生，翻译应该简洁，避免深奥和晦涩，这样译入语读者就可以很容易地获取他们想要了解的信息。

另外，在学习翻译的过程中，学生所历经的多重训练，是提升他们语言素养的一个重要过程。

（三）有利于培养学生的跨文化交际能力

英汉互译的过程中要了解各自存在的特定交际模式与方法，因此学生需要先掌握语言知识，再去了解不同语言的文化背景以及差异性等。

教师在翻译教学中，通过对两种文化的差异性进行讲解，可以帮助学生掌握一些交际模式，从而便于开展跨文化交际。

（四）有利于满足翻译人才的社会性需求

人才在不同时代下的需求也不尽相同，相对应的，社会对英语翻译人才的不同需求也使得英语教学的模式也存在差异。全球化进程不断推进，国际交流也越发密切，因此英语所发挥的沟通桥梁作用也日益明显。翻译得顺畅准确与否是国际交流能否成功的关键因素。因此，英语教学的开展非常有必要，既符合社会发展的趋势，又能培养高水平的人才。

（五）有利于巩固和加强学生的综合语言能力

翻译教学对其他各个能力的掌握和应用都有帮助，常见的如听、说、读、写、译是英语教学中的五项技能。在这五项技能中，翻译的作用非常重要。在笔译中，学生通过深入分析和研究源语言的语音、词汇和语法意义以巩固其对这些知识的掌握。在口译中，学生能够通过相互交流来练习他们的听说能力。

第二节 基于跨文化交际视角的大学英语翻译教学的原则

教师在英语翻译教学中掌握翻译原则的多少决定了教学效果的好坏，具体原则有以下几点。

一、题材丰富原则

教学是培养人才的重中之重，全面的翻译人才是社会急迫需要的人才，因此翻译的题材必须丰富多样，并且系统化，只有借助这样实践成果培养的人才才能满足社会需求。这就要求教师在翻译教学中选取的题材必须要遵从丰富性原则，可以通过让学生接触不同风格，不同内容，不同文化角度的材料对其进行针对训练。无论是商务风格还是新闻风格，不同风格有不同特点，并且不同风格都要接触以形成系统的风格发展，这既要求学生多接触多训练，也要求教师能及时抓住并总结问题。

二、循序渐进原则

双语翻译活动本身就具备复杂性，其中语言知识本身的差异、文化与社会背景的差异等多个因素都是提升难度的地方，因此翻译要讲究循序渐进，教师的教学过程中要进行由浅入深地讲解，一点点提升学生的翻译水平和能力，不能急于求成。

三、兼顾质量与速度原则

由于许多翻译活动不仅要求质量，同时在保证质量的基础上要求速度，因此在翻译实践中，催稿是常有的事情。在大学英语翻译教学中，教师需要提醒学生在注重质量的同时不要忽视速度，以达到两者兼顾的目的。例如，在英语翻译中，教师可以通过限时训练来帮助学生更好地把握时间，以提高翻译效率。所以，教师组织学生进行限时翻译培训可以有效地帮助学生提高翻译水平。

四、学以致用原则

在英语翻译教学中，学以致用原则也非常有必要，这有助于学生将课堂所学所用运用到实际需求中。这对教学的教师提出了一些要求，如教师应当多为学生创造这样的实践机会，如在翻译公司实习等，让学生在实践的过程中更好地掌握所学知识，明白自己的真实翻译水平等，有助于学生进一步提升自我。另外，学以致用原则还可以让学生有机会接触到社会上实际项目中客户的反馈，这对之后学生的进步也有很大帮助。

第三节　大学英语翻译教学中跨文化交际能力的培养

翻译教学在跨文化交际视角下的目的就是为了培养高素质翻译人才，提高其交际服务的能力。跨文化交际能力是可以在大学英语翻译教学中进行培养，可以从以下两点入手。

一、文化语言能力的培养

文化语言能力的培养十分重要，因为文化语言能力是翻译的基础。具体来说，可以从如下两大途径入手。

（一）扩大人才的知识面

扩大知识面对于我国的翻译人才培养很重要。我国本就存在英语环境缺失这样的硬性条件问题，又因为传统学习的观念使得学生的积极性不够充足，且大多数学生更加专注课本内容而非翻译的实践操作。

翻译是综合了很多领域的活动的一门综合学科，译者往往会因为语言基础知识的缺失而导致很难对翻译文本进行准确的理解。同样，如果译者知识面狭窄，也会导致其很难进行复杂文本的翻译工作。

因此，开设更多的文化选修课是提升学生翻译水平的一大助力，用有意思的课堂内容来吸引学生选修课程，如英美文学，选读英美报刊可以使学生在了解国外有趣知识的同时提高自身翻译的能力、知识的广度以及自身文化修养。

（二）培养人才的语用能力

学生语用能力的提高有助于加深对语篇文化知识的理解。在跨文化交际能力的培养中，教师可以从英美文化入手，通过向学生解释不同的文化差异和文化现象，使学生对不同的文化有不同的感受，增强学习其他文化的兴趣，然后再进一步提高他们对翻译的兴趣。

此外学生语用能力的培养还受到翻译教材选择的影响。教师应选择包含文化差异和文化知识的教材，以便学生清楚地了解语言的使用方式。此外，教师还可以设置跨文化语用场景，让学生了解语言的语用情况。

二、文化策略能力的培养

（一）归化与异化策略

1. 归化和异化的由来

1995 年，美国翻译理论家韦努蒂在《译者的隐形》（HTAe Translator^ Invisibility）中提出了异化策略和归化策略[①]。异化和归化并不完全等同于直译和意译，而是作为其概念的延伸。直译和意译最重要的问题是如何在语言层面处理形式和意义。异化与归化突破了语言的范畴，将视野拓展到多种艺术文化领域。

20 世纪二三十年代，鲁迅提出翻译要欧化，不要归化。20 世纪 50 年代，傅雷提出“神似论”。他在《< 高老头 > 重译本序》中指出，“以效果而论，翻译应当像临画一样，所求的不在形似而在神似”，认为“理想的译文仿佛是原作者的中文写作”。文字上要求“译文必须为纯粹之中文，无生硬拗口之病”，并且保证“行文流畅，用字丰富，色彩变化”。显然，这种观点与鲁迅的观点是截然不同的。

“化境”是 20 世纪 60 年代，在我国出现的一个较为重要的翻译理论，这一观点是钱钟书提出的。钱钟书在《林纾的翻译》中指出，“化”是文学翻译的最高理想[②]。在将作品从一种语言转换为另一种语言的过程中，译者不应因为语言习惯的不同而表现出生硬牵强的痕迹。如果原作的味道完全保留下来，就可以视为“化境”的实现。钱钟书还称这种现象为“脱胎换骨”。他认为，译文是否忠实于原文取决于它的阅读是否与原文一样自然。

① （美）韦努蒂 . 译者的隐形——翻译史论 [M]. 张景华，译 . 北京：外语教学与研究出版社，2009.
② 钱钟书 . 林纾的翻译 [M]. 北京：商务印书馆，1981.

可以看出“归化”与“异化”的争议在翻译研究者之间已经存在许久了。如今针对“归化”和“异化”的翻译策略的文章有很多，并且有自己的观点，因此整个翻译策略界呈现百花齐放的态势。

2. 归化策略

从定义上来看，归化策略指的是源语言表达形式的省略或替换是一种寻找地道的表达方式来表达译入语的一种翻译策略。这种策略的使用会导致源语言的文化意义的丧失，而更符合目标语言的文化意义。例如：

原文：谋事在人，成事在天。

译文 1：Man proposes，Heaven disposes.

译文 2：Man proposes，God disposes.

原句是带有浓重的中国特色的，两个译本都使用了对仗形式，与原作相称，但是对“天”的表达上存在明显的差异。译文 1 将其翻译为 Heaven，是与中国的文化色彩相符合的；译文 2 则为了符合译入语读者的接受程度，将其翻译为 God。之所以存在差异就在于两个译本选择的翻译策略不同。

3. 异化策略

翻译者尽量保留源语文化且内容上贴近作者表达的翻译策略就是异化策略，不同语言之间的文化背景、地域风俗以及思维方式都存在显著差异，存在于不同民族间对事物的认知是极为不同的，因此在翻译一些历史文献时，既要贴近原著历史内容，又要保留其文化背景知识，以便传播其文化信息，此时就可以选择异化策略来进行翻译。例如：

As the last straw breaks the laden camel's back，this piece of underground information crushed the sinking spirits of Mr.Dombey.

正如压垮负重骆驼脊梁的最后一根稻草，这则秘密信息把董贝先生低沉的情绪压到了最低点。

上例将原文中的习语 the last straw breaks the laden camel's back 进行了异化翻译，使得读者既能了解英语中特殊的表达方式，又能理解其原文意思。

（二）归异互补策略

归化和异化策略是文化翻译中最主要的两种策略，归化和异化有着对立统一的关系，并且各自的适用范畴也不相同，为了完整地传达源语的内容与含义，只采用一种方法很难达到目的，这时就要求采用归异互补的策略将两者进行结合来翻译。

找到归化异化的中间点对成为一名合格的翻译者来说非常重要，通过对原文的仔细阅读，找到这个点并且使用正确的翻译策略。

关于归化和异化策略的关系，一般先使用异化策略翻译，之后再用归化策略作为辅助。具体方法可以总结为以下几点。

（1）为了使译文可以实现“形神具备”，一般译者会选用异化策略来进行翻译，这有助于传达原文的内容。

（2）若异化策略不能充分表意或者翻译不通顺，这时可以考略两种策略结合的方法。

（3）如果异化策略的翻译与理想结果出入巨大，那么就考虑使用归化策略，舍弃原作形式，只表达其内涵意义。

总之，在处理归化与异化的关系时，译者应注意适度。具体来说，在采用异化策略时，译者必须确保它不会影响对译文的理解；在采用归化策略时，译者必须确保原作在风格上不会改变，并努力实现真正的“文化传真”。从这个意义上说，异化策略在文化层面上有很强的表现，而归化策略在纯语言层面上有很强的表现。值得注意的是，即使在同一篇文章中，翻译策略也不是唯一的，不能只使用一种策略进行翻译。在处理不同的文化问题时，一个好的译者应该洞察文化知识，充分发挥跨文化意识，采取适当的翻译策略，努力成为文化交流的使者。

（三）文化间性策略

所谓文化间性策略，是指基于文化间性主义与文化间性观而逐渐形成的一种翻译策略。在文化间性主义者看来，译者在进行文化翻译时应该保证互惠互补、相互协调的文化关系。文化间性策略可以帮助译者在翻译过程中处理不同文化之间的明显差异，并发现不同文化间的相同点，从而实现不同文化之间的联系与互动。

将不同文化的要素内化于身，并以发展的眼光和接纳的态度来看待不同文化的译者才是优秀的译者。在这样的状态下，译者可以更好地进行文化的翻译实践，使作品变得更加优秀。具体来讲，可实现如下两大效益：

（1）译者要保持开放的心态，接受和容忍不同的文化，并采取适当的策略来应对不同的文化。

（2）译者扩展和发展源语文化，在共同思维的指导下分析源语文化，进而将源语文化推向世界。

文化间性极大的弱化了归化策略和异化策略，并且支持了传统的“信、达、雅”翻译标准。例如：

原文：天时不如地利，地利不如人和。

译文 1：Sky times not so good as ground situation；ground situation not so good as human harmony.

译文 2：Opportunities vouchsafed by Heaven are less important than terrestrial advantages，which in turn are less important than the unity among people.

显然，原文是一则典故，意思是在战争中，气候条件十分重要，地理形势也十分重要，但是相比之下，人心所向才是最为重要的。对于这则典故的翻译，译文 1 是很不负责任的，属于乱译；译文 2 则根据文化间性理论进行了恰当的翻译，很容易让读者理解。

（四）文化调停策略

文化调停策略被广泛应用在翻译领域。下面是具体的概念与应用方法。

1. 文化调停策略的概念

文化调停策略是指省略某些文化因素，甚至所有文化因素，直接翻译深层含义的翻译策略。例如：

回头人出嫁，哭喊的也有，说要寻死觅活的也有，抬到男家闹得拜不成天地的也有，连花烛都砸了的也有。

Some widows sob and shout when they are forced to remarry；some threaten to kill themselves；refuse to go through with the wedding ceremony after they've been carried to the man's house；some smash the wedding candlesticks.

原文选自鲁迅先生的短篇小说《祝福》[①]。在中国婚俗中，“拜天地”是一种特有的现象，并且“天”“地”这两个字有着丰富的文化内涵。在中国人眼中，“拜天地”就是所谓的婚礼。但是，如果用异化策略进行翻译，译入语读者显然是很难理解其真正含义的，因此将“拜不成天地”译成“refuse to bow to heaven and earth”显然不合理。翻译采用文化调停策略。如译文所示，省略了原文的形象，直接翻译了原文的深层含义。这样，目的语读者才能真正理解原文的内涵，获得与原文读者相同的感受。

2. 文化调停策略的运用

文化调停策略就是针对归化策略和异化策略来说的，通常在归化策略和异化策略都不能解决翻译的文化问题之时，就可以采用文化调停策略。运用文化调停

① 鲁迅 . 祝福 [M]. 北京：煤炭工业出版社，2018.

策略可以让译文的可读性更强，同时也弥补了归化策略和异化策略的文化问题。但其也存在一些如无法保留文化意象，不易交流等的问题。

例如：

刘备章武三年病死于白帝城永安宫，五月运回成都，八月葬于惠陵。

Liu Bei died of illness in 233 at present-day Fenjie County，Sichuan Province，and was buried in Chengdu in the same year.

上面这篇例子就是典型的拥有丰富文化因素与内涵的短文章，这里包括了许多古代的内容，如地名与年代等。在这篇文章的翻译中，很难采用归化策略来找到英语中的对应单词，同时也无法使用拼写注释的异化策略，这只会使得翻译更加的烦琐。这时应该采用文化调停策略，忽略这些难译因素来翻译才能更好地使读者理解内容。

如果一篇文章中出现许多源语言自身的文化以及特定的内容，如人物名、地名、年代名或者书籍典故等等的名字，这时采用传统的翻译方法就显得异常麻烦，而且即使经过准确的翻译，读者有时还是无法理解这些本质属于源语言文化中的内容，因此这时选择简化或者省略性的翻译，既能使翻译的工作量大大减少，又不影响读者对译文的理解，同时源语言的文化内涵也做到了尽量不丢失。因此事实上，我们可以使用文化调停策略来翻译和省略这些不必要的文化内容，这更容易被译入语读者理解。

（五）文化对应策略

采用译入语文化中的知名事件或人物等对源语文化中的内容进行解析与注释的翻译策略称为文化对应策略。英汉中常见的对应策略例子就是“梁山伯和祝英台”所对应的“罗密欧与朱丽叶”，这里前者是在中国文化中耳熟能详的人物角色，而后者的故事广泛流传于西方国家，但是因为其角色与故事内容的对应性，可以将其进行文化对应策略的翻译。同样，“济公”和“罗宾汉”的互换也是一样的。

归化策略和异化策略在包括归化、异化、互补、跨文化、文化调停和文化对应六种文化翻译策略中占据主导地位，并且两者呈现出对立统一的关系。其中归化策略，主要是倾向于译入语读者的翻译策略，这种策略更加照顾译入语读者对译文的理解；相反异化策略则是更倾向于原文化读者的一种策略。优秀的译者可以很好地将两者进行平衡。

例如，在日常生活中，为了确保良好的沟通效果，一些通知、广告、公告和新闻报道经常使用归化策略进行翻译，这对读者来说是很容易理解的。如果不能使用归化策略，可以使用文化调停策略，这样可以使译文更清晰，更易于读者理解，并且符合译入语读者的阅读习惯。对于政治评论、哲学著作、科技文章，译者往往采用异化策略，因为撰写这些文章的目的是为了宣传和发扬。这样的翻译将有助于填补译入语读者的知识空缺。换言之，异化策略的运用有助于弥补译入语读者的空白，使读者更多地了解目标语言文化。

第四节　大学英语翻译教学中中国传统文化渗透的途径

在跨文化教育背景下，大学英语教师应重视传授中国的传统文化知识，并且努力提高学生跨文化交际能力与翻译能力，并最终提高学生的综合文化水平。以下是几种具体的渗透中国传统文化的方法。

一、解析中西文化差异及其对翻译教学的影响

翻译活动集语言转换、文化转换、文化交流等多个过程于一身。英语翻译的教学深受跨文化交流的影响，翻译得好坏也取决于对文化差异性的解读程度。由此可见，文化差异在英汉翻译中非常值得重视。

（一）思维方式方面的差异及影响

英语地区的人群非常擅长抽象思维，可以通过各种抽象的概念将具体事物进行表达。这种思维方式的语言表达是抽象表达的一种应用。然而，汉语民族的思维方式与英语民族的思维方式恰恰相反。因此，在具体的翻译过程中，需要对原文进行变动，即英语中抽象名词具体化。

（二）物质文化方面的差异及影响

英汉翻译因为中西方物质文化的巨大差异而存在很大的困难。物质文化与人们日常生活的方方面面息息相关，包括饮食、生活用品、服装、工具等等在内的非常丰富的内容。

中国人的主食为米、各种面食，而西方人则是蛋糕面包等等。这种饮食文化的差异也会导致一些常用语，比如中国人常说的“小菜一碟”这种说法，与西方的“a piece of cake”即蛋糕一块的说法相对应。这就是中西文化差异导致的翻译问题。

总之，物质文化差异对翻译的影响非常之大。译者想要更好地翻译必须要先

了解文化差异性，这样的翻译才能达到文化交流的目的。

（三）风俗习惯方面的差异及影响

除了物质文化差异导致相关翻译产生的一些困难之外，在风俗习惯上的差异也会对其产生影响。在称呼方面，英语中常见的有 dad，mum，grandpa，aunt，uncle 这几种称谓，大部分情况下在英语文化中有直接称呼姓名的习惯。但是在中国的情况大有不同，中国非常讲究礼仪文化，称谓尊卑有别，长幼有序，有着十分严苛的区分，有时英文中可能只有一种叫法，但在汉语中却能够有许多词语与之对应。例如：妻子这称谓，在英语中只有“wife”一词与之对应，但在汉语中则有“老婆”“爱人”“媳妇”等多种叫法。

二、进行文化导入

（一）比较法

在翻译教学中为学生讲解文化知识时，最常用的方法就是比较法。比较法从字面意义理解，就是比较分析英语和汉语的文化，结合英语翻译的实际应用能力与跨文化能力，帮助学生获得语言知识的同时吸收文化知识。例如，在中国文化中，“狗”往往具有贬义，因此与“狗”相关的词也属于贬义词，如“走狗”、“丧家狗”等。然而，在英国文化中，狗非常喜欢跑步，被认为是人类最忠实的朋友。“You are a lucky dog.”（你真是个幸运儿）是英文中最常见的与狗相关的褒义语句了。因此，若是不了解其中的文化差异，很容易在翻译中出现意思与原文完全相反的情况而造成误译。

（二）主题讲座法

丰富学生知识的有效方法不仅仅是比较法，主题讲座也是不错的选择。在比较英汉地域文化差异的基础上分析总结，将学生学习的问题加以细化概括。有时，一些语言学家或外籍教师会有意识地就一些特色文化知识进行主题讲座。主题讲座具有信息量大、时间集中的优点，也可以帮助学生提高文化敏感性，有助于学生对英语文化的全面了解和掌握。

（三）课外补充法

因为翻译教材的稀缺以及课堂时间的有限性，在课堂这个培养翻译能力的重要场合也不可能让学生全面掌握翻译知识。因此，如何利用课后有充足的时间才是解决问题的重要思路。教师要想办法引导学生进行时间规划，主要是规划课余的时间，可以通过多种方式和渠道进行知识水平的提升。例如，读书看报，看电影，寻找传统中国文化的资料等等。这一方面是对学生自学能力的培养，另一方面也提高了学生的动手能力、解决问题能力以及翻译能力。

三、讲授中国文化词语的翻译方法

汉语和英语之间由于各方面如文化背景、地理位置等的差异，许多词语之间并没有对应关系。在这种情况下，部分学生会有不会翻译或不敢翻译的情况，这时教师的鼓励就显得尤为重要，另外教师更要重视文化内涵翻译的教学，教会学生掌握相应的翻译方法。以下是一些常见翻译方法：。

（一）音译法

音译法一般用于没有对应表达方式的传统文化词语的翻译当中。例如：头译为 kowtow，土豪译为 tuhao。

（二）意译法

除了音译法，翻译中国传统文化词语时另一种常用方法便是意译。也是源于源语言和目的语言没有相关对应词语的情况下，需要根据源语言事物的特点进行理解性的翻译，这样虽然没有“形”上的相似，却极为精准地传递了事物的含义。例如中国的“火锅”被翻译成 hot pot 就是典型的意译法的应用。

（三）综合法

“七夕”起源于对自然的崇拜和妇女穿针乞巧，是中国的一个传统节日，“七夕”还被赋予了“牛郎”和“织女”的爱情故事，所以它又被称为中国的情人节。如果简单地把“七夕节”翻译成 Chinese Valentine's Day，人们就会把它等同于西方的情人节，从而忽略了“七夕节”的中国文化内涵。而翻译成 Double Seventh Festival，既可以与西方的情人节区分开，又反映了中国文化的特点。

四、增强教师个人文化素养

教师的个人文化素养是翻译教学中非常重要的因素之一，教师对英汉文化的了解以及对翻译方法的掌握直接决定了所能传授知识的水平，如果没有一定的水准，教学反而会误导学生。因此，无论何时，教师都应将提升教学水平与个人文化素养放在首位。

五、增设相关中国文化选修课

社会对英语人才的需求越发旺盛，大学英语的教学也随着社会发展而产生了新的标准与要求，但是大学内相关课程的设置却反而呈现降低趋势，其中通过开设选修课来增加课程学习量便是一种解决的方案。选修课的开设既提高了教师的文化素养，同时对于学生来说，又能提升其自身翻译能力。另外，帮助学生吸收文化知识，提升其综合素质等也都是开设选修课带来的益处。

六、多样化措施鼓励学生关注中国文化

教师不可能在有限的课堂时间内做到面面俱到，这要求教师鼓励学生独立探索和发现。在日常生活中，仔细观察，就可以在看到很多关于中国文化的翻译，如在餐厅用餐时，不妨看看菜单的英文翻译，旅游时注意景点的英文介绍等等。

总体而言，在当前这样一个不断变革、不断发展、新问题层出不穷的时代，大学英语教师和学生需要共同努力不断完善和改革翻译教学方式，将知识与文化结合起来，只有这样才能更好地培养学生的跨文化意识，使学生更好地适应社会对人才的需求

第五节　跨文化交际背景下的大学英语翻译教学的新发展

一、数字化时代英语翻译教学新模式

语言作为人类交流最重要的工具，其在社会经济发展过程中发挥着极为重要的作用。由于数字化时代下的传统英语翻译教学已经无法满足社会经济发展的需要，因此必须加强英语翻译教学模式改革与创新的力度，建立符合数字化使用要求的英语翻译教学模式，才能促进英语翻译教学效率与质量的稳步提升，下面将就数字化时代英语翻译教学的新模式进行分析与探讨。

（一）构建数字化翻译教学的平台

由于传统英语翻译教学已经无法满足数字化时代对英语翻译教学所提出的要求，所以，必须加强现有翻译教学手段改革与创新的力度，冲破传统教学手段对英语翻译教学的限制，才能促进英语翻译教学效率的全面提升，充分发挥数字化时代的优势构建数字化的英语翻译教学平台，为英语翻译教学的顺利进行奠定良

好的基础。由于数字化翻译辅助教学平台的构建涉及各方面的内容，必须在计算机、互联网环境下进行，因此学校必须根据教学的要求在采购翻译软件的同时，加强与社会企业合作的力度，定期组织学生进入翻译公司进行实习或者观摩，以便于学生迅速掌握翻译软件使用的方法。另外，教师必须在教学过程中引导学生掌握使用网络翻译工具的方法，才能达到促进学生翻译能力稳步提升的目的。由于大多数领域的翻译名称都已经发展为固定的模式，因此快速、准确地完成文章的翻译是数字化时代对翻译人员所提出的最基本的要求。

（二）构建翻译教学互动平台

数字化时代下的英语翻译教学模式与传统英语翻译教学模式相比较而言，数字化时代下的翻译教学模式最大的特点就是，其增强了教师与学生之间的交流与互动，这种全新教学平台不仅有助于课堂教学过程中教师与学生之间的交流与互动，同时也为教师与学生在课后的交流互动搭建了良好的平台。也就是说，数字化时代下的英语翻译教学不仅能冲破时间和空间对英语翻译教学的限制，同时教师在教学过程中充分利用互联网搭建的 QQ 群、微信群等网络社交平台，建立的实时网络互动交流平台，也为英语翻译教学的顺利进行奠定了良好的基础。此外，在数字化时代下的英语翻译教学开展过程中，教师还可以利用与国内外网络平台连接的方式，通过平台发布自己无法翻译的问题，以便于寻求翻译专业人士和专家的帮助。这种数字化时代下的互动翻译教学平台的建立，不仅实现了信息资源的共享，同时也促进了学生学习积极性与主观能动性的不断提升，增强了师生之间的协作力度，为翻译教学的顺利进行奠定了良好的基础。

（三）翻译作业的布置

传统英语翻译教学模式下的英语翻译教学中，整个翻译教学的作业布置必须严格地按照以下流程进行：教师根据教学要求向学生布置翻译作业，学生完成作业后上交，然后由教师批改并进行讲评；而数字化时代下，教师在布置翻译作业时，主要是依靠网络辅助教学平台建立以班级为主的班级翻译群。这一教学方式与传统教学方式相比较而言，最大的差别在于可以充分激发出学生的学习积极性和主动性，有助于学生团队协作精神的不断提升。同时，这种多元化开放式的英语翻译教学模式，教师可以在布置与教材相关的翻译作业之外，还可以加强与翻译公司的合作力度，承接翻译公司的翻译业务，引导学生根据自己的学习兴趣选择自己最擅长的领域完成教师所布置的翻译作业。在学生完成教师布置的翻译作业后，然后由教师按照翻译公司的要求，统一进行检查和质量把关。教师针对学生在作业完成过程中存在的问题及时地指出并纠正，才能达到促进学生翻译能力与水平的全面提升，为学生后期走上工作岗位奠定良好的基础。

（四）翻译测试的多样化与市场化

传统英语翻译教学模式下的测试方法主要是教师出具翻译试卷，学生完成试卷，然后教师打分的单一测试方式，这种单一的测试方式主要的目的是为了检测学生的背诵与双语转换能力。但是，就实际情况而言，大多数情况下，翻译人员在翻译材料时往往只能依靠自身的记忆能力进行资料的翻译；而在数字化时代下，翻译教学不仅测试方法和内容灵活多样，同时还随着计算机辅助翻译教学平台的建立，这样不仅可以根据学生的实际情况决定测试的时间，同时学生在测试的过程中只需要充分利用自己日常学习过程中建立的小型资料库和相关专业术语，借助复杂翻译软件以及网络工具，就可以顺利地完成测试。另外，如果学生在测试过程中遇到问题也可以通过网络向专业人士寻求帮助，而教师则根据相关的评价标准对学生的测试成绩做出客观公正的评价即可。

总之，为了促进数字化时代英语翻译教学效率与质量的全面提升，必须加强翻译教学教材内容、教学方法、测试方法等各方面改革与创新的力度，以此确保数字化时代翻译教学工作的顺利进行。传统翻译教学方式随着数字化时代的来临已经无法满足翻译教学的要求，因此教师必须深入分析数字化时代下翻译教学实践活动的特点，严格按照数字化时代翻译教学的要求开展英语翻译教学活动，才能促进翻译教学效率与质量的全面提升，

二、“交互式”英语翻译教学模式建构

素质教育在社会发展的过程中逐步得到实施，探索教学新方法是有效提高学生综合素质的重要途径。为了使学生更好参与到我国未来的社会主义经济建设中并做出自己的贡献，就需要提高学生的综合素质与主观能动性。交互式的英语翻译教学模式就是受此深远影响而得到发展。同过这种先进的教学模式，学生的综合素质与主观能动性都得到了显著提升，为了能够更好地发展交互式英语翻译教学模式，以下对这种模式进行了详细的分析和介绍。

（一）交互式教学模式的理据

1. 创新型的反传统教学模式

将语言在两种语言之间进行转换就是翻译的过程，翻译过程中可以改变学生

的思维，这也是为什么说翻译教学既可以培养学生的语言知识能力，同时还可以提升学生的思维发散能力。学生能否掌握好英语的翻译能力要看其第一语言和第二语言的能力如何，还包括了超语言能力。能够在第一和第二语言之间进行转换的跨语言能力是培养学生语言转换的最重要途径之一。英语教师的职责便是传授翻译的策略与翻译的技巧，使学生的语言转换能力得到进一步提升。这要求教师不仅要注重传统翻译教学的有效性，还要重视翻译思维的培养。因为，教师古板的教授英语翻译理论知识，并在之后进行部分翻译联系，借此来提高学生的翻译能力的这种教学方法，并不利用学生翻译知识和思维能力的整体培养。

2. 建构主义学习理论的新教学模式

构建主义学习理论的最新研究成果便是互动式的教学模式。这套理论体系的核心便是人们的个人经验对事物进行建构和解析。摒弃常规的单方面的知识教学，而将过程看作核心，把握以下两个重要的点。一是学生的主导性作用，学生应在教学过程中处于主导作用，教师所总结的成功方法需要有针对性的向学生传授，因此学生学习构建知识和技能十分顺畅，可以更顺利地将教授的知识变为自身能力的一部分。二是将整体学习过程看作分析解决问题的过程。学生独立的处理问题的能力也是教师应当十分关注的一点。独立分析问题的能力不仅适用于英语翻译的教学，更适用于参与未来社会活动的需要，是综合素质与能力的展现。学习本身是一项互动行为，师生间、同学间的互动是非常频繁的，这些互动行为有效地缓解了学生在学习中的情绪问题，同时学生在这样的互动环境中也更容易获取翻译知识、提升翻译技能。

3. 交互式语言教学法的新教学模式

交互式语言教学方法最先由旧金山大学的语言学系主任提出的。这种语言教学经过测试，从报告中可以看出效果良好。因此，这种交互式语言教学的方法很快就得到大范围推广应用，且显著地提高了学生的成绩。交互式语言教学方法源自语言的习得和教学理论。需要教师因材施教，激发学生的学习兴趣等，这种交互体现在方方面面，如更多的沟通，构建更生动个课堂等。这种新的教学模式切合了英语翻译教学的本质内容，同时让学生在参与翻译的过程中更好地掌握翻译知识和技能，提高综合水平。

（二）英语翻译教学活动中的“交互式”教学模式

课程的特点和学生的个性化要求都是决定互动式教学模式在英语翻译教学活动中的实施的关键。这种教学模式主要是在建构主义学习理论的指导下进行的，它加强了教师与教学之间的感情，帮助学生提高了自主学习翻译知识与技能的能力，并在这种轻松的环境下显著提高了学生综合能力以及对知识的掌握程度，使学生在未来参与社会主义经济建设活动中创造更好的价值。

互动教学模式是当前形式下最适合开展英语防疫教学活动的模式，同时对英语翻译教学活动中的“互动”教学模式进行了全面阐述，从而有效地培养学生的英语翻译能力，提高学生的综合英语水平。

三、“互联网 +”环境的大学英语翻译教学模式

英语作为当前形势下世界通用的语言之一，在国家间的经济贸易与文化交流中都发挥着非常重要的作用。目前，中国社会对翻译人才的需求很大，但大多翻译人才培养相对刚性，高校的教学已经渐渐无法满足社会对英语翻译人才的需求，因此现阶段大学翻译教学的模式迫切需要提升进步，为了将大学英语教学水平提高，必须要进行教学模式的创新。

（一）“互联网 +”技术影响下的大学英语翻译模式创新策略

1. 优化英语翻译课程体系

创新需要找到源头，只有从源头优化才能解决根本性的问题。大学英语翻译的教学模式源头就是翻译课程体系。解决这个问题需要教师经常举办翻译相关的英语讲座和翻译竞赛，这既可以帮助学生培养对英语翻译的兴趣，也可以通过比赛这种实践模式来提高学生的实际翻译水平。不断更新翻译课程体系，将其与实践活动相结合是迫切的需求。教师重视的点不局限于基础的翻译知识，而更应该将中心放在翻译的技巧与实践操作中。只有优化好课程体系，才能让大学英语翻译的教学更上一层楼，更加适应时代需求，培养更优秀的综合型翻译人才。

2. 引导学生提升自学能力

新时期的教师，在帮助学生自主汲取知识，提高学生综合素质与信息处理能力以及英语翻译能力上具有极为重要的意义。学生的自主学习能力是学生进行额外提升的根本。传统教学中，教师作为教学主体使得学生在课上能够获得的收获非常有限。当新素质教育以及新课改深入后，学生的自主学习能力也因此有了显著提高，课外的书籍报刊互联网等渠道大大丰富了学生自主学习的手段，因此应当注重引导学生自学能力的提升。

3. 建立英语教学创新机制

在课堂上播放英文原声电影也是一种教学创新。受英语电影氛围的影响，教

师可以教会学生从各个方面理解英语翻译。与学生一起观看电影，解释电影经典台词，分析电影中复杂的翻译原则和技巧，进而使学生的综合翻译能力、口语能力以及思维能力获得显著提升。

4. 构建英语翻译实践平台

鉴于大学英语翻译实践平台建设中存在的障碍，现代信息技术的发展似乎可以解决这一问题。学生通过各种微课资源的开发应用，不再将英语的学习局限在一定空间和时间之内，因此学生有更多机会来练习英语翻译，同时可以有更多的实际应用机会，这些都能有效地提升学生口语以及书面翻译的水平。

5. 阅读报刊提升翻译能力

阅读如《华盛顿周刊》或者《时代周刊》这样用词标准的著名期刊报纸可以有效地拓宽学生的视野，这种期刊具有单词复观率高的特点，非常适合高校学生的阅读。这些报纸的内容涉猎广泛，既有时事新闻，又有许多领域的主题，经常阅读可以有效提升学生的词汇量，培养其内化词汇的能力，较多重复的句式单词可以培养学生的语感，这样对期刊进行英汉互译可以显著提升学生个人的翻译知识与翻译能力。因此，阅读报刊是一种有效提升学生综合翻译水平的方式。

6. 培养中西文化差异意识

中西文化的差异对翻译的影响非常之大，因此在教学过程中，教师可以选取一些典型的例文来对这一现象进行演示，让学生可以直观地感受到这些差异带来的影响，从而让自己避免犯同样的错误。这包括了语言特色，文化特色，区域特色等等方面，只有学生提前有意识的接触以及对此进行预防，才能更好地防止在翻译中出现由文化差异导致的翻译问题。

（二）打造全新的英语翻译教学模式

打造全新的翻译模式也是当前大学英语翻译课程的重要目标，一种被称为翻译工作坊的新模式值得思考。其内容是通过小组合作学习，每组学生完成各种教师分配的学习任务。这对学生的合作意识和英语学习的综合素质提升都有极大的帮助。

1. 创设情境

教师可以设置这样一个情境，如教师可以通过将教室分成几个带课桌的工作区来帮助学生模拟未来的工作环境。每个小组占用一个区域，配有一台电脑。学生可以在电脑上安装相关翻译软件进行辅助，在仿真环境中完成分配的任务。学生通过讨论交流，定期对工作成果进行演示。

2. 分配任务

教师负责向小组分派不同的任务，小组以独立或合作的方式解决实际翻译问题。在指定的任务中，教师应在未来的工作中作为学生的上级进行必要的指导帮助，为学生澄清背景和翻译风格，提前指出有问题的翻译，以确保学生能够完成翻译任务，因为分配任务是通过群发的，因此可以极大地节省课堂时间。一些商务合同等最好可以用到翻译公司的真实材料，这样可以帮助学生熟悉应用型的翻译文本，同时这种模拟可以提前让学生适应市场需求。

3. 完成任务

学生可以通过一些学术网站来对文本格式进行进一步的了解。因此文本的设置必须要准确，不能造成阅读上的障碍。学生小组通过自主学习，可以相互讨论合作来对译文进行修改调整，最后通过投票的方式选择翻译最贴切、合适的译文进行展示，要注意译文翻译的准确性和专业性，同时不要忽视其实用性。

通常在说明书翻译的过程中如果学生遇到困难，可以先借助各种翻译软件或者电子词典进行术语的翻译，这样可以保证专业性，进而再去联系上下文将其他内容准确地表达出来。除了借用工具，学生也可以查找网上相关的资料或者向教师求助。通过多种渠道与方法的修改，最终可以得到更满意的译文。为了追求翻译作品的真实性，他们可以将翻译公司的运作过程带入课堂，学生可以扮演客户、项目经理等角色。翻译人员的角色可以处理翻译公司可能遇到的各种业务，如合同修改、任务分配、翻译起草、编辑、排版、最终交付等。这些角色扮演还可以教会学生如何真正处理公司的业务。

4. 反馈评估

在检查和接受学生的翻译后，教师可以向全班展示几套翻译，以供评估和分析，并让学生讨论这些翻译的优缺点，并为自己选择最好的翻译。

除了教师对学生的综合评价外，参与角色扮演的学生也可以进行打分评价，这也是验证学生翻译的实践能力的一项标准，学生的综合素质也可以通过这些评分来反映。当下的大学英语翻译教育要培养的是适应社会发展的全面的翻译人才，需要创新教学模式，推进教学改革，结合网络与各种实践活动来帮助学生培养英语翻译的综合能力。

后 记

不知不觉间，本专著的撰写工作已经接近尾声，颇有不舍之情。本专著是作者在研究当下跨文化交际背景下中国传统文化英语翻译情况，投入大量精力进行深入研究的一部作品，倾注了自己大量心血，但是想到本专著的出版能够为跨文化交际背景下中国传统文化英语翻译探究方面提供一定的帮助，为英语翻译理论研究方面做出贡献，作者也颇感欣慰。

撰写本专著的初衷，是考虑到目前学生跨文化交际能力培养、中国传统文化在全球化发展中的传播情况等一些现实情况。

跨文化交际能力的培养已经成为高校外语专业教学的重要指向。在社会需求和外语教育发展的大环境下，高校的外语教育不能止步于训练学生对语言知识和语言技能的掌握，需要促进学生的语言知识和语言技能转化为跨文化交际的实际能力。教育部早在2007年公布的《大学英语课程教学要求》就明确了大学英语的教学性质和目标，提出“大学英语是高等教育的一个有机组成部分，以培养学生的英语语言知识与应用技能、跨文化交际和学习策略为主要内容，并集多种教学模式和教学手段为一体的教学体系”的要求。培养学生的跨文化交际意识，发展学生的跨文化交际能力是大学英语教学的主要目标之一。

实现中华民族伟大复兴，离不开民族优秀传统文化。继承和弘扬中国传统文化，不仅是社会发展的需要，而且是推进社会文明与进步的需要。传承和弘扬中华民族优秀的传统文化，是新时代华夏儿女们共同的责任和使命，阐述、诠释和学习中国传统文化，使我们的广大青年，尤其是使我们的大学生能够较为全面而系统地感知中国传统文化的精华和魅力，认识和理解中国传统文化中健康向上的本质和内涵，意义重大，影响深远。

翻译是跨文化交际的桥梁和手段，翻译教学作为大学英语教学中必不可少的一部分，对于培养学生的跨文化意识和交际能力有着重要的作用和意义。然而在教学实践中，由于受到大学英语课程设置、教材、课时等因素的影响，翻译教学仅限于对课文相关词句的讲解和教材上的翻译练习题，缺乏文化知识背景特别是中国传统文化的输入。

将中国传统文化融入大学英语翻译教学有着非常重要的意义。

将中国传统文化融入大学英语翻译教学，是当今社会对于跨文化交际人才的需要。随着经济全球化的发展和国内外文化交流的日益频繁，当今社会需要的是具有专业知识和跨文化交际能力的复合型人才。进行成功的跨文化交际，交际者不仅需要一般文化的知识，还需要具备特定文化的知识以及关于本国和其他国家的政治、经济、地理、历史、人文、宗教、习俗等各方面的知识。

跨文化交流是双向的，我们不仅要学习西方优秀的知识和文化传统，还要将历史悠久、博大精深的中国传统文化介绍给全世界。然而目前大学英语教学的现状是注重目的语教学而忽视母语教学，传统的翻译教学又过分重视语言知识层面的训练，忽略了文化因素的作用和学生跨文化意识的培养，很多大学生对于中国传统文化的认识和理解不够深刻，又缺少相关文化词汇的积累，很难用英语准确恰当地介绍中国传统文化，导致在跨文化交际中出现了“中国文化失语症”。将中国传统文化融入大学英语翻译课堂，有助于增强大学生的跨文化交际意识，提高大学生的跨文化交际能力。随着大学英语四、六级改革的推进，传统的大学英语翻译教学已经不能适应考试对于学生翻译能力的要求。

众所周知，大学英语四、六级考试是一项全国范围内的标准化英语等级考试，对大学英语教学具有重要的导向作用。2013 年下半年教育部全国大学英语四、六级考试委员会对四、六级考试的试卷结构和测试题型作出了重大调整。改革后，翻译题型的变化最为明显，由句子翻译改为段落翻译。改革后的翻译内容涉及中国的文化、历史、经济以及社会发展等话题，四级长度为 140 — 160 个汉字，六级长度为 180 — 200 个汉字。分值比例由原来的 5%提升到 15%，考试时间也由过去的 5 分钟增加到 30 分钟。2013 年 12 月的四、六级考试翻译题目就涉及茶文化、中国结、中秋节、中国园林等具有“中国风”的话题，而且翻译原文中出现了许多具有中国特色文化的词汇，这就要求我们在平时的学习中不仅要掌握好英语语言基础知识，还要有跨文化交际的意识，学会用英语的思维去描述中国特有的事物，如果学生缺乏对原文语言内涵和文化背景知识的了解，就会出现文化误译的现象。

在实际教学中，很多大学生并不知道如何运用英语来表述中国传统文化知识，甚至因为不能正确地应用英语表述中国传统文化，从而造成国外对中国文化在理解和认知上的偏差，不能很好地传承和发扬中国传统文化，很容易出现“文化休克”的现象。在语言学习中，翻译是非常重要的学习内容，也是学生重点掌握的技能，对语言的实际运用是一个很好的锻炼。当今，单纯的语言研究已经很少见了，对语言文化的研究已经成为新的趋势。在大学英语教学中，翻译教学要适应这种变化，将语言研究的成果应用到课堂教学中，运用翻译的方式实现跨文化的交流，运用英语将中国传统文化进行准确的表达，让世界了解中国，了解中国文化。中国传统文化的翻译和大学英语教学相融合，可以帮助学生树立正确的文化意识和传承观念，有助于提升他们的民族自豪感，从而更好地投入中国传统文化的传承中。

进入新的发展时期，伴随着新课程改革的不断深入，我国的大学英语教学也进行了一定的改革创新，重点是培养学生的英语实际应用能力，使其能够在今后的生活和工作中游刃有余地运用英语进行交流和沟通。这是对我国高等教育中培养高素质英语人才的高要求。

大学英语教育必须顺应时代的发展变化，积极改革创新，找准自己的发展定位，努力实现大学英语教学的跨文化教育。要想实现大学英语的跨文化教育，最重要的一点是，不仅要对英语国家的文化有所了解，而且对中国传统文化有相当的了解和认知，并通晓其用法。在英语教学实践中，教师非常重视对英美国家文化的学习，而对中国传统文化涉及较少，更不用说将两种文化有机地联系在一起。

作者经过对这些问题的深入研究，取得了丰硕的成果，撰写了本专著，同时，本专著在创作过程中得到了社会各界的广泛支持，作者在此对提供过帮助的人表示深深的感激与感谢！

感谢在本书创作过程中给予帮助的多位同僚，他们从翻译史、翻译理论、翻译实践和翻译批评等角度提供了宝贵的意见。因为有了他们的不懈努力、精益求精的专业精神及对作者的鼓励，这本《跨文化交际背景下中国传统文化英语翻译与传播研究》才得以成书，呈现在读者面前。

参考文献

[1] 郑濛濛．跨文化交际在高校英语教学中的有效渗透 [J]. 校园英语，2021（52）：25-26.

[2] 马雪丽．跨文化交际背景下的高校旅游英语翻译教学分析 [J]. 北京印刷学院学报，2021，29（S2）：179-181.

[3] 袁媛．跨文化交际视阈下的商务英语翻译策略——评《跨文化交际视阈下的商务英语翻译探究》[J]. 热带作物学报，2021，42（12）：3775.

[4] 王译莹．融媒体时代传统文化传播的路径创新 [J]. 传媒论坛，2021，4（24）：135-136.

[5] 韦雪梅．英语翻译教学环境与跨文化交际意识能力培养——评《英语教学与跨文化交际能力培养》[J]. 外语电化教学，2021（06）：111.

[6] 王桂平．旅游英语翻译对传统文化传播的作用分析 [J]. 辽宁经济职业技术学院．辽宁经济管理干部学院学报，2021（06）：50-52.

[7] 杨婧文．文化差异因素对于商务英语翻译的影响分析 [J]. 经济师，2021（12）：235-236+239.

[8] 朱萸洁．跨文化视角下的旅游英语翻译及其策略研究——以陕西省景区讲解文本为例 [J]. 中国商论，2021（22）：116-118.

[9] 陈媛媛．文化与翻译课程思政路径研究 [J]. 产业与科技论坛，2021，20（23）：116-117.

[10] 谷远洁．跨文化交际下的旅游英语翻译策略研究 [J]. 英语广场，2021（33）：24-26.

[11] 张娟．基于跨文化交际能力培养的大学英语教学设计研究 [J]. 黑龙江教师发展学院学报，2021，40（11）：142-144.

[12] 田薇．跨文化视角下的大学英语实践教学策略研究 [J]. 林区教学，2021（11）：94-97.

[13] 马玲．基于跨文化交际视角的大学英语教学的意义与方法 [J]. 食品研究与开

发，2021，42（21）：250.
[14] 郑洁静 . 新媒体传播下英语跨文化交际能力培养研究 [J]. 英语广场，2021（30）：59–61.
[15] 周舟 . 跨文化交际视野下大学英语教学改革路径研究 [J]. 作家天地，2021（30）：9–10.
[16] 马俊莉 . 传统服饰文化在大学英语翻译教学中的策略选择 [J]. 轻纺工业与技术，2021，50（08）：151–152.
[17] 赵羽 ."一带一路"背景下英语翻译教学中跨文化能力的培养 [J]. 江西电力职业技术学院学报，2021，34（07）：30–32.
[18] 庞淑清 . 跨文化交际视角下旅游英语翻译策略研究——以北海民俗旅游为例 [J]. 广西教育，2021（27）：46–47+70.
[19] 刘云芳 . 中职英语翻译教学中传统服饰文化的翻译原则与策略选择 [J]. 化纤与纺织技术，2021，50（06）：155–156.
[20] 王婕 ."文化走出去"与大学英语文化翻译能力培养 [J]. 文教资料,2021（10）：216–217.
[21] 张元元，刘鹃 . 翻译教学中"中国文化失语"现象及其对策研究 [J]. 科学咨询（科技 · 管理），2021（04）：125–126.
[22] 罗琛 . 跨文化交际下的旅游英语翻译策略研究 [J]. 英语广场，2021（09）：39–41.
[23] 王玉 . 电子商务英语翻译在跨文化交际中的应用 [J]. 电子技术,2021,50（02）：144–145.
[24] 韩琪 . 基于跨文化视阈下的高校英语翻译教学策略 [J]. 校园英语，2021（04）：8–9.
[25] 孙雯晶，刘桂娟，陈佳玟 . 传统文化对外翻译策略探究 [J]. 山西青年，2021（02）：130–131.
[26] 陈泓锦 . 中国传统文化翻译在大学英语课堂的有效运用 [J]. 校园英语，2020（34）：10–11.
[27] 蒋生军 . 中国传统文化在英语教学中的有效渗透探索 [J]. 名师在线，2020（21）：8–9.
[28] 陈英 . 大学英语教学中中国优秀传统文化导入的原则与方法 [J]. 长江丛刊，2020（05）：55+131.
[29] 彭兵雄，彭珍雄 ."文化自信"在大学英语翻译教学中的渗透 [J]. 中国多媒体

与网络教学学报（上旬刊），2020（01）：173–174.

[30] 张韫 . 基于文化翻译理论下的青海旅游英语翻译分析 [J]. 江西电力职业技术学院学报，2019，32（11）：129–130.

[31] 陈碧梅 . 中国优秀传统文化融入英语教学的新模式——评《中国英语教育中的文化教学与跨文化交际能力培养：观念与方法》[J]. 中国教育学刊，2022（02）：112.

[32] 刘莉莎，马慧娟 . 跨文化交际视域下中国文化负载词的英译策略探究——以大学英语四六级翻译为例 [J]. 开封教育学院学报，2019，39（11）：63-64.

[33] 谭彬 . 生态翻译学视角下的传统文化元素翻译探讨 [J]. 文化创新比较研究，2019，3（25）：113-114.

[34] 严晓江 . 典籍英译与中国传统文化价值传承 [J]. 语文学刊，2019，39（04）：71-74.

[35] 章进佳 . 浅谈中学英语教学中中国传统文化的渗透 [J]. 读与写（教育教学刊），2018，15（07）：103+117.

[36] 谢媛媛 . 文化翻译类后续课程认知教学模式的构建 [J]. 陇东学院学报，2018，29（04）：118-120.

[37] 梁嘉莉，黄蔚绚，苏慧诗，等 . 英语翻译教学引入新形式调查 [J]. 文教资料，2018（12）：214-215.

[38] 陈博娟 . 跨文化交际视域下中华传统文化融入英语翻译教学的策略 [J]. 西部素质教育，2018，4（02）：150-151.

[39] 谢宇昕 . 浅析中国古文的英汉翻译策略 [J]. 中国文艺家，2018（01）：133+138.

[40] 袁艺 . 陶瓷英语的翻译与文化 [J]. 大众文艺，2017（14）：218.

[41] 卢鸿进 . 茶文化国际交流与英语知识的教育培养 [J]. 福建茶叶，2017，39（07）：292-293.

[42] 张玉厢 . 大学英语教学中中国传统文化渗透途径探索——以《“文化体验”大学英语》系列教材为例 [J]. 科技风，2017（05）：26+39.

[43] 郭艾青 . 跨文化交际视角下大学英语翻译教学中的中国传统文化输入研究 [J]. 新课程研究（中旬刊），2017（03）：33-34.

[44] 陶沙，安尚勇，李金英 . 大学英语翻译教学中我国传统文化的融入思考 [J]. 长江丛刊，2016（09）：61.

[45] 孙露洁，张智华，唐逸萍，等 . 从“龙”的翻译看中国英语在跨文化交际中

的作用 [J]. 青年与社会，2013（07）：272.
[46] 韩俊玲 . 汉英跨文化交际翻译中的中国英语 [J]. 河北农业大学学报（农林教育版），2012，14（04）：90-93+97.
[47] 张艳 . 中西传统文化在英语教学中的运用 [J]. 考试周刊，2012（57）：86-87.
[48] 邹霞 . 中国传统文化词汇的跨文化翻译策略 [J]. 飞天，2012（06）：107-108.
[49] 张志华 . 跨文化交际下中国旅游词汇的英语翻译 [J]. 校园英语（教研版），2011（12）：108.
[50] 龙桂珍 . 中医英语的文化体现与遗漏 [D]. 南京：南京中医药大学，2007.
[51] 黄净 . 跨文化交际与翻译技能 [M]. 天津：天津大学出版社，2019.
[52] 马予华，陈梅影，林桂红 . 英语翻译与文化交融 [M]. 长春：吉林人民出版社，2017.
[53] 萧净宇，黄国文 . 外语与翻译论坛 [M]. 广州：中山大学出版社，2014.
[54] 宋志平 . 翻译研究 从教学到译论 [M]. 长春：吉林大学出版社，2008.
[55] 徐晓飞，房国铮 . 翻译与文化 [M]. 上海：上海交通大学出版社，2018.